天津市地方志编修委员会办公室资助出版

天津地方史研究丛书

严复在天津

严孝潜 编著

天津社会科学院出版社

图书在版编目（CIP）数据

严复在天津 / 严孝潜编著. -- 天津 : 天津社会科学院出版社, 2023.12
（天津地方史研究丛书）
ISBN 978-7-5563-0937-5

Ⅰ. ①严… Ⅱ. ①严… Ⅲ. ①严复（1853-1921）－传记 Ⅳ. ①K825.1

中国国家版本馆CIP数据核字(2023)第209311号

严复在天津
YANFU ZAI TIANJIN
选题策划：韩　鹏
责任编辑：刘美麟
责任校对：付聿炜
装帧设计：高馨月
出版发行：天津社会科学院出版社
地　　址：天津市南开区迎水道7号
邮　　编：300191
电　　话：（022）23360165
印　　刷：高教社（天津）印务有限公司
开　　本：710×1000　　1/16
印　　张：21.5
字　　数：318千字
版　　次：2023年12月第1版　　2023年12月第1次印刷
定　　价：78.00元

总　序

盛世修史是中华民族的优良传统，史志文化是中华民族光辉灿烂文化的组成部分。习近平总书记指出："要高度重视修史修志"，强调"推进文化自信自强，铸就社会主义文化新辉煌"，为新时代史志工作指明了方向，也提出了新的更高的要求。

津沽丰饶，人杰地灵。天津是我国历史文化名城，是高人巨匠聚集之地，有着独特的历史发展轨迹和地域人文气质。"天津地方史研究丛书"坚持以习近平新时代中国特色社会主义思想为指导，坚持辩证唯物主义和历史唯物主义的立场、观点、方法，从社会生活不同的角度观察天津城市发展脉络和不同历史阶段特征，在不同领域的发展演进中感受天津沧桑变迁的历史逻辑。

天津市档案馆（天津市地方志编修委员会办公室）将深入学习贯彻党的二十大精神，贯彻落实习近平文化思想，挖掘天津历史文化资源，助力文化强市建设，繁荣城市文化和学术研究，继续打造好更多的史志研究成果展示平台。我们愿携手广大史志工作者，以史为鉴，开创未来，坚定文化自信，讲好中国故事、天津故事，彰显天津独具魅力的城市形象，贡献更多的精品力作，丰富人民精神文化生活，弘扬中华优秀传统文化，弘扬民族精神和时代精神，为奋力开创全面建设社会主义现代化大都市新局面贡献智慧和力量。

天津市档案馆
（天津市地方志编修委员会办公室）
2023年12月

前　言

天津是中国历史文化名城,是开近代文明风气之先声的城市,在中国近代史上占有非常重要的地位。

中华百年看天津,近代天津一直是首都北京的出海口和东大门。因此在近代中国,天津的命运与国家的命运紧紧地结合在一起。近代以来,天津还是中国北方最早和最大的沿海开放城市,是中国汲取近代文明最理想的窗口,也是近代文明进入中国最便捷的跳板,所以很快便造就了天津引领中国近代文明的特殊地位。

1880 年我国北方第一所培养海军高级人才的院校——北洋水师学堂在天津成立,严复从 1880 年至 1900 年的二十年间历任该校洋文总教习、会办、总办等职。

1895 年甲午战败后,中国面临亡国灭种的危险,严复挺身而出,在天津《直报》连续发表《论世变之亟》《救亡决论》等政论文章,企求"治国明民"之道,挽救民族危机。他在天津创办《国闻报》,以"开民智""鼓民力""新民德"为己任,批判专制统治,力倡变法维新,唤起国人"自强保种"。他翻译《天演论》,以"物竞天择,适者生存"和"优胜劣败"的学说,提出了反对封建君主专制的民主思想,振聋发聩。他高举科学与爱国两面大旗,"摒弃万缘,惟以译书自课",又译汗了《原富》《法意》等西方学术名著,对当时的中国思想界产生了极为深刻的影响。

严复在1894年写给陈宝琛的信中提到:“从者如有赐覆径寄水师学堂或津卫大狮胡同大甡字号后严公馆当不失也,”表明他当时已经搬到天津卫的大狮胡同居住,但天津有好几个狮子胡同,他一直没有具体地说明是住在什么地方的大狮胡同和门牌号。2003年8月南开区政协文史委为了落实严复在津故居“严公馆”的具体地址和门牌号,组织了工作小组进行了认真的考察认证工作并召开了论证会,认定严复在津故居“严公馆”的遗址位于现今南开区古文化街(原宫北大街)大狮子胡同1号。

2004年是天津建城600周年,古文化街进行了重建。同年也是严复诞辰150周年,在南开区政协的支持和参与下,有关部门在古文化街和大狮子胡同交口处建立“天演广场”并塑立了严复铜像。

天津南开区古文化街“天演广场”处严复铜像

严复在天津《直报》发表政论文章,在天津创办《国闻报》,在天津翻译《天演论》等,都是在南开区古文化街(原宫北大街)大狮子胡同1号“严公馆”完成的。

由此，天津成为了当时我国提出反对封建君主专制、变法维新思想的发源地，同时天津又成为翻译宣传西方先进学说的重要基地。纵观一生，严复不愧是宣传“中华百年看天津”的一个重要历史人物。天津市南开区是成就严复的历史重要地。

2021 年是纪念严复逝世一百周年。

2021 年 3 月，习近平总书记视察福州郎官巷严复故居，我们紧跟主席的脚步，感到严复的鸿儒之志，爱国之情。早在担任福州市和福建省领导期间，习近平同志说：“严复的一生首先是爱国者的一生，他的一切寻求、一切进取、一切成功都是与其爱国之心、报国之志分不开的。”

1997 年习近平同志在“严复与中国近代化学术研讨会”，题字赞誉严复：“严谨治学，首倡变革。追求真理，爱国兴邦。”

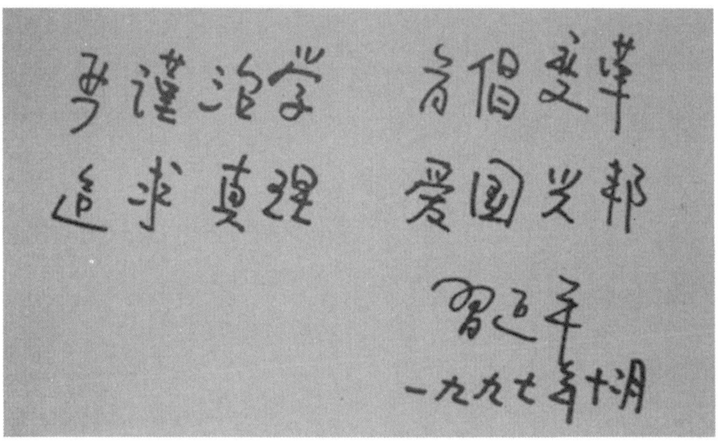

1997 年习近平同志在“严复与中国近代化学术研讨会”题词

“严谨治学，首倡变革。追求真理，爱国兴邦”是习近平同志对严复的赞誉，高度概括了严复一生所做出的贡献。而天津正是严复一生所做出的贡献中，最重要的一座城市。由于严复在天津生活工作了三十多年，也就使严复成为了“中华百年看天津”的一个重要的历史人物。

2001 年福建省严复学术研究会和北京大学、清华大学等单位共同举办了纪念严复逝世八十周年大会暨“科学与爱国”学术研讨会，并出版了论文集《科学与爱国》,时任福建省省长、福建省委副书记的习近平同志,亲自担任了《科学与爱国》论文集的主编,并再一次为论文集撰写序言说:“时至今日,严复的科学与爱国思想仍不过时。”

习近平同志在《在纪念严复逝世八十周年大会上的讲话》中说:“严复在国难深重、民族危亡的关键时刻,高举科学与爱国两面旗帜……苦心探索救国救民的道路……表现了作为一个先进的中国人非凡的见识和勇气”。

2015 年 4 月,李克强总理在视察福州三坊七巷的郎官巷严复故居时说:“严复学贯中西,是我国第一批‘放眼看世界’的中国人,他向国人翻译介绍西学,启蒙了几代中国人,同时又葆有一颗纯正的‘中国心’。每个中国人都应该记住严复。”

李克强总理提出:“每个中国人都应该记住严复。”我们天津人民更应当知道严复在天津的三十多年生涯中,在工作和生活中的方方面面,本专著就是为了这个目的,收集和整理了严复在天津三十多年生涯中的相关资料,汇集成册,给大家在研究严复的工作中,提供一个参考史料,旨在记述严复在天津近代历史发展脉络,涵盖天津相关的近代史研究范畴,让我们记住严复在天津近代历史发展重要事件中的轨迹。

本书《严复在天津》仅就严复在 1876 年到 1908 年的三十多年间,在天津的工作和生活经历,旨在记述严复在天津近代历史发展的轨迹和严复在天津近代历史发展中的贡献。

目　录

第一章

严复在1876年第一次来天津接船

第一节　严复："吾系卅年老天津"

严复自称是"卅年老天津"，但在他的一首诗中，又有"餟饮津沽水，燕居二十春"之句，一个"卅年"，一个"二十春"，这到底是怎么回事？

1905年的严复

原来1876年夏天，严复应李鸿章聘请，第一次来到天津，准备接收驾驶我国第一次向英商订购的炮船，曾在天津逗留了一段时间，后因"驾驶学生出洋缺额"被调回福建，在1877年3月，随福州船政学堂第一批出洋学生，启程经香港去英国的海军院校学习。

1879年，由于福州船政学堂师资紧缺，严复被提前调回国内，充任福州船政学堂教习。1880年严复又被李鸿章调到天津北洋水师学堂任职，时年26岁，这是严复第二次来到天津，这一来就是二十年，从1880年到1900年，严复在北洋水师学堂工作了二十个年头。

二十年间，北洋水师学堂共培养了六届125名驾驶班毕业生和六届

85 名管轮班毕业生，共 210 人。这些毕业生大部分成为海军界栋梁，许多人在甲午海战中阵亡，还有一些人，则成为当时政界、军界等各方面重要人物，如民国时期的总统黎元洪，海军次长谢葆璋（我国著名女作家谢冰心之父）、刘传绶，交通总长吴毓麟，著名翻译家伍光健，南开大学校长张伯苓等。正如王允指评价严复："在闽二年，北洋二十年，成就海军人才众多。"

严复 1880 年来津时没带家眷，直到 1882 年，才将其母亲、妻子以及大儿子严璩，由福州接到天津共同生活。

1894 年 7 月中日甲午战争爆发，炮声使严复从梦中惊醒，他关注国家命运，目睹西方列强疯狂瓜分中国的现实，深感国难当头。出于强烈的爱国热忱，1895 年严复在天津《直报》连续发表了《原强》《辟韩》等一系列政论性文章，猛烈抨击封建专制制度，反对顽固保守，主张向西方学习，努力救国图存。

1896 年夏天，严复开始翻译英国人赫胥黎的《天演论》，"未数月而脱稿"，这时刚好保定莲池书院的吴汝纶，"过津来访，读而奇之"，他回保定后，写信给严复称赞"尊译《天演论》，名理绎络，笔势足穿九曲，而妙有抽刀断水之致，此海内奇作也，脱稿在迩，先睹为快"。《天演论》公开出版后，很快轰动全国，使严复一举成名。

1898 年 9 月戊戌变法以后，严复开始翻译《原富》《法意》《穆勒名学》等西方学术名著，系统地把西方资产阶级的政治、经济、哲学等各方面的学术思想介绍到中国来，严复结合翻译实践，提出了"信、达、雅"的翻译标准，直到今天仍为我国翻译界所推崇。

1900 年 6 月 27 日，八国联军攻占天津东局子天津机器总局，北洋水师学堂遭联军的侵占和破坏。7 月 14 日天津失陷，严复携全家离津到上海，从此结束自 1880 年至 1900 年的天津北洋水师学堂的生涯. 从筹设到停办，整整二十年，严复可谓与北洋水师学堂相始终！

严复诗句"飂饮津沽水，燕居二十春"，指的就是在北洋水师学堂，这一段二十年的时间。

严复在上海，心中还惦记着天津德源里寓所的安全，虽然他在离开天津时，法国领事允诺给予保护，但还是放心不下，遂于1900年10月25日随上海救济会乘爱仁轮北上，回到天津，救济京津一带官商和难民。在天津，严复亲眼看到了外国侵略军的罪行、看到了被哄抢一空的寓所，满腔悲愤，未等救济事毕，因事提前先回了上海。

1901年4月，严复应开平矿务局总办张翼的邀请，由沪来津，主开平矿务局事，到任后他发现局中事都由洋人把持，他的华人"总办"一职，形同虚设，只是空头总办而已。于是在1902年春，严复就到北京，兼任京师大学堂编译局总办，直到1904年辞职返沪。

1905年，严复又应天津张翼之请，伴随去英国伦敦，交涉开平矿务局矿权事务，在伦敦严复会见了孙中山。后因不满张翼的欺骗行径，严复先行回国，在上海，帮助马相伯创办上海复旦公学。后来，又任安徽高等学堂监督、复旦公学校长等职。

1907年9月，严复去北京参与留学生考试工作，9月29日路过天津，会见了大公报馆的英敛之夫妇及吕碧城小姐。

1908年8月，严复再一次来天津，这次是应直隶总督杨士骧之聘，到天津充任"新政顾问官"。

从1876年第一次来津，到1908年再次来津任职，前后30多年，严复感慨万端，故有"吾系卅年老天津"之语。

第二节　1876 年严复第一次来天津接船

有关严复第一次来天津的时间，过去已出版的书籍和资料，都说是1880 年，实际上严复第一次来天津任职是在 1876 年。对此，很多资料都不曾提及。

1875 年 5 月直隶总督兼北洋大臣李鸿章奉命“督办北洋海防事宜”，6 月李奏称“此省文武洋务多生，殊乏可用人才”。随后，李鸿章开始大力搜罗人才。同年 8 月沈葆桢调任两江总督，由丁日昌继任福建船政大臣，到了 1876 年 4 月，清廷又改派吴赞诚督办福建船政事宜。李鸿章遂向吴赞诚提出要聘请福州船政学堂毕业生来天津工作。

于是在 1876 年 8 月严复等四名福州船政学堂毕业生，被李鸿章聘到天津，准备接收从英国订购的炮船。这是严复第一次来到天津，也是李鸿章第一次见到严复，对严复印象颇好，认为严复“洋学、船学均有涉历，才器大可造成”。李鸿章在 9 月 21 日复吴赞诚的函中提到这件事：“张成、严宗光（严复）等四弁，洋学、船学均有涉历，才器大可造成，敬已遵谕，留津效用，暂给薪资，伺英国炮船到后，再派管带回闽募水手北来。昨据赫德面称本拟七月间炮船二只可到，风水阻滞，尚无确信，或九、十月可来津。另二只则明春可至也。”

早在 1873 年 12 月 26 日，沈葆桢就正式向清政府奏请派福州船政学堂首届毕业生赴英法留学，不久，清廷批复，命北洋通商大臣李鸿章等人

19世纪末的天津码头

会同沈葆桢共同筹商其事。后因1874年6月沈葆桢受命赴台，办理日本侵台事件，留学事暂且搁置。

1875年12月，丁日昌继任福建船政大臣，他也很关心派留学生这件事，便致函李鸿章认为派遣留学生一事乃当务之急，不可延搁。沈葆桢这时也多次致函李鸿章，催促加紧办理。李鸿章在派遣留学生这件事上，本来就和沈桢葆意见相同，所以，就很热心地操办这件事，与已经确定下来的留学生领队李凤苞、日意格多次碰面，就留学生章程、经费开支等问题再三讨论，并在1876年9月达成共识，拿出了详备方案。然后，李鸿章委托李夙苞就早先拟定的留学生名单再做审查。

稍后李凤苞向李鸿章提出，因驾驶学生出洋缺额，要先带原调来津的严宗光回闽充数。本来李鸿章调严复来津是要准备接船的，因为李鸿章在1875年4月，向英国订购了四只炮船，转年交货，这是近代中国第一次购买外船，所以李鸿章调严复等四人来津，正是为接收驾驶这四只炮船而来。其中两只炮船原拟在1876年8、9月间到达天津，但实际直到11月中旬才到津，随后李鸿章于11月27日至28日，在大沽口亲加演示验收后，授名“龙骧号”和“虎威号”。这两只炮船的吨位是二十六吨半，而另外两只的炮船的吨位则大将近一半，是三十八吨的大船，则要到明年春天才能到津。在这种情况下，李鸿章一方面考虑到自己是派遣留学生出国工作的组织者，而且自己又十分赞同派遣留学生，另一方面严复这次初次来津，又给他留了个很好印象，认为“才器人可造成”，所以也就同意李夙苞的意见，改派严复出国留学。这在10月30日，李鸿章复吴赞诚的函中可以知道这件事:“丹崖(李凤苞)以驾驶学生出洋缺额,先带原调来津严宗光二人回闽充数。明春三十八吨炮船二只续到,仍祈酌派驾驶可靠而不愿出洋者北来补额可也。”要吴赞诚在明春派二人补额。

这批留欧学生于 1877 年 1 月被清政府正式批准到英国留学,严复离津回闽当在 1877 年 1 月以后。据 1877 年 4 月吴赞诚奏称,“华监督李凤苞、暨洋督日意格于二月二十七日带同道员马建忠、文案陈季同、翻译罗丰禄……严宗光(严复)等乘坐本厂济安轮开赴香港”。

综上资料,我们可以确定,1876 年夏天 8 月间至 1877 年 1 月间,为严复第一次在天津逗留的时间。

第三节　1877年严复到英国留学

1877年5月7日，严复等一行抵达法国马赛港，学习制造的生徒，则分赴法国的学校、工厂学习；去英国学习驾驶的严复等12名学生，旋则前往英国。

5月13日，严复等人随李凤苞、日意格到中国驻英公使馆晋见驻英公使郭嵩焘。

郭嵩焘时年59岁，1875年被命在总理衙门行走，擢兵部侍郎，1877年1月21日到伦敦任驻英公使，是清朝第一个驻外公使。他博学多才，思想开明，热心洋务，反对由封建国家垄断新式工业，主张扶植中国民间工商业，鼓励私人经商开矿，海运和外贸应交由商办，遭守旧势力的排斥和反对。

在这里，严复与郭嵩焘这两位年龄悬殊、经历迥异、而都极富个性的人首次相会了。后来他们成为“忘年交”的朋友，一个留学生在留学期间结识驻在国的公使，并成为“忘年交”的朋友，这在留学生与驻外使节的交往中留下了一段佳话。

9月27日，严复、方伯谦、何心川、林永升、叶祖珪、萨镇冰等六人通过了格林威治海军学院入学考试。正式入格林威治海军学院学习。1878年6月，格林威治海军学院举行期末考试，严复等6人成绩优异，“出类拔萃”。

郭嵩焘

7月1日，应身兼驻法公使郭嵩焘的邀请，严复与方伯谦、萨镇冰、罗丰禄等六人随李凤苞自伦敦至巴黎游历。

8月上旬，严复等在巴黎的参观考察结束。他们特意在巴黎留影后，严复与方伯谦、萨镇冰自巴黎返伦敦。

8月3日，郭嵩焘致函英国外交部，请求让严复继续在格林威治海军学院再学习一学期，俾使胜任中国政府业已为其安排之职位。其他五名学生则请求安排到皇家海军船舰上实习。

郭嵩焘所提"让严宗光继续在格林威治海军学院再学习一学期，俾使胜任中国政府业已为其安排之职位"，指的是时为船政大臣的吴赞诚当时已将严复确定为教职人选给予安排。

8月14日，英国外交部致函郭嵩焘，同意严复仍留格林威治海军学

严复等六名留学生与格林威治海军学院师生合影（第一排中坐者为严复）

院学习，并安排其他五人去船舰实习。就这样，严复又继续在格林威治海军学院学习一个学期，学制为9个月。

1879年2月2日，严复前往使馆拜见新任出使英法钦差大臣曾纪泽。

7月（旧历六月）间，严复在格林威治海军学院以“考取头等”毕业，所学高等数学、化学、物理、海军战术、海战公法及枪炮营垒诸学，“考课屡列优等”。英方拟安排严复上英舰纽卡斯尔号实习一年。

1878 年巴黎世博会

8月2日，曾纪泽致函英国外交部，因“严宗光已奉电召立即回国”，取消严复上舰实习计划。

原来船政大臣吴赞诚，因福州船政学堂需要人才，电召严复“调回充当教习”。这样，严复成为唯一一个没有上舰实习的中国海军留学生。

1878 年严复在巴黎，时年 24 岁

8月14日，严复前往驻英使馆拜谒曾纪泽，向其辞行。稍后，严复离英回国，结束了留学生涯。

1879年9月（八月）底，严复回母校福州马尾船政学堂任教习。

时任福州船政大臣的是黎兆棠，当时严复月薪百元。

第二章

严复在 1880 年来天津北洋水师学堂任“洋文总教习”

第一节　1880年夏李鸿章再次请饬严复来津

李鸿章从1875年5月“督办北洋海防事宜”以后，以天津等处为基地，编练海军，筹设海防并从英国购进八艘蚊船。

晚清重臣、洋务运动主要倡导者李鸿章

1879年5月12日，清廷以西方皆练水师，日本船炮亦效西人，命李鸿章认真整顿北洋海防。于是李鸿章在天津正式成立水师营务处，总管海军的日常事务。

但过去大量的水师将才一直“皆借材于闽省”，路途遥远交通不便，调动往返颇需时日，而且南方人到北方来，在生活上水土也不相宜。所以，李鸿章认为必须就地培养人才，要培养人才，就需要办学堂。1879年11月间李鸿章上奏朝廷提出“尤必以学堂为根本”的建议。

要想办好学堂，良好的师资无疑是一个最重要的条件，就得要物色一个相宜的人才。李鸿章身为直隶总督兼北洋大臣，直接参与派遣福州船政学堂毕业生赴英国留学工作，所以非常关心这些留学生的情况。无论是华洋监督的定期报告，还是驻英公使郭嵩焘于1879年1月29日，在开设学馆及举荐出洋人才咨稿中，向南洋大臣和北洋大臣荐举了严复等六人等，这些情况李鸿章都很清楚。

李鸿章在1879年10月18日，给留学生监督李凤苞的函中，提及"严宗光充学堂教习最为相宜"。但这时严复已被提前调回福州船政学堂任教习。

1880年3月30日，李鸿章再次致函李凤苞，提出了他打算"仿设练船学堂"，并提出和咨询"严宗光可胜斯任"，他还担心福州船政学堂的黎召民"未必放"。函中说："敝处亦拟仿设练船学堂，但始基甚难，师徒皆少，拟俟现订英水师官琅副将、法水师官明亚到后，次第创办。严宗光可胜斯任，召民即未必放手。"

这时，时为武英殿提调官的陈宝琛向李鸿章建议说，严复"器识闳通，天资高朗"可胜大任，加以推荐。

陈宝琛(1848—1935)字伯潜，号弢庵、陶庵。汉族，福建闽县(今福州市)螺洲人。十三岁成县学秀才，十八岁中举，二十一岁登同治戊辰(1868)科进士，授翰林院庶吉士，三年后授编修，光绪六年(1880)，充武英殿提调官。翌年，授翰林院侍讲学士，纂修《穆宗本纪》。光绪八年(1882)，授江西学政，翌年授内阁学士兼礼部侍郎。中法战争后因参与保举唐炯、徐延投统办军务失当事，遭部议连降九级，从此投闲家居达二十五年之久。赋闲期间，热心家乡教育事业，1909年复调京充礼学馆总裁，1911年5月出任山西巡抚，旋开缺以侍郎候补，派毓庆宫侍读，辛亥革命后仍为溥仪之师，1935年卒于京寓，得逊清"文忠"特谥及"太师"覵赠。时年陈宝琛正充当武英殿提调官。

李鸿章对严复在1876年第一次来到天津时的印象也不错，认为"才器大可造成"，在1880年4月，遂决定调其来津。

4月19日夜，李鸿章在会晤路过天津的张佩纶时，谈到了这件事，张佩纶的《涧于日记》有如下记载："伯潜(陈宝琛)称严宗光者，器识闳通，天资高朗，合肥(李鸿章)已往闽调之来津矣。"张佩纶立即给时任福建船

陈宝琛

政大臣的黎召民去信，提及此事，黎回信称：“严宗光不能即到”。4月27日张佩纶在《涧于日记》中记有：“黎召民书来，以严宗光不能即到见复。严，伯潜所荐士也。”

4月28日，李鸿章给黎召民去函，正式提出天津要设水师学堂，李凤苞写信说严宗光堪充教习，要把严复调来天津，函称：“此间逐渐购置新船，管驾、头目暂取于闽厂，既虑人才有限，而水手等亦募南人，尤恐人地不习。故拟设水师练船学堂为造就之基。创办伊始，师徒均少，丹崖（李凤苞）星使迭函严宗光堪充教习，闽人多引重之。夏间学生出洋后，允饬赴津，感盼之至”，并要“寄闽厂练船及后学堂章程以供参酌”。

虽然当时福州船政学堂也缺教习，黎召民才把严复提前调回国，而且黎召民对严复在福州船政学堂当教习的这一段时间的工作也很满意和重视，舍不得把他调走，同时严复所授课程还没有结束，一时不能立即离开，但最后他还得听李鸿章的，就在当年夏天，把严复调往天津。这是严复第二次来到天津。

第二节　1880 年 8 月严复受命参与筹办天津北洋水师学堂

严复在 1880 年 8 月到达天津，当时因水师学堂尚未成立，所以临时住在天津城内。同时，由于因病不再担任福建船政大臣的吴赞诚，这时也正在天津就医。

在这种情况下，李鸿章就请吴赞诚出来“筹办水师学堂”。这时，严复和吴赞诚都已在天津，于是李鸿章才在 8 月 19 日正式上奏朝廷，建议在天津机器局建设北洋水师学堂，并推荐吴赞诚“在津督同局员，筹办水师学堂”。李鸿章在申办水师学堂的奏折中称：“应就天津机器局废地建设水师学堂，俟落成后，参酌西国成规，拣派监督、教习，招考学生，入堂肄业，……查前任船政大臣、光禄寺卿吴赞诚，洞悉机宜，条理精详，曾在天津办理机器局有年，熟谙情形；前因患病，奏准开缺调理；今夏臣缄商来津就医，刻已稍就痊可，精神尚健。拟请即令该大臣吴赞诚，在津督同局员，筹办水师学堂……”清廷在 8 月 22 日，上谕从之。

天津机器局是 1867 年三口通商大臣崇厚，奉命在天津城东约 20 里地的贾家沽道兴建的，即现在的天津河东区的东局子。1870 年起，由直隶总督李鸿章接替崇厚“酌办”天津机器局。之所以李鸿章提出“应就天津机器局度地建设水师学堂”，因为李鸿章早在上奏清廷之前，已经在机器局内“垣内偏北”开工建造堂舍。

8 月 26 日李鸿章复函福建黎召民称：“严宗光顷已至津，蒙预支薪水三月，并给治装路费，谢谢。此间起造学堂，日久尚未就绪，赖春帆（吴赞诚）驻局督办，明春当可竣工。严生已饬赴局差委，其薪赀即从十月接支也。”所以从该函可知，李鸿章早在清廷批准成立天津北洋水师学堂之前，就已经由天津机器局负责开始建造学堂，故称“此间起造学堂日久”，只不过“尚未就绪”，现在吴赞诚到天津机器局“驻局督办”，要到“明春当可竣工”。

当时北洋机器制造总局大门

在这封信中李还提到：“严生已饬赴局差委，其薪资即从十月接支也。”只说已派严复赴局差委，“局”当指天津机器局，但并没有说明具体职务，只说“差委”，意即委派当差（工作）。就连吴赞诚，李鸿章也只是“拟请即令该大臣吴赞诚，在津督同局员，筹办水师学堂”。也并没有正式委以总办水师学堂。看来，当时吴赞诚和严复，都只是先到天津机器局，来筹办北洋水师学堂。要“俟（学堂）落成后，参酌西国成规，拣派监督、教习”。

8月27日，严复谒见了李鸿章。

8月31日，李鸿章给吴赞诚写信说：“……召民函称，严宗光在船政月薪百元，自七月起预支三个月，并给路费百元。顷该生来署禀谒，属（嘱）于明日趋谒台端。学堂甫经动工，应否留局暂住讨论一切，俟十月照支薪水……”从该函可知，严复在福州船政学堂当教习时的月薪为一百元，“俟十月照支薪水”，这“照支”两字，当指按照福州船政学堂的月薪百元支发，也就是说严复调到天津后，当时还是按照福州船政学堂，当教习的薪水照发，并没有提高薪水。同时，吴赞诚已经到天津机器局接办筹建北洋水师学堂事宜,筹办处就设在天津机器局内。所以提出“嘱(严复)于明日趋谒台端。学堂甫经动工,应否留局暂住讨论一切”。“留局”即留在机器局,机器局离城20里,路途比较远交通不便,机器局分别盖有外国技师和中国官员的住宅,可以“暂住”,所以严复就住在天津机器局内。而“讨论一切”当指筹办水师学堂的一切事务,李鸿章实际上是叫吴赞诚要严复参与筹建水师学堂的一切事务。

遵照李鸿章的嘱咐,9月1日严复就到天津机器局,向吴赞诚报到。在天津机器局,筹办水师学堂期间,严复拿的是教习的百元月薪,却要参与筹办水师学堂的一切事宜。接着严复就开始了学堂的组织、招生和建设等一切工作。

由于严复受过英国严格的海军教育,接受了西方资产阶级启蒙思想,因此他在北洋水师学堂办学过程中,在学制、课程设置以及教学环节的安排上,直接以英、法等国的同类学校为楷模,采取了比较正确的方针和措施。首先,注重课堂学习、把书本知识与实践相结合。除堂课外,工厂实习或课船是必经阶段,占有很大比重。其次,讲求实效,从严办学,奖优汰劣,一切都以能否造就合格的有用人才为宗旨。

严复参与了组织制定《天津新设水师学堂章程》的工作。章程明确规定了挑选学生的条件、报名方法、录取程序、试学时限、招生不足额时补考规定、学习期限、分班办法、经济待遇、患病及饭食等规定。该章程规定录取学生要先经面试、复试,最后还要有两个月的试习察看期,然后根据学生的文化基础,编为三个班,经济待遇各有不同,学生在五年的学习期内,不准中途退学和参加科考。

《天津新设水师学堂章程》共有七条:1. 挑选学生,无论天津本籍,或邻县,或外省寄籍良家子弟,自十三岁以上,十七岁以下,已经读书数年,读过两三经,能作小讲半篇、或全篇者,准取。具绅士认保报名,并将年岁、籍贯、三代开报入册,届时由天津道或海关道面试,择其文理通顺者先取百名左右,送赴水师学堂面复。察其体气充实,资性聪颖,年貌文理相符，果是身家清白，挑选六十名。取具本人家属甘结，亲邻保状，收入学堂试习二月后，再行察看。倘口齿不灵，或性情恶劣，举止轻浮，即行剔退。其系外省投习者，来往川资皆由该学生自备。2. 初次挑选，恐读书世家子弟尚多观望迟疑不肯应试者，倘届时报名人数不多，拟先尽数挑选存记，再展一个月后另行示期补考一二次，以期足额。3. 学童在堂以五年为期，未满五年，不得告退，亦不准应童子试，致妨功课。五年期满，果有兼人之资，中西学问并进者，准入应试。4. 学生初次选入学堂，以文理全通、读书甚多者为第一班；文理未尽通顺而读书已多者为二班；书读不多、文理未尽通顺而资性聪悟过人者为第三班。5. 考取学童，除给饭食外，第一班每月给赡银一两；第二班每季给衣履费银二两；第三班每季给衣食服费银一两，交各家属具领。俟学业果有进益，再为递加，并随考核酌奖。6. 遴派官医一名住局，如学生偶有患病，在堂医治，准父兄前来探视，医药由局预备；倘或验系重病，准回家医治，不给药资，痊日来堂学习。7. 学生饭食，照水雷学堂定章办理。

第三节　1880 年 11 月严复任北洋水师学堂“洋文正教习”；1881 年 1 月回福建招生

1880 年秋，天津北洋水师学堂开始招生工作。按照《天津新设水师学堂章程》规定：录取学生要先经面试、复试，最后还要有两个月的试习察看期，然后根据学生的文化基础，编为三个班，经济待遇各有不同，学生在五年的学习期内，不准中途退学和参加科考。

《天津新设水师学堂章程》与福州船政学堂的章程大同小异，所不同之处在于：学生进入学堂后有两个月的试习期；同时按文理水平分成三个班，实行不同的待遇。

另外，章程中所提水雷学堂是指李鸿章早在 1876 年，就在天津机器局内，建立的一个电报水雷学堂。

但是，在天津的招生工作开展得并不顺利，本省子弟报名很不踊跃，在长期以科举为正途的社会里，当时许多学子多以猎取功名为目标，多半不肯报名应试。招生名额没有招满，所以李鸿章在当年 10 月就决定派严复回福建招生。

但在 11 月 1 日，李鸿章给吴赞诚写信说，如果严复还没有去福建的话，要严复先去参加购买英商快船的谈判考察，信中说：“赫德送到碰快船图说，甚为详备，呈方家鉴阅。严宗光如尚未行，令即随同考察。”可见李鸿章当时对严复的重视，不仅要他参加“筹办水师学堂”“讨论一切”，就连购买英商快船，也要严复“随同考察”。

1880年11月间，严复被任命为北洋水师学堂（当时只设驾驶班）“洋文正教习”。

李鸿章调严复来津只是让他担任洋文正教习，因按当时清朝规定，“总办”必须由科举出身的“道员”才能担任，而严复当时只是出国留学生，并没有参加过科举考试，只是“都司”武阶。

严复是在什么时间被委为天津水师学堂正教习，过去有的资料只是泛称“严复在1880年被李鸿章调到天津北洋水师学堂任总教习”，也有的学者说是李鸿章在1880年8月5日（六月三十日）奏请设立天津水师学堂并正式推举严复为总教习。现据《清代官员履历档案全编》记载，严复当在1880年11月始任天津北洋水师学堂“洋文正教习”。

有的学者认为严复任天津水师学堂“洋文正教习”，仅是教英文的教师，其实“洋文”并非纯指英文，而是泛指“洋学”，即西洋的各种学科。“洋文正教习”，也就是负责讲授西洋各门学科的第一教习，是一个负责管理教学工作的职位。

严复在完成购买英商快船的谈判考察后，准备回闽招生。严复因在8月份来天津时，已预支了三个月的薪水，以供福建家中母亲和妻儿生活费用，11月才“照支薪水”，当时经济并不富裕。所以申请预借两个月薪水及船费，李鸿章批准从明年正月起预借两个月薪水给严复。

1880年底，李鸿章写给吴赞诚的信中说：“严宗光是否从明正超支预借两月薪资及船费五十两，均属可行。”

不久，吴赞诚则由于身体没有痊愈，上任还没几个月，就在当年冬天“回南就医，顺便赴沪，选募学童”。

所以，严复实际上承担了北洋水师学堂的筹备组织工作。严璩编写的《侯官严先生年谱》中有这样的描述：“是时，府君仅积资保至都司武阶。当日官场习惯，不得不以一道员为一局所之长，而该学堂之组织及教授法，实由府君一人主之。”

1881年1月，严复回闽招生。

1881 年 1 月严复在闽招到学生 24 人,这年 1 月 30 日是春节,严复在福州过年,过完年在 2 月又招 3 人,共 27 人。在农历正月招的这 3 个人中,有一个是严复的大妹夫何镜秋的表弟冯姓,有一个名叫弗藩的,严复称他为“弗藩妹夫”,但他不是严复的二妹夫,只是一个堂妹夫。严复的大妹夫是何镜秋,他是严复在福州船政学堂的同学,还一起去英国留学,二妹夫是陈伯屏,阳岐本乡人,曾在烟台水师电台供职。还有一个是严复妻子王夫人姊姊家的侄儿薛姓,都是有点亲戚关系的。严复在给其伯兄严观涛的信中,曾提及此事:“弟在闽时所招学生,旧腊已定者二十四人,正月招得镜秋表弟冯姓,并茀藩妹夫与弟妇姊侄薛姓,共成二十七人。”

在招生过程中,从出题考核到决定录取都由严复决定。如有一次严复偶尔见到朋友谢銮恩之子谢葆璋(我国著名作家谢冰心之父)时,觉得他适合当海军,当即出题考核,一为诗题:“月到中秋分外明,”一为八股破题,谢葆璋做完题,严复比较满意,当即决定录取他。另,伍光建在报考时,严复让他解释英文单词“鼠”字,伍光建以一口浓重的粤语回答,严复听不懂,伍光建就以手势在桌子上作老鼠爬行状,严复见了哈哈大笑,认为伍光建很聪明,也就录取了他。谢葆璋和伍光建后来都成为北洋水师学堂驾驶班头一届毕业生。

第四节　1881年3月间严复由福建来到上海，具体负责在上海的招生事务

1880年8月李鸿章上奏朝廷说：“查前任船政大臣光禄寺卿吴赞诚，……前因患病奏准开缺调理，今夏臣缄商来津就医，刻已稍就痊可，精神尚健。拟请即令该大臣吴赞诚在津督同局员，筹办水师学堂。”但吴赞诚赴任还没几个月，由于身体没有痊愈，虽然可与严复“讨论一切”，具体筹办事务则由严复承担，但身体还是吃不消，便在当年冬天“回南就医，顺便赴沪，选募学童”。

吴赞诚回南方就医时，于1881年3月5日，在上海《申报》上刊登招生告示，并附学堂章程，为北洋水师学堂选募学童。

严复回闽招生事毕，便在3月间来到上海，因吴赞诚有病，便留在上海，具体负责上海的招生事宜。

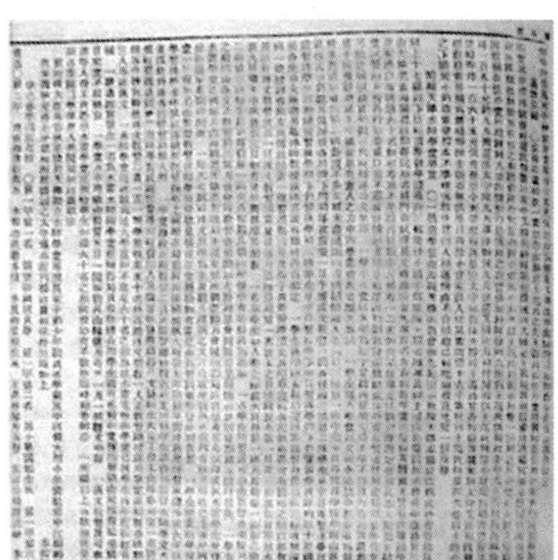

在上海《申报》上刊登招生告示

1881年3月19日，天津水师学堂在《万国公报》又刊登了《天津新设水师学堂章程》的广告。

随后在4、5月间，吴赞诚因病情加重，就向李鸿章提出辞去“筹办水师学堂”的公差，称：“旧疾增剧，不能转动，难期痊愈。学堂事体繁重，为造就水师人

才张本，关系海防要务，若以病躯从事，恐致贻误。恳代奏开去差事，另派能员接办，以重要公。”

这时离预定 8 月开学的日期，只有两个多月的时间了，李鸿章在 5 月 20 日又上奏称：“臣于去年七月奏请饬派前船政大臣、光禄寺卿吴赞诚驻津督办水师学堂练船事宜，奉旨允准在案，旋经吴赞诚于天津机器局河东一带勘定学堂基址，遴派局员，绘图估料，克日兴工，一面酌定规条，招考学生入堂肄业。吴赞诚于去冬回南就医，顺便赴沪，选募学童。兹据咨称‘旧疾增剧，不能转动，难期痊愈。……’等情前来。臣查水师学堂创办伊始，吴赞诚既因病不能前来，亟须遴员接替。查有二品衔分发补用道员吴仲翔，久充福建船政提调，条理精密，任事勤能，熟谙制造及驾驶学堂事宜。昨经船政大臣黎兆堂奏明给咨赴部引见，道出天津。臣稔知其于兵船规制谙练已深，拟暂留津差遣，派令总办北洋水师学堂练船事宜，以资臂助。俟筹办就绪，再由李奏咨赴部。是否有当，附片具陈。”

由于开学在即，急需学堂的主持人选，李鸿章只好截留了赴部引见、途经天津的吴仲翔，上奏要求朝廷批准暂留津差遣，派令总办北洋水师学堂练船事宜，以资臂助。俟筹办就绪，再由李奏咨赴部。

李鸿章这次把吴仲翔留津差遣，是“派令总办北洋水师学堂练船事宜”，给的是“总办”的职位。而上一次对吴赞诚的任命，仅是“拟请即令该大臣吴赞诚，在津督同局员，筹办水师学堂”，措辞不同，一为“总办”，一为“筹办”；同时，就是在这次的奏折上，也只提“臣于去年七月，奏请饬派前船政大臣、光禄寺卿吴赞诚驻津督办水师学堂练船事宜”。所以北洋水师学堂的第一任“总办”应是吴仲翔，并不是吴赞诚，用现在的话讲，吴赞诚当时的任职，似乎是北洋水师学堂筹建处的督办，而非北洋水师学堂的总办。同时，北洋水师学堂筹建处就设在天津机器局内。

严复逝世后，由严复的大儿子严璩编写的《侯官严先生年谱》中有这样的记载：“府君二十八岁。直督李文忠公经营北洋海军，特调府君至津，以为水师学堂总教习，盖即今教务长也。而以吴观察仲翔为总办。是时，府君仅积资保至都司武阶。当日官场习惯，不得不以一道员为一局所之长，而该学堂之组织及教授法，实由府君一人主之。”“观察”是“道员”的尊称，吴仲翔当时是二品衔分发补用道员，所以严璩尊称他为吴观察，也只提吴仲翔为总办，而当时严复只是四品武职都司衔。

第五节　1881年6月严复由上海回到天津，写信委托伯兄严观涛护送学生来津

1881年6月3日，严复由上海回到天津。北洋水师学堂已建成洋籍教习、中国教习、中国学生宿舍等，严复就住在北洋水师学堂的宿舍。

1881年6月中、下旬，严复写信给时在福州的伯兄严观涛，委托他将所招学生，护送到天津。

严复在信中讲："月之七日抵津，一路安恬，足宽友廑。沪上一信，想已青及。海镜离闽后，尚须赴台运载铁辙，复须驶往金州、旅顺口起卸，海上纡迴，辗转总需月有余日。家眷附搭，得不偿失，即所招学生二十余人，年齿幼稚，初次离乡，若听其糊涂坐搭，亦殊难过意。到津后，已将此节情形禀之相国，请其给发各生由闽到津盘费，委兄护送来堂，谅可邀准。(此节十七日已奉批准照办，弟注。)弟在闽时所招学生，旧腊已定者二十四人，正月招得镜秋表弟冯姓，并茀藩妹夫与弟妇姊侄薛姓，共成二十七人。前禀告奉批准，本堂总办堂有专札，并二十八人(兄亦在内)，照单与兄，前往招商领票。其船价若干，统俟到津后由堂算还招商津局。学生途中舟车及歇宿客栈等费，应由各生自备。札到时，可一并通知为要。厨丁庄金城，已交药台监督。堂中厨丁，近系新来闽人，看来事势，若非此人十分恶坏，似难更置，甘结姑藏彼处，以备他日有召用时，便当召用也，兄此时不可鲁莽妄带前来为要。此堂总办，人系朴古、拘谨一路；吾兄承此差事，总以十分谨慎守己为上策。如有所图，不妨到津后与弟徐商；不然，两有所损。手足至言，切记切记！到津不见中堂，(县丞，例不能自达于督

抚。）即官场亦无可来往，衣服等项亦无用拮据添置，致增窘乏，谋十余元供路上使用，足矣。学生中间有不到者听之，留其照单，到津呈交总办，不可擅行招补。弟挈眷一事，似当留为后图，此时已成罢议。盖不特眼前支绌，川资难筹，即已后眷口来津，每月坐硬已须六十两，加之添置家中人御寒衣服，此时购置家私，皆须巨款，看来万不能支，故以茶然中止，非得已也。谒傅相时，渠亦未问及此，想以为此弟家事，听弟自谋也。

兄离闽日，可将又泊所送之画四小幅已裱者带来，此间要用。弟自笑到家时忽忽过日，足履津地，便思乡不置。天下茫茫，到处皆是无形之乱，饥驱贫役，何时休息？兴言至此，黯然神伤。拟二三年后，堂功告成，便当沥求上宪，许我还乡，虽饘粥食苦，亦较他乡为乐也。桂芬，弟已信求镜秋收录，为彼船中水手；桂芬想不甚愿，然弟之绵力与桂芬人地，舍是更何可图？镜秋来，兄可以弟意缓颊，并背地为劝桂芬，男儿果能自立，得一技栖，便可安身立命，若再因循，时不我与，行将悔无及他。叔母、弟妇处，如有吃物寄来、带来为望。”

严复在福建招收的第一届驾驶班学员，和他自己投考福州船政学堂时的状况相当，因为家境贫寒，为了上学，不远千里，远离亲人来天津上学。所以，严复对他们特别关心，按《章程》规定：“外省投习者，来往川资，皆由该学生自备。”但严复在由福建招生回津后，特别向李鸿章提出申请，要求发给各生由闽到津盘费，并委托其伯兄严观涛将这批学生护送来津。这正如严复给其伯兄严观涛的信中所述：“即所招学生二十余人，年齿幼稚，初次离乡，若听其糊涂坐搭，亦殊难过意。到津后，已将此节情形禀之相国（即李鸿章），请其给发各生由闽到津盘费，委兄护送来堂，谅可邀准。（此节十七日已奉批准照办，弟注。）弟在闽时所招学生，照单与兄，前往招商领票。其船价若干，统俟到津后由堂算还招商津局。学生途中舟车及歇宿客栈等费，应由各生自备。”

这批学生大约在1881年7月北洋水师学堂正式落成，8月学生开始入堂肄业前到达天津。

第六节　1881 年 8 月天津北洋水师学堂建成开学，严复的忧国忧民之心

天津北洋水师学堂旧址

观星台

天津北洋水师学堂在 1881 年 7 月建成，并于 8 月正式开学。当时只设驾驶班一个班。严复从福建招来的学生谢葆璋、伍光建等就成为了北洋水师学堂驾驶班的第一届学员。

北洋水师学堂位于天津机器局的东北部，现为天津河东区东局子，程林路陆军军事交通学院院内（前为中国人民解放军军事交通学院）。当时，水师学堂校舍环境很优美：“堂室宏敞整齐，不下一百余椽。楼台掩映，花木参差，藏修游息之所，无一不备，另有观星台一座，以备学习天文者登高测望，可谓别开生面矣。”

1900 年八国联军中俄国的随军记者扬契维茨基，对北洋水师学堂也有如下描述：“我们住在制造局东角上的中国武备学堂（按：应是北洋水师学堂）里已有好几天了，我们住的房子正好是过去德国和英国的大学

堂教习住过的地方……教习住的房子里必要的陈设应有尽有，布置得舒适而又朴素。这里还有一座藏书丰富的图书馆，里面收藏有英国人和德国人写的关于数学、物理、化学和其他精确科学的重要著作。学堂里的所有建筑，都按中国风格建造。按中国人的习惯，一座接着一座，建得既平行又对称。在前面的一些房子里安排了外国教习的住宅、课堂、试验室和教务处。在后面的房子里住着中国总教习、督学、中国教习。中国学生宿舍也在这里，每间住两个人。再后面是杂用房和厨房。”

由于水师学堂在1900年被八国联军所毁，但通过以上的这些描述，我们也可以对北洋水师学堂的位置、校舍环境、总体布局、建筑风格以及观星台和图书馆的情况，有个大致的了解。

严复由闽招生回津时，因经济拮据没有带家眷来津，李鸿章也没有问及此事。伯兄严观涛提议，在他护送学生来津时，顺便将严复的家眷附搭来津，严复回信给严观涛说，学生搭乘的海镜号轮船“离闽后，尚须赴台运载铁辙，复须驶往金州、旅顺口起卸，海上纡迴，辗转总需月有余日。家眷附搭，得不偿失……弟挈眷一事，似当留为后图，此时已成罢议。盖不特眼前支绌，川资难筹，即已后眷口来津，每月坐硬已须六十两，加之添置家中人御寒衣服，此时购置家私，皆须巨款，看来万不能支，故以茶然中止，非得已也。谒傅相（按即李鸿章）时，渠亦未问及此，想以为此弟家事，听弟自谋也”。严复在1880年8月就预支了三个月薪水，1881年初又预支了两个月的薪水，不但眼前支绌，难筹川资，就是家眷来津以后，日常生活和安家费用皆需巨款，单凭一百元薪水，看来是万不能支，而李鸿章根本就不关心这件事，连问也不问一下，严复万不得已，挈眷一事，只好罢议，留为后图。

严复与家眷两地分居，何时团聚，茫然无望，思乡心切，怀土重迁的传统思想油然而生。所以严复在信中，还表达了当时他对福州家乡和家人的无限怀念和热爱，他在信中说：“弟自笑到家时忽忽过日，足履津地，便思乡不置。……拟二三年后，堂功告成，便当沥求上宪，许我还乡，虽饘粥食苦,亦较他乡为乐也。”思乡思亲之情真切。

虽然如此,但严复在信中,还特别嘱咐严观涛,这次护送学生来津,一切要十分谨慎守己,信中说:“此堂总办,人系朴古、拘谨一路;吾兄承此差事,总以十分谨慎守己为上策。如有所图,不妨到津后与弟徐商;不然,两有所损。手足至言,切记切记!……学生中间有不到者听之,留其照单,到津呈交总办,不可擅行招补。”足见当时严复在北洋水师学堂任职,是如何地小心、谨慎、奉公、守己。

特别值得一提的是,这封信是王拭主编的《严复集》中所收录到的,严复从英国留学回国后的第一封书信,书于1881年,在该封信中,我们第一次看到严复的忧国忧民之心。他回国后,看到福建、天津等地,当时社会生活秩序混乱,街头遍布饥饿瘦弱的人们,心情难过,他在信中写道:“天下茫茫,到处皆是无形之乱,饥驱贫役,何时休息,兴言至此,黯然神伤!”这是我们第一次看到了青年严复的内心表白,这是他在英国看到的资本主义文明与封建统治的中国相比较,酝酿出的对封建统治现实不满情绪的表露。

第七节　1881年秋严复精心办学，修订《北洋水师学堂章程》

天津北洋水师学堂开学后，当时只有驾驶班一个专业，严复虽然只担任北洋水师学堂驾驶洋文正教习，但“该学堂之组织及教授法，实由府君一人主之”。吴仲翔虽然在北洋水师学堂开学前，被任命为总办，但按当时清朝官员惯例，总办是不会去做具体教学组织工作的，全由副手（会办）或下一级官员承当，而北洋水师学堂这时不设“会办”，也没有“总教习”，所以全由“正教习”主之。

由于严复受过英国严格的海军教育，接受了西方资产阶级启蒙思想，因此他在北洋水师学堂办学过程中，在学制、课程设置以及教学环节的安排上，直接以英、法等国的同类学校为楷模，采取了比较正确的方针和措施。首先，注重课堂学习，书本知识与实践相结合；除堂课外，工厂实习或课船是必经阶段，占有很大比重。其次，讲求实效，从严办学，奖优汰劣，一切都以能否造就合格的有用人才为宗旨。

水师学堂的招生考试制度极为严格，报考者先由“天津道或海关道面试”，再“择其文理通顺者先取百名左右”，送“赴水师学堂面试”，察“其体气充实，资性聪颖，年貌文理相符，果是身家清白”，挑选“六十名，取其本人家属甘结，亲临保状”，收入“学堂试习二个月后”，再行“察看”。倘“口齿不灵或性情恶劣，举止轻浮”，即行“剔退”。

学堂以五年为期,“未满五年不得自行告退及请假完娶,亦不得应童子试,致妨本业”,五年期满,“果有兼人之资,中西学问并进者,准入应试”,水师学堂毕业后才允许参加科举考试。

在学堂的五年中,前四年主要在学堂学习应习课程,后一年由北洋大臣大考,“择其中式者,派上练船”,在船练习一年,“凡大炮、洋枪、刀剑、操法、药弹利弊、上桅接绳、用帆诸法,一切船上应习诸艺,诸能通晓”。

学堂对学生的考试也很严格。每年春、夏、冬三季派员小考,秋季则由北洋大臣李鸿章亲自阅校。“考列前茅者奖赏有差,其历次优等者递加赡银,并赏功牌、衣料”。

学生按入学时的文化水平分班教学因材施教,而且待遇也有区别。文理全通、读书甚多者,编为一班,每月给赡银一两;文理未尽通、而读书已多者,编为二班,每季给衣履费银二两;书读不多、文理未尽通顺而资性聪悟过人者,编为三班,每季给衣食服费银一两。

所有考取学童均给饭食,赡银各交家属具领。俟学生果有进益,再为递加,并随考核酌奖。有很明确的奖励制度。

关于课程设置,严复既注重学习西方的先进经验,并注意与中国当时的社会实际相结合。使学生的书本知识和实际能力都能得到提高。驾驶学堂课程规定,分内堂课目、外场课目两部分。内堂课目计有国文(读经、论说),英国语文文字(文法、信札),国家读本(各国地理大要、中国地理、中国历史大要),数学(代数、几何学、立体几何、三角),天文学,航海学,海上测绘,丈量学,静力学,静水学等。外场课目,计:单人教练,步兵操法,信号学,成队教练,成营教练,枪炮教练,升桅操练,炮弹及引信理法。

驾驶学科满分为1500分,其分数在1250分以上者给予一等执照,1000分以上者给予二等执照,750分以上者给予三等执照。奖优罚劣,使“学生等各致其心思巧力,争取奋勉,月异而岁不同”。

学生每日上完堂课,“每日傍晚由洋文教习带赴学堂外训演外国水师操法”。学生每七日中两日习汉文，“归汉文教习课导”。在中西学并举的原则下培养水师人才。

严复还特别注重理论联系实际，学堂建有一座天文台，供学习天文课的学生使用，登高望远，可谓别开生面。该观星台是天津历史上第一座天文台。

在五年学制中，四年在学堂完成各种课程学习，一年到军舰上实习，实习结束后再返校三个月进行总结，合格者毕业后分往北洋海军任职，或赴外国留学。

北洋水师学堂开学后不久，根据当时实际情况，在1881年底，严复对学堂章程又作了部分修订，并更加具体明确了各项规定，制定了《续定天津水师学堂章程》。

《续定天津水师学堂章程》规定：

> 学生入堂试习三个月，分别去留后，即行第其资质进境，分作一、二、三班。第一班归洋文正教习课督，第二、三班归副教习二员分课。第一班遇礼拜一、礼拜四日，第二班遇礼拜二、礼拜五日，第三班遇礼拜三、礼拜六日，各以下午二点钟起至五点钟止，归汉文教习讲授经史。遇礼拜日，则三班学生全日统归汉文教习课督，上半日讲授，下半日命题作文……
>
> 学生入堂第一年，所习西学以语言文字为大宗，兼习浅近算学。第二、三年则以算学为要领，如几何、代数、平三角之类，均应指授。而中西海道、星辰部位等项，又在兼习之列。第四、五年，所造渐深，当授以弧三角、重学、微积、驾驶、御风、测量、躔晷诸法。若果诸生进境精锐，则帆缆、枪炮、水雷、轮机理要与格致、化学、台垒学中有关水师者，均可在堂先与训习，以资后来出洋肄业根柢。以上略举次第，应责成洋文正教习循序指授，以期日起有功。……
>
> 学生入堂半年后，春夏冬三季按季小考，由总办先期禀请派员会

同考校，并请派熟谙水师西学委员会同洋文正教习校阅试卷，统核分数，酌拟甲乙，由监考官会同总办呈送中堂鉴定，列榜晓示。其秋季西学汉文分期大考，由总办呈请中堂定期亲临阅试，以重作养而示鼓励。……

学生初入学堂，隔日傍晚由二三班洋文教习带赴学堂外，仿外国水师操法，排列整齐，训演步伐，并令练习手足，藉壮筋力。三年后每日早晚仍由二三班教习训练枪炮。至第五年随同外国练船教习，早晚上学堂前样船学操帆缆诸事。五年期满后，洋文正教习会同各教习，将历年所授各学开列详单，并各生所造浅深、才器如何，按名出具考语，送由总办呈请中堂择期亲临，带同熟悉西学委员并外国水师官及所延外国练船教习详加考校。

第八节　1882年水雷学堂并入水师学堂，严复为管轮学堂遴选学员

1881年12月3日，吴仲翔向李鸿章建议增设管轮学堂，培养海军轮机军官。

1882年4月，天津机器局总办潘骏德等人在给李鸿章的报告中也提到：“天津水雷学堂开办已经两年，效果不很明显，建议认真遴选，将其中资质学业略可造就者，提归水师学堂，照章分班肄习。”

随后，李鸿章将报告批转给吴仲翔。并指令说：“水师学堂正教习严宗光精习西学，于测算、格致具有根柢，应令该员就近赴水雷学堂，会同原管各道，逐加考校，认真遴选，将其中资质、学业略可造就者，提归水师学堂，照章分班肄习督课。”

李鸿章决定，将原属天津机器局附设的电气水雷学堂，改组为管轮学堂，并入天津北洋水师学堂。在管轮学堂尚未正式成立，管轮学堂洋文正副教习人选尚未确定的情况下，李鸿章却提前一个多月指令严复赴水雷学堂，认真遴选学生，提归水师学堂。时严复任水师学堂（驾驶学堂）正教习，为管轮学堂遴选学生，本不是他的工作职责，但当时水师学堂除了“总办”，下属只有驾驶学堂正教习严复，而总办又不做具体工作，所以李鸿章就特意指令严复为管轮学堂遴选学生，严复在当时实际上除了负责驾驶学堂工作外，还负责管轮学堂前期的招生工作。

1882年5月10日，吴仲翔向李鸿章报告，他已“督同洋文正教习认

电气水雷学堂师生合影

真考选,拟拔其尤者令充水师学生,次者即留备管轮之选,又其次者商酌位置,或遣归水雷营”。吴仲翔还指出,“开堂伊迩,则执事各员不得不先期选派,以期委任得人。除汉文教习、文案、医生可勿庸设外,其洋文教习,原议以中国现乏管轮好手,先就水师人才选充,俾课语言文字及算学之属,俟一二年后再延洋师,则洋文教习正副二员此时所宜预派也”。他建议任命参将衔补用都司萨镇冰,或都司衔补用守备林颖启担任管轮学堂洋文正教习。

萨镇冰

后来李鸿章确认的人选为萨镇冰。李鸿章的批文为:“都司萨镇冰既于水师诸学深谙理要,候饬该员毋庸出洋,留充管轮学堂洋文正教习,并行刘游击知照。”并特别指示:“萨镇冰暂充教习,原非常局,两年后必须另延洋师,务饬严宗光、萨镇冰预为咨访,届时禀请延订为要。”

于是萨镇冰由澄庆兵船大副调任北洋水师学堂,充当管轮学堂洋文正教习。

1882 年 5 月,原属天津机器局附设的电气水雷学堂被正式改组为管轮学堂,并入天津水师学堂。《天津水师学堂事略稿》中有如下记载:“天津水师学堂系光绪七年(1881)于天津卫城东三里(?)建筑学堂落成,开始招生肄业。初仅为水师驾驶学堂。其时适有留美学生十余人亦附派学堂续习,嗣以管轮人才亦属切要,乃于光绪八年(1882)四月将天津水雷电报学堂改组为水师管轮学堂,该学堂曾训练粤、闽暨天津之管轮学生六十余人，于光绪五年(1879)毕业，七年(1881)招收二届学生，因其堂址正与学堂毗连，故合并之，天津水师学堂之规模遂益完备。”

天津水雷电报学堂是李鸿章在1876年所建，附设于天津机器局。1876年李鸿章向清廷奏称：“臣以水雷为海防要需，于光绪二年四月已延请西士，选募生童，就局内(东机器局)添设电气水雷局，教练一切。”它是天津成立最早的西式学堂。

由于电报水雷学堂被改组为管轮学堂而并入水师学堂，这样，水师学堂从1882年起，才有了驾驶和管轮二个学堂(班)。管轮学堂，总办由驾驶学堂总办兼管，另设监督一员，正教习一员，副教习无定数，司事一名，其余均由驾驶学堂兼理，三班学生数额与驾驶学堂相同，学员设一百二十名。

管轮学堂课程，亦分内堂课目与外场课目。前者计有英国语文文字、地舆、数学(几何、代数、三角)，化学，格致学，重学术，重学论，物质学，水学，火学，汽学，力学，马力学，锅炉学，制造桥梁学，制图配造机件学，轮机全书，煤质学，绘式几何学，绘图学，手艺工作学，鱼雷学等。外场课目与驾驶学堂同。

两个学堂合并工作完成以后，接着就开始进行补招学生工作，10月30日李鸿章为北洋水师学堂招生事，特别发布了一个《关于学堂招生告示》：“照得本大臣，前因北洋兵船陆续增置驾驶、管轮两项，需才甚亟，光绪六年(1880)七月，奏设天津水师学堂，培植北地人才，以供器使在案。兹距开馆一年有奇，学生造就渐有端倪，惟额数未满，投考者或资质平庸，或年纪过大，终少出色之材，细揣情由，似由赡银稍薄，未足招徕。今本大臣将该堂原定章程学生月给赡银一两改为月给四两，俾一经入选，八口有资，庶寒畯之家，咸知感奋。从前闽省水师学生，半皆世家子弟，学成之后，皆任各轮船将领，荐保二三品官阶，并有加勇号者。此间学生若果旧有成就，本大臣当从优奏奖，破格录用。合行示谕，并将章程撮要开列。为此示仰士民等知悉：无论直隶本籍，或外省寄居良家子弟，年在十六七以内,资质聪颖,能作论文或小讲半篇,情愿投考者,开明年岁、籍贯、三代,自赴水师学堂报名,由该堂总办随到随考,秉公录取。尔等须知,今日之学生,即他年之将佐,优予之饩,原思亟得美才;大张吾军,是本深期继起,勿仍观望,其各奋兴。特示。”同时随告示公布了《北洋水师学堂章程撮要》。

北洋水师学堂的操课,仿西洋水师操法进行训练

《北洋水师学堂章程撮要》是根据一年来水师学堂在招生、教学等各方面的实际情况和存在问题,对原先《天津新设水师学堂章程》和《续定天津水师学堂章程》进行了修改。主要修改的有:1)学生入堂试习,只与伙食,三个月后分别去留。原来规定两个月后,不合适者即行剔退。2)留者月给赡银四两。而原来规定每季只给一至三两不等。3)以五年为期,未满五年,不得自行告退及请假完婚。新增加了不得请假完婚之规定。4)新增加了“驾驶学生,专习管轮驾驶;管轮学生,专学管理轮机。在堂应授功课毕后,均上练船历练”的条款。5)将“驾驶学生在堂,每七日中,两日习汉文,归汉文教习辅导;每日傍晚,由洋文教习带赴学堂外,训演外国水师操法”正式列入章程撮要。6)增加了“学生每年春、夏、冬三季,派员小考;秋季,本大臣亲临校阅。考列前茅者,奖赏有差。其功次优等者,递加赡银并赏功牌、衣料”的考核奖励办法。7)新增设了假期的规定,明确规定不同情况下放假的天数。

当时,天津有一个诗人唐尊恒(字芝儿),作了一首七言绝句:“水雷电报成功后,洋务于今最擅扬。若有能文佳子弟,及时送入水师堂。”来鼓励学子报考水师学堂。该诗句被录入张焘所揖《津门杂记》。

第九节　1883年严复为水师学堂延聘管轮学堂洋教习;李鸿章认为严复思想激烈,不之近也

1883年3月19日,吴仲翔根据严复的建议,提请在学堂前操场东偏,竖立高8丈桅杆一枝,配备桅盘、索梯、铁缆,以便教习课操之余兼教诸生升桅,予练手足而壮胆气。李鸿章应允并指示大沽船坞如式配造。

1883年上半年,严复奉李鸿章之命,函商英国皇家海军学院总教习蓝博德,请其代为延订管轮正副教习。

原定正副教习分课理法、手艺,薪水分别为200两、100两。蓝博德表示,管轮正副教习薪水标准偏低,中国如需聘请练船教习,愿意一并协助。此外,延募管轮洋教习原拟合同约定:学堂为洋教习提供一所洋房、配套生活用具以及医资药费。

关于延订管轮正副教习,1882年5月李鸿章特别批示:“萨镇冰暂充教习,原非常局,两年后必须另延洋师,务饬严宗光、萨镇冰预为咨访,届时禀请延订为要。”但实际上李鸿章这时只让时任驾驶学堂洋文正教习的严复,函商英国皇家海军学院总教习蓝博德,请其代为延订管轮正副教习。并没有叫时任管轮学堂洋文正教习的萨镇冰参与。

鉴于第一届驾驶学堂学生已入学二年,而水雷学堂并入水师学堂也已一年,北洋水师学堂由原先只有驾驶学堂一个专业,变为具有驾驶学堂和管轮学堂二个专业,专业增加,规模扩大。按照1882年制定的《北洋水师学堂章程撮要》“驾驶学生专习管驾轮船;管轮学生专学管理轮机。在

堂应授功课毕后，均上练船历练”的规定，天津水师学堂开始筹备练船事宜，指派“威远”为练船，制定了《北洋水师练船章程》，并通过严复向英国皇家海军学院联系招聘练船洋教习。

1883 年 9 月，严复经与吴仲翔反复商议，建议将延聘管轮正副教习，原拟合同约定的“学堂为洋教习提供一所洋房、配套生活用具以及医资药费。”两条内容删除，代以每月各给津贴银 50 两由洋教习自理，以免节外生枝，另根据蓝博德的意见将洋教习薪水各增加 50 两。

李鸿章批准了严复的建议，并指令严复速将改定合同抄寄蓝博德查照妥办，并“务须代觅有水师头等学照，学有根柢，教法与现时新式各项轮机相合者，赶为廷订二名，克期来津”。

稍后，严复还受李鸿章委派，与英国海军学院联系，请求推荐练船正洋教习人选。后由吴仲翔呈送的《拟募练船正教习等合约》亦获批准。严复旋将合约妥细译寄蓝博德，嘱其从速妥为延订。

李鸿章创办水师学堂，明是为北洋海军培养人才，暗是以这张王牌来加重自己在朝廷的分量。而且，在北洋水师，任人唯亲，培植党羽，建立自己的政治势力。他延揽人才的最直接目的，也是在于扩大自己的政治势力。李鸿章把严复调到天津，也是希望他以后能成为自己属下一员主将。据林耀华《严复社会思想》记载：“李鸿章初甚器重先生，尝示意其执贽称弟子，而先生勿屑也。”然而，严复对于晚清官场的习气总是格格不入的，严复并没有向他表示过如何的感激，除了公事，竟连他的府上也不大走动。

严复在 1881 年回闽招生时，由于李鸿章并不关心严复挈眷事，“谒傅相时，渠亦未问及此，想以为此弟家事，听弟自谋之”，经济又很拮据，所以当时没有带家眷来津。经过一年的积挣，终于在 1883 年，严复才将母亲、妻子以及大儿子严璩（字伯玉）接到天津共同生活，这时严璩已八岁。不过严复家眷来津住的地方，要严复“自谋”之，自己去解决，但一直没有见到严复提及的具体住处，据认为是住在紫竹林区域。

这一年，与严复同期出洋，到法国留学的马建忠也曾一度参与北洋水师学堂教务。还有，也是福州船政学堂同学、一起去英国留学并兼任翻译的罗丰禄，时任天津大沽船坞总办。

严复在英国留学期间，正值西方资本主义的全盛阶段，“无论一沟一塍一廛一市，莫不极治缮葺完”；而我国城镇“虽通衢大邑，广殿高衙，莫不呈丛脞抛荒之实象”。当时的英国和法国是西方先进思想最活跃、最发达的地方，欧美各国为达尔文进化论学说所震撼，大思想家、大学问家辈出，诸如赫胥黎、亚当·斯密、斯宾塞、卢梭、孟德斯鸠等人都成了严复的崇拜对象，促使他在业余兼习了哲学、政治、经济、社会诸学，思想大开。

那时的严复意气风发，出于爱国之心，“极喜议论时事，酒酣耳热，一座尽倾，快意当前，不能自制，尤好讥评当路有气力人，以标风概”，表现出“议论纵横”“恃才傲物、锋芒太露”的性格，驻英公使郭嵩焘也认为“又陵（严复）才分，吾甚爱之，而气性太涉狂易”。

严复回国来天津后，还是我行我素，他不仅月旦人物，又喜议论时事，评弹社会政治。他感慨回国后，1880年来天津，看到的是“天下茫茫，到处皆是无形之乱，饥驱贫役，何时休息”发出“兴言至此，黯然神伤”的感叹，表现出明显的忧国忧民情结。当时，他甚至还想“拟二三年后，堂功告成，便当沥求上宪，许我还乡”。严复在1883年冬，曾作《社燕》诗一首，也流露出这种心态：

一夕西风动玉钩，画梁如语听啁啾。
似言华屋原堪恋，无那高巢易得秋。
来日园林还昔主，归时沧海见横流。
寻常百姓家家是，王谢堂前认得不。

这是目前在《严复集》中，看到的严复的第一首诗作。

1879年，日本吞并中国藩属琉球，改为冲绳县。事前李鸿章致总理衙门称,琉球"无关国家轻重,原可以大度包之"。李鸿章托来津访问的美国前总统格兰特,东游日本时,代为说情调解,但无济于事。格兰特的武官复函李鸿章说,日本认为"中国亦不过以笔墨口舌支吾而已"。中日交涉就不了了之,日本侵占琉球终成事实。

尤里西斯·辛普森·格兰特

(美国第18任总统)

对此,严复看到日本海军不断强大,径翦琉球及日本留欧海军学生归国后的"用事图强",再看到国内风气腐败,朝野上下吃喝玩乐,便不禁悲切忧叹,满怀愤慨。严复在中西两种制度巨大位差的刺激下,忧心如焚,在天津教学之余,与友人的聚会中经常对人说:"如果这样下去,用不了三十年,中国的领土与藩属将被吞灭殆尽,那时似就会像老牛一样,让外国侵略者牵着鼻子走。"这些话说的本是实情,听到的人不理解他的话,传到李鸿章那里,李鸿章认为严复思想偏激,不是可以拉拢成为自己势力的人,就不再去理会严复。关于这件事,陈宝琛写道:"君慨夫朝野玩惕,而日本同学归者皆用事图强,径翦琉球,则大戚。常语人,不三十年藩属且尽,缳我如老悖牛耳!闻者弗省。文忠(李鸿章)亦患其激烈,不之近也。"

第十节　1884年8月中法海战爆发；9月严复兼“充天津水师营务”

1884年，有王凤喈等九名学生，从美国学成归国，严复要求把他们分配到北洋水师学堂任帮教，或上练船带领学生练习，以充实学堂的教学力量。

1884年2月，吴仲翔根据严复的建议，提请李鸿章变通办理章程的一些规定。

章程原规定视学生季考成绩而拔班、降班，改为以后每班季考最后数名学生酌予罚扣赡银，如下季考试能不再列本班应罚名数以内，则将所扣银两照数给还，以资鼓励。

5月4日，清政府命李鸿章办理中法和议。11日，李鸿章与法国水师总兵福禄在天津签订了中法简明条款五项(又称《李福协定》)。

8月23日，中法福州马尾海战爆发，福建水师几乎全军覆没。8月26日，清政府被迫对法宣战。

9月5日，当时会办江南防务的陈宝琛，向光绪皇帝上《请募勇参用西法教练折》。请调天津水师学堂教习严宗光、萨镇冰等。奏折以马江战役福建水师溃败，奏请加强南洋水师，其中特别提到“募兵不难，难于选将”，因此请调天津水师学堂教习严宗光、萨镇冰等，认为他们“秉资明毅，洞晓泰西战法，可以任以督率教练”。但光绪皇帝没有给予批示。

9月下旬，李鸿章得知这件事后，就令严复兼“充天津水师营务”。

10 月 11 日,陈宝琛又上《报巡阅情形折》。再次请调严宗光、萨镇冰来南。陈宝琛在奏折中,再次奏请“欲调严宗光、萨镇冰来南,亦以北洋教操得法,远胜南洋,故欲兼令整顿水师耳”。但因主持北洋事务的李鸿章坚决反对,陈宝琛调用严宗光、萨镇冰等人的想法没能实现。

第十一节　1884年11月北洋水师学堂第一届驾驶班学员毕业

1884年10月间，由严复在1883年受令延聘的天津北洋水师学堂管轮正副洋教习霍克尔和希耳顺到任。

1884年10月，李鸿章饬派水师营务处道员罗丰禄会同英、俄两国海军官兵，到北洋水师学堂对第一届驾驶班学员进行会考。会考时该两国毕业于欧洲水师学堂的海军官兵，对学生进行了严格的考核和指导，得到很高评价；罗丰禄也认为该学堂所授繁难诸学，多为福州船政学堂所未及之课。

罗丰禄

10月30日至11月4日，吴仲翔、罗丰禄、严复对学生进行全面考试。

11月4日，罗丰禄还邀请了英国助理领事霍伍德(W. Howard)和俄国炮舰舰长史塔克(Storck)一同参加会考。

罗丰禄向俄国炮舰舰长史塔克“出其题纸以示俄国水师兵官”，史塔克“诧其精审，疑为英国算家所出”。

英国驻天津助理领事霍伍德在参加本次考试后，撰写了一个观察报告。在该观察报告中，霍伍德写道："这场考试给我的印象是，老师颇具耐心，学生无疑也付出了辛勤的努力。校方告诉我，(学堂章程)第三条规定本校为五年学制，参加考试的学生已经学了三年半。他们熟练地掌握了英语，足以用原版教材学习英语语言和文学、地理、几何、三角、静力学和动力学、航海理论与实践等课程。他们用英文工整写就的答卷堆积如山，但整套体制的实际成效甚小。"

霍伍德还说："最好的前三十名海军学生被逐一叫来，由严先生和罗丰禄先生面试。顺便指出，这二位似乎对航海的理论和实际知识驾轻就熟，无所不知。前十二名学生的回答很有才智，但随后学生的答题水平开始下降，有些学生居然不知道球的截面会形成一个圆。同样令人奇怪的是，竟有那么多学生坚持认为经纬仪是航海中使用的主要仪器之一。"

霍伍德对严复的评价是正面的，但他批评了学生的学习效果。依据经验，区区三年半时间，要把毫无西学根底的学生，通过对英语、数学、物理课程的速成教育，达到初、高中水平，显然极为困难。同样，对严复本人来说，从做学生到做教师，也有适应和提高的过程。诚如王家俭先生指出："以我国当时的教育体制及科学技术，当其创建初期，诸多均难达到理想，自为意中之事。"

11 月 7 日，李鸿章到水师学堂面试。

11 月，天津北洋水师学堂第一届驾驶班学员毕业。

第一届驾驶班学员毕业时有三十名学员：

谢葆璋　郑汝成　沈寿堃　陈杜衡　郑　纶　温朝治　伍光建
王邵廉　洪桐书　安骏元　蔡灏元　梁汝辉　王　平　王学曾
张　浩　王金声　陈京莹　吴怀仁　黄乃漠　薛振声　穆普书
周福臻　王兆沨　韩　锦　祁凤仪　赵文锦　倪居卿　伍璧瑛
崔峦峰　陈如升

其中：

伍光建(1867—1943)，广东新会人。

伍光建

伍光建是北洋水师学堂驾驶班第一届毕业生。是严复的得意弟子。北洋水师学堂毕业后奉派赴英国，入格林威治海军大学深造。后转入伦敦大学，习物理数学，转习文学。

光绪十八年(1892)，伍光建学成归国，任天津水师学堂教习。之后，历任出使日本大使随员、出洋考察宪政五大臣的一等参赞、学部二等咨议。

宣统元年(1909)和老师严复一同被获赏文科进士出身；海军处成立，任顾问兼一等参赞。次年改设海军部，历任海军部军法司、军枢司、军学司司长。

宣统三年(1911)6月，中国教育会成立，伍被推为副会长。

民国成立，他历任财政部参事、顾问，盐务署参事、盐务稽核所英文股股长，复旦大学教授，时间长达10载。北伐军兴，南下任国民政府行政院顾问，外交部条约委员会委员。不久，定居上海，专事翻译文学作品，为我国现代著名翻译家。伍光建一生译著甚多，所译哲学、历史、文学等书籍和作品，有《十日谈》《悲惨世界》《列宁与甘地》《三剑客》等共130余种，近千万字。

1943年6月10日，伍光建在上海逝世，终年76岁。

王劭廉(1866—1936)，字少荃，天津人。

北洋水师学堂驾驶班第一届毕业生。也是严复的得意弟子。北洋水师学堂毕业后奉派赴英国格林海军士官学校深造。在英国，王劭廉先学

王劭廉

习造船工程,后又学习法律政治。学成归国后受李鸿章重用,任威海水师学堂、北洋水师学堂教习,讲授英文、数学等课程。他对学生要求严格,教授得法,深受学生爱戴。1900 年,因八国联军入侵,北洋水师学堂停办,受北京五城御史陈璧邀请,任五城学堂(北师大附中前身)洋文总教习,后陈璧升任顺天府尹,创办顺天学堂,又任王劭廉为顺天学堂洋文总教习。当时,五城学堂的汉文总教习是林纾,顺天学堂的汉文总教习是陈鸿章,都是光绪年间的举人,林纾还是著名的翻译家。而王劭廉却身兼二任,总领“五城”“顺天”两校英文、算法、格致、体操诸学科教席,是当时北京城有名的“西学”教师。

1906 年,美国教育家丁家立辞去北洋大学堂总教习之职,向直隶总督袁世凯推荐了王劭廉,于是,王劭廉离开顺天学堂,赴天津接任北洋大学堂新职。当时,总教习改称教务提调,在这一职位上,王劭廉工作了九年时间,历经清末新政、辛亥革命和民国成立这一动荡的历史时期,开创了中国人管理近代新式大学的先河。

1909 年,和老师严复、北洋水师学堂同学伍光建一块被清政府赏“文科进士”。王劭廉还先后担任直隶学务公所议长、天津县议事会副议长、直隶咨议局局长、教育部教育会议议长等职,为民国初年的教育改革提出过不少的议案。

1914 年,王劭廉辞去北洋大学之职,应周学熙之邀担任开滦矿务局协理十年,1936 年 11 月 19 日病逝于天津寓所。

谢葆璋(1866—1940),字镜如,福建闽侯(今福州市)人。

谢葆璋

光绪七年(1881年),严复回闽招生时,被招为北洋水师学堂第一届驾驶班学员。1884年学成毕业后,派登“威远”舰实习。实习期满,进入北洋舰队服役。

1887年初,谢葆璋随管带邱宝仁赴德国接带“来远”舰,因接舰有功,获清廷奖赏,留在“来远”舰任职。1889年初,谢葆璋升署右翼左营守备,充“来远”舰驾驶二副。

1894年,中日甲午战争爆发。1895年正月初五日,日军水陆夹击威海卫港内的北洋舰队。正月十二日凌晨,日本鱼雷艇潜入港内偷袭,“来远”舰中雷翻转,露出红色舰底,顷刻沉没。谢葆璋落入冰冷刺骨的海水中,拼命游上刘公岛,得以死里逃生。北洋海军全军覆没后,清廷将幸存官兵全部遣散,谢葆璋返归原籍。

1899年,清政府命令前北洋海军副将叶祖珪统领新建北洋海军,以萨镇冰为帮统,兼任“海圻”号巡洋舰管带。并命他们“选择朴实勇敢、熟悉驾驶之员,督同认真操练,以为整顿海军始基”。经萨镇冰推荐,谢葆璋被起用为“海圻”舰大副。

1902年,清政府在山东烟台设立海军练营,调谢葆璋任管带,兼任练营内附设的海军学堂监督。1906年,清廷决定兴建烟台海军学堂新校舍,“建筑和堂务筹划,悉由谢葆璋主持”。1908年,新校舍落成,烟台海军学堂宣告正式成立,谢葆璋为第一任监督。1911年春,烟台海军学堂发生学潮,海军部派军制司司长郑汝成前往处理。事后,郑留任学堂监督,谢葆璋辞官回籍。

中华民国成立后，谢葆璋出任海军总司令处二等参谋。1913 年，授海军少将，调任海军部军学司司长。1920 年，改任海军部参事厅参事。1926 年，署理海军部次长。1927 年，任海道测量局局长，旋又兼任海岸巡防处处长。1931 年，辞去一切职务，闲居北京。1940 年病逝，终年 75 岁。其女谢婉莹，笔名冰心，为现代著名文学家。

郑汝成(1862—1915)，字子敬，河北静海人。

郑汝成

1884 年北洋水师学堂第一届驾驶班毕业后，上“威远”舰实习。1886 年，赴英国深造，入格林威治皇家海军学院学习。毕业后，奉派往英国地中海舰队实习。

1889 年回国，署精练左营守备，充“康济”船大副。1891 年，调威海水师学堂任提调，旋又改任总教习。1895 年初，刘公岛被日舰攻陷，威海水师学堂解散，调入天津水师学堂任正教习。

三年后，投入时在天津小站督练新式陆军的袁世凯麾下。1902 年夏，任保定北洋军政司教练处帮办，同时兼任保定北洋武备师范学堂监督。1905 年，出任北洋武备速成学堂总办。

1907 年，清政府重建海军，郑汝成重回海军任职，任陆军部海军处机要司司长。1909 年秋，随筹划海军大臣载洵、萨镇冰出访欧洲，考察各国海军及订购新舰。1910 年，任筹办海军事务处军法司司长。是年底，清政府改筹办海军事务处为海军部，郑汝成改任军制司司长。

1911 年春，烟台海军学堂发生学潮，郑汝成奉命前往处理。事后，接任该学堂监督，兼海军部一等参谋官。同年授海军协都统衔。武昌起义后，被进步学生驱逐出校。

1912年，袁世凯任临时大总统，郑汝成被任命为总统府高等侍卫武官。旋奉命赴江浙办理军队善后裁汰、整饬、发饷事宜。授海军少将。翌年，擢海军中将，奉派赴上海，统辖驻沪海陆各军及江南制造局。抵沪后，镇压了革命党人在上海发动的“二次革命”，因此被袁世凯委任为上海镇守使，加海军上将衔。1915年，受封为将军府彰武将军。十一月十日，在上海虹口租界附近被革命党人刺杀身亡，终年43岁。翌日，袁世凯下令：“郑汝成追封一等彰威侯，照上将阵亡例从优议恤”，给治丧费银二万元，拨予天津所属小站营田三千亩给其家属，以资赡养，并在上海及原籍建立专祠。

沈寿堃（1863—1921），福建侯官（今福州市）人。

1881年，严复回闽招生，沈寿堃应考，成为第一届驾驶班学生。1884年毕业后，上“威远”号练习舰实习。1886年，赴英国深造，入格林威治皇家海军学院学习，毕业后，奉派到英国地中海舰队实习。1889年春，留学期满回国，派在北洋海军署理右翼中营守备，充“定远”船枪炮大副。

1894年6月，中日甲午战争爆发。在八月十八日的黄海大战中，沈寿堃在“定远”舰督炮击敌，重创日舰“松岛”“比睿”“赤城”“西京丸”。海战后，沈寿堃因功免补都司，以游击尽先补用，加副将衔。1895年北洋海军全军覆没，清廷将北洋海军武职实缺全部裁撤，沈寿堃亦被解职。

1899年，北洋新购一批舰艇，调沈寿堃任“海圻”号巡洋舰帮带。1905年，奉派帮统南北洋海军。1909年夏，清政府将南北洋海军统一编为巡洋、长江两舰队，沈寿堃调任长江舰队统领，授海军协都统。辛亥革命爆发，沈寿堃既不支持也未阻止舰队起义，而是自行离职，闲居上海。

1912年，北京政府海军部任命其为高等顾问，补授海军中将。1913年又任命其为第一舰队司令，因病未就。1917年，兼充高等捕获审检厅评事。1918年，北京政府海军部任命其为中日共同防敌协商海军委员长，在北京与日本海军代表签订《中日海军共同防敌军事协定》。1921年于上海逝世，终年59岁。

陈杜衡(1864—?),字芳斋,直隶青县人。

1881年考入天津水师学堂第一届驾驶班,1884年毕业,1886年被派往英国格林书院专习炮术。

回国后,1889年任北洋水师“平远”舰枪炮大副。1895年任“威远”练舰督练大副。1904年任烟台水师学堂正教习。1911年任烟台水师学堂教务长。民国成立后,1913年被民国北京政府授予海军中校,1915年任烟台海军学校教务长。1916年任海军部军学司帮理司务科科长。1920年升任天津大沽海军管轮学校校长。1922年调任海军部视察。1923年出任交通部南洋大学校长。1923年授海军少将。1924年陈杜衡被免去校长职。1927年任北京陆海军大元帅府军事部海军署参事。1934年代署国民政府海军部军衡司司长,后任海军部少将候补员。1938年任海军总司令部少将候补员。

郑纶(1859—?),字雅村,福建闽县人。

1881年入天津北洋水师学堂第一届驾驶班就读,1884年毕业后入北洋舰队供职,1887年充“致远”舰船械三副,1892年12月调南洋水师“虎威”蚊炮船管驾。1894年随“致远”舰参加中日黄海大战,在管带邓世昌指挥下,“致远”舰与敌奋战,在激烈的战斗中,炮弹垂尽。时与日舰“吉野”相遇。邓世昌决意与之冲撞,同归于尽。但不幸“致远”舰被鱼雷击中,锅炉迸炸,舰身破裂而沉没。全舰官兵只郑纶等7名遇救外,全部壮烈殉国。清末重建海军后,郑纶任江阴炮台总台官,1906年任“建威”炮舰管带,1910年12月调“江利”炮舰管带,简授海军副参领。南京临时政府成立后,任“建威”炮舰舰长,1912年授海军上校。1913年任海军总司令处军衡长,晋授海军少将,11月调任南京海军军官学校校长。1914年任海军部视察。1915年代南京海军雷电学校校长。1917年赴龙门港筹办海军练习所事务,同年8月复任南京海军雷电学校校长,1917年出任南京鱼雷枪炮学校校长。1922年晋升海军中将。1925年被临时执政府免其校长职。后归隐乡里。

陈京莹(1863—1894),字则友,福建闽县人。

1881年,天津水师学堂建成招生,陈京莹应考入选,成为第一届驾驶班学生。1884年毕业后,派上“威远”舰实习。期满,留北洋任职,授把总。1887年初,随管带林永升赴德国接带“经远”舰,帮同驾驶,尽心尽力。回国后,调充“经远”驾驶二副,擢千总。1889年初,升署左翼左营守备。

1894年春,得保都司,赏戴花翎。不久,中日甲午战争爆发。陈京莹“生平事亲孝,战时父母俱在,屡上家书,自告必死”。他在信中说:“大丈夫以殁于战场为幸,但恨尽忠不能尽孝耳。双亲老矣,勿因丧子感伤以重儿罪。”八月十八日,北洋海军主力在鸭绿江口大东沟附近黄海海面与日本联合舰队展开激战。至下午3时30分左右,“致远”舰被击沉。接着,日本第一游击队“吉野”等四舰又围攻“经远”,“经远”被划出阵外,势孤力单,中弹甚多,“船甫离群,火势陡发”。陈京莹协同御敌救火,毫不畏惧,表现极为出色,激战中,管带林永升、帮带大副陈荣先后壮烈牺牲,陈京莹接替指挥,不久也中炮阵亡,时年32岁。

黄乃漠(?—1894),1884年驾驶班第一届毕业后,任北洋水师“致远”舰二副,甲午海战中随舰阵亡。

薛振声(?—1894),1884年驾驶班第一届毕业后,任北洋水师“致远”舰二副,甲午海战中随舰阵亡。

韩　锦(?—1894),1884年驾驶班第一届毕业后,任北洋水师“经远”舰二副,甲午海战中随舰阵亡。

陈如升(?—1894),1884年驾驶班第一届毕业后,任北洋水师“定远”鱼雷艇管带,甲午海战中随舰阵亡。

倪居卿(?—1894),1884年驾驶班第一届毕业后,任北洋水师“左二”雷艇大副,甲午海战中随舰阵亡。

吴怀仁(?—1894),1884年驾驶班第一届毕业后,任北洋水师“左一”雷艇大副,甲午海战中随舰阵亡。

王平,字登云,天津人。1884 年水师学堂第一届驾驶班毕业后,曾留学美国,学习航海。回国后任“左一”鱼雷艇管带。1895 年参加中日甲午海战,曾立功,赏同知衔。后威海卫陷落,因临阵逃脱,清廷要治罪杀王平,但因李鸿章等保,于是革职回籍永不叙用。

其他的也多在北洋水师或海军部门中任重要职务。

北洋水师学堂驾驶班的第一届学生,入学时为 60 人,毕业时只有 30 人,被淘汰掉一半,可见教学之严格。

从学生成绩来看,严复所教驾驶班造诣较高。按英国海军章程,凡副勒夫脱难(Sublieutenant,海军中尉)届上练船,算法、代数、几何三项所考分数,以得总分三分之一者为中选,上船后再学习三角、驾驶、天文、重学诸书。但伍光建等 30 名学生,不仅学完 10 余项规定堂课,还提前完成多项舰课,多数成绩超过总分一半,成效显著。

首届驾驶一班学生毕业后,驾驶学堂随即将二、三班学生冯琦等择优升为一班,交洋文总(正)教习严复授课,历时三年完成教学计划毕业。

由于严复在教学组织和管理中,注重学习西方的先进经验,并注意与中国当时的社会实际相结合,教学成绩显著,所以总办吴仲翔道员遂向李鸿章奏案请奖。

11 月 9 日,对这次的考试,吴仲翔、罗丰禄给李鸿章写了一个报告。

在报告中称:“卑职丰禄会同洋文正教习严都司宗光详加校阅均底有成。卑职丰禄查英国水师章程,学生届上练船,考试题目除他国语言文字外,计仅算法、代数、几何三项,所考分数以得三分之一者为中选。上船之后方习三角、驾驶、天文、重学诸书。今天津水师学堂一班学生三十名,本届大考题目,除英国语言文字外,于算学、代数、几何、平弧三角、驾驶积算、推步阐理、重学、地舆均已受课,而所得分数过半者多。上船后,只需专习枪炮、帆缆,便堪器使。如令出洋续习,益求精密,则根柢既深,端绪易引。驾驶为水师专门之业,几何、代数立纲以明体也,推步测量分端以致用也。大洋驾舟,昼则策日,夜则候星,端凭重测之学,即古所谓夕桀法

吴仲翔、罗丰禄写给李鸿章的报告

也。从前闽厂洋教习初入中国，惮其繁难，在堂未课。严教习知其用广法良，不厌讲解，阅诸试卷，于重测一法，推步多能如式。夫天文、算学不难于布筹，而难于立表，不难于墨守成规，而难于推阐理数。从前洋教习期诸生之速化，用前人之成书，但课检未探奥窔，递乘级数多付阙如。严教习踵格林之规模，授立表之算法，虽朱仁杰之《四元玉鉴》，李治之《测圜海镜》，算家所惮为艰深者，无难迎刃而解。故其阐理一项，多为卑职丰禄从前所未习，出其题纸以示俄国水师兵官，诧其精审，疑为英国算家所出……。今各省西学学堂，教习多属洋员，而天津水师学堂专用华员，自非选材严密，课导认真，学生造诣断难若此。卑职丰禄身为学生，于西学甘苦尚知一二，叠承宪恩，委考学堂，不敢阿好溢誉，亦不敢避嫌缄然，仅就识知所及，据实直陈。职道仲翔查自开堂以来，时阅三载有奇。学生叠经淘汰，驾驶一班仅得此数。仰荷宪台逾格甄培，在堂教习各员咸能勤于约束课导，诸生亦知奋勉用功。兹际毕业，察诸生所造，虽材质不无高下，未能一律精深，然以配上练船，酌派出洋，尚均具有根柢。经会同卑职丰禄,将此次所考驾驶一班学生试卷核定分数,酌拟甲乙及奖赏银数,并据洋文正教习严宗光照定章将各生所造深浅,才器如何,按名出具考语,呈送前来,谨分别开列册折,并各项题目试卷,统呈钧定,俯赐填榜,并试卷札发,实为公便。"

吴仲翔和罗丰禄对严复的教学工作给以肯定和赞扬。使人们据此相信学堂办学成绩斐然。这个报告,便是后来李鸿章所上"水师学堂请奖折"之由来,亦是严复获得以游击补用,并赏加副将衔的晋升依据。

第十二节　1884年12月严复受清廷嘉奖，"以游击补用，并赏加副将衔"

由于严复在教学组织和管理中，注重学习西方的先进经验，并注意与中国当时的社会实际相结合，教学成绩显著；总办吴仲翔道员向李鸿章奏案请奖，李鸿章遂在1884年12月21日上奏为北洋水师学堂师生请奖："伏思水师为海防急务，人材为水师根本，而学堂又为人材之所自出。臣于天津创设水师学堂，将以开北方风气之先，立中国兵船之本。际兹成效初收，允宜甄陶在事，激劝来兹，庶几人材可期辈出。查广东设立同文馆，招募学生，课以西国语言文字，每届三年，奏请分别给奖有案。天津水师学堂所课西国语言文字，特其一端，此外诸学视同文馆实相倍蓰。在堂各员弁尽心教导，洵属异常出力，学生亦攻苦逾恒。现已届满三年，著有成效。据总办道员吴仲翔详请援案奏奖前来。臣查泰西各国水师强盛，皆以学堂为根基，中土创办之初，不得不多方诱掖，冀收拔十得五之效，理合酌拟奖叙。"

李鸿章虽然认为严复思想激烈，不之近也。但对严复的教学工作还是给以肯定和赞赏的。李鸿章在奏请奖励学堂的师生员工名单中，严复也在其中，且名列所有请奖的洋文教习、洋枪教习、汉文教习、司事、官医以及诸学生之首。

李鸿章为严复请奖的理由及所请奖项是："参将衔留闽尽先补用都司严宗光，由闽厂出洋肄业，学成回华，派充该堂洋文正教习，参酌闽厂及英国格林书院课程,教导诸生,造诣精进,洵属异常出力拟请以游击补用,并赏加副将衔。”李鸿璋认为严复“造诣精进,洵属异常出力”。12 月 24 日军机大臣奉旨:“严宗光等均著照所请奖励。该衙门知道,单并发。钦此。”12 月 25 日,清廷以北洋水师学堂办有成效,予教习都司严复、游击卞长胜、学生伍光建和王劭廉等奖叙有差。

第十三节　1885年由于李鸿章的疑忌，严复愤而自疏

1885年初，曾任闽浙总督的左宗棠，要求朝廷将旧在福建船政局任职的吴仲翔调回福建。

3月，英国人麦赖斯到达天津，被聘为北洋水师学堂驾驶学堂洋文副教习。

3月27日朝廷下旨：“左宗棠奏，道员吴仲翔前在船政当差，章程多系该员议定，请饬仍回福建办事等语，吴仲翔现在天津办理水师学堂练船事宜，如有妥员可以接办即著李鸿章饬令前赴船政局当差等因，钦此。”

李鸿章接到上谕后，在4月28日即上奏朝廷称：“遵查二品衔分发补用道吴仲翔，光绪七年四月经臣以天津创办水师学堂奏派该道驻局总办，十年十月间经臣以学堂办有成效，附片奏奖，奉旨：吴仲翔着交军机处存记，钦此。钦遵在案。兹查左宗棠原片，内称该道究心洋务，在船局十有三年，于厂中利弊及教练海战各事，均极晓畅；而臣前奏，亦以为该道员品学兼优，体用俱备，能讲求西洋水师规制，于船务经营最久，探讨最深，堪以干济时艰，若饬仍回船局当差，自必堪期得力。惟北洋水师，方筹整饬，该道才堪肆应，具有血忱，不避劳怨，正资臂助。且学堂为水师根本，辰下成效初收，猝乏妥员可以接办。合无仰恳天恩，准臣暂留该道员吴仲翔在天津当差，俾资一手经理。”仍把吴仲翔留在天津。

李鸿章称“猝之妥员可以接办”。当时的官场与社会，专制积习非常

浓厚。尽管强邻环伺,国事日非,但当轴者仍以箝口钳羽为能事,不准人们对朝政任意发表议论。

有一天严复向李鸿章面陈西国政教的优长,说中国要想富强,非用西法不可。李鸿章一边抽水烟,一边听,认为这不过是书生放言高论,漫无顾忌。遂反驳道:“你说的话很有道理,你们留过洋的自然是一通百通,可是对中国的事情还不大通!”于是顺手拿起点水烟袋的火纸捻问道:“这在西洋叫什么?”严复一时不知如何回答。李鸿章见状哈哈大笑,说:“可不是,我说你们留洋的就不懂中国一套!”从此严、李间芥蒂日深。

在严复与李鸿章的关系中,还有一层阴影,就是中法战争订立和约的事。1883 年发生了法国侵略越南而引起的中法战争。在中国军队打了胜仗的情况下,李鸿章却在 1884 年 5 月 11 日与法国水师总兵福禄订立了《中法简明条约》。李鸿章对朝廷说:“当借倞山一胜之威与缔和约,则法人必不再要求。”于是,清廷接受了他的意见,立即命令停战。李鸿章的妥协行为引起前线将士和抵抗派的反对,朝野人士纷纷上书要求弹劾惩办议和的李鸿章,还有人将指斥李鸿章的文字四处传播,李鸿章一时成为众矢之的,处境十分狼狈。李鸿章怀疑其中有严复摘发,因而对严复产生了疑忌和不满。

严复得知这个消息,愤而自疏,主动与李鸿章疏远。关于这件事,陈宝琛在《清故资政大夫海军协都统严君墓志铭》中是这样写的:“法越事裂,文忠为德璀林辈所绐,皇遽定约。基言者摘发,疑忌及君,君亦愤而自疏。”

严复觉得他向上级提出的意见往往得不到重视,觉察到自己职微言轻,而且不由科举正途出身,有很多的好建议都不被理睬。他想改变这种状态,幻想走科举的道路。他自信学问的根底很好,再做一些努力,或若能在科场上打通由举人、进士、翰林而至公卿的阶梯,以实现平生的抱负;至少,也可以提高自己言论的社会影响。

严璩在《侯官严先生年谱》中,写道:“府君自由欧东归后,见吾国人事事竺旧，鄙夷新知，于学则徒尚词章，不求真理。每向知交痛陈其害。自思职微言轻，且不由科举出身，（当日仕进，最重科举）。故所言每不见听。欲博一第入都，以与当轴周旋。既已入彀中，或者其言较易动听，风气渐可转移。”

在这里，说明严复在天津水师学堂任洋文正教习的实践中，感觉没有科举功名，不受重视的苦恼，打算转向科举仕途，目的在于取得官职以后，有了政治地位，可以接触当权的高级官员乃至当朝天子，用自己的主张影响他们，达到转移风气，传播新学，富国强兵的目的。为了参加科举考试，严复“纳粟为监生”，并“发愤治八比”，对“四书”“五经”猛下功夫。

第十四节　1885 年严复结识郑孝胥；回闽参加科举考试

郑孝胥

1885 年 6 月 24 日，严复结识了福建同乡郑孝胥。

郑孝胥也是福建闽侯人，1882 年中举，因其岳父吴赞诚与李鸿章是旧交，遂在 1885 年来津投奔李鸿章。严复与郑孝胥既是同乡，又都在天津供职，都有怀才不遇的牢骚和遗憾，两人一见如故，相见恨晚。他俩经常在一起与当时也在天津供职的罗丰禄、方伯谦等人相聚。

当时，严复师从保定莲池书院的桐城派宿儒吴汝纶学古文的时间不长，其功底不及已中举的郑孝胥。对此，郑孝胥也颇为自信，对严复和罗丰禄的文字均有居高临下的品评。

在 6 月 28 日《郑孝胥日记》中，记下了他对严复的印象："观幼陵文，天资绝高，而粗服未饰。"对罗丰禄又评论曰："阅稷臣文一首，其人好沉思，可与诣古，视严幼陵气不如而思路过之。"

7 月 12 日郑孝胥作诗一首赠严复，诗曰：

慷慨怀大志，平生行志哀。嗟君有奇骨，况复负通才。

时事多荆棘，吾侪今草莱。天津桥上见，为我惜风裁。

这首诗表达了怀才不遇、壮志未酬的愁绪，说出了严复的心里话。

当时严复的大儿子严璩(号伯玉，乳名阿璋)由福建来到天津已三年，时年11岁，严复要回福建，还没有为他找到老师，严复遂将儿子拜郑孝胥为师，7月18日的《郑孝胥日记》记有："幼陵以其儿璋未得代师，属余为之暂督，诺之。"

原来这年严复要回闽参加乡试，同时陪奉母亲回福建探亲。但把王夫人和大儿子严璩留在了天津紫竹林家中。

第二天7月19日严复即启程回闽参加乡试。郑孝胥还送严复到岸侧。在郑孝胥的日记中，记有"严复奉母归"。这次严复回闽参加乡试，同时又陪奉母亲回福建探亲。

9月12日，回到福州后的严复，在科举考试前五天，住在福州光禄坊道南祠谢姓友人(谢葆璋之父谢銮恩)家中，给时因"荐人失察"之过，被降五级，闲赋乡居侯官螺州的陈宝琛写了一封信。

严复在信中说："光此番以奉母回闽之便，于天津海防事例内报捐监生，领有户部国学二照，费银足成一百八两。"但在报名考试的过程中，可能是登录过程出错，福建的学官要求他再补交捐纳银两，否则将"扣送入闱"。

严复无计可施，只好写信请陈宝琛帮忙，严复在信中讲：

"事败垂成，宗光无懊恼，计唯有重求我公，明晨拨冗来城，代为一到院中向学宪缓颊，破其疑团。事若获谅，则宗光后此能得寸进，皆我公高厚之赐也。急切屏营，恕其草草。端此敬叩礼安。宗光敬上。八月初四。"

这件事情或许经由陈宝琛的协助而得以解决，使严复能够顺利参加乡试。

9 月 17 日至 23 日,严复在福建第一次参加了乡试。

昔日严复在福州参加科举考试的地方,现今为福州市辛亥革命纪念馆。

严复自回国后,见国内一切依旧。新知识不被重视,仕进前途,都重科举。认为出身不由科第,所言都不见重。为了实现自己的抱负,他走上科举的道路,于是捐了一个监生,首次应乡试。但是,严复的愿望未能实现,结果名落孙山,“榜发报罢”,不第而归。

这次严复回闽,除了参加乡试科考,还陪奉母亲回乡探亲。在家乡他第一次见到了外甥女何纫兰,当时她才三岁,1882 年生,岁余时,其母因小产逝于上海吴淞。何纫兰以后就由继母照看,但继母待她不好,甚是可怜。外婆心痛外孙女,严复遂决定带何纫兰回天津,在天津由外婆和舅母共同悉心抚养。

首次应试即遭挫折,严复带着沉重郁闷的心情,和母亲一起,带着三岁大的何纫兰回到了天津,回到了紫竹林的家与王夫人和大儿子严璩相聚。

11 月 8 日郑孝胥到紫竹林,水师营务处拜访严复,发现严复因心情不好,喝醉了酒,而睡下了,“幼陵已醉卧,晚风甚寒”。

11 月 28 日,由于何纫兰来津,还要雇保姆等,房子住不下,严复搬了新居,当天郑孝胥还“同杨颂岩出步河坝,至幼陵新宅小坐”。

严复新宅是在河坝(今张自忠路)之外边,但具体的地址不详。1885 年间,由严复受令延聘的北洋水师学堂驾驶班洋文副教习英国人麦赖斯、练船正教习洋员鲍察和练船驾驶教习洋员倪耳森到任。

第十五节　1886年严复临时代理北洋水师学堂“总办”，上书李鸿章建议增设鱼雷课程；5月李鸿章又委派吕跃斗任总办，严复仍做北洋水师学堂洋文正教习

1886年1月13日，天津水师学堂总办吴仲翔由天津请假回到福州。1月14日，当时兼办船政大臣的裴荫森就奏请朝廷将吴仲翔留充闽局提调。

上次李鸿章是借口“猝乏妥员可以接办。合无仰恳天恩，准臣暂留该道员吴仲翔在天津当差”。将吴仲翔暂留天津，这次时间已过去八九个月就没有什么好借口的了，就应允吴仲翔调离天津。但眼下还没有合适“总办”人选，于是李鸿章只好指派严复临时代理北洋水师学堂总办事务。

3月4日，时代理总办事务的严复应管轮副洋教习希耳顺的请求，上书李鸿章建议驾驶班与管轮班均增设鱼雷课程，并获批准。

严复在公文中写道；

“谨禀者，窃据管轮副洋教习希耳顺先后禀称，教习在英国维尔能冱船当差三年半，及赫克拉船上三年有奇，各种新式水雷经教习手自合拢施放者，计有四十八枚，在抱士穆德课导生徒员弁合计二百余人，现皆派在水师充当水雷差使。教习于各家鱼雷备知窾要，现蒙中

国招募来津教习管轮,见中国所购各种钢铁兵船中皆备有雷艇及施放鱼雷器具,以为凡水师人员宜及早课练以此种要械理法,庶以后出膺水师将官能期胜任。现教习由英带来鱼雷图样甚多,若蒙准予教导,一时便可起手授徒,先明其理,次俟学堂备有鱼雷四枚,双单压气机各一副、合拢施放器具四箱,便可指授学生自行合拢施放,将所明于理者征之于事。学堂先选高第生徒十二人作为一班,于每礼拜取两半日授课,六个月之久便有成效可观。现教习合约年限尚有二十个月,限内可以教练学生三班共三十六人。将见鱼雷一事人才众多,于海军大有裨益,恳请转禀施行等语。据此,查鱼雷一端实为后此海战吃紧,军器水师官所不可不知。兹希耳顺禀称愿授中国学生,实为有志报效,所呈学据,经游击详审勘验均属可信。

伏维我中堂以开物成务为心,际此创立海军学堂为人才根本。游击虽暂时代理,不敢不事事益求精密,以副委任之隆,合无仰恳宪恩,准予学堂增立此项工课。再,该教习原合约第四条内有希耳顺所应课者以轮机为专责,凡有轮机新法亦应以教学生,不得另请加薪之语,今鱼雷一学虽为水师中所宜亟求,而系秘密学问,究与寻常轮机有别,如蒙俯准,其薪水可否月增库平化宝银一百两,以励其勤之处,出自逾格恩施。其所请鱼雷四枚,合拢器具等项,北洋向有购储,唯双单压气机各一副须向欧洲购买,据云约估价值在四千五百两左右,俟奉准后,当饬其电询的实价银,再行禀请饬购。游击实为学堂增立要学起见,是否有当,谨将所拟续标合约稿及希耳顺学据,择要照译缮折并洋字原纸汇呈中堂查验,寅候批示祇遵,其原纸仍祈发回,俾便给还收执。”

严复时仍为水师学堂的驾驶学堂洋文正教习,在 1884 年 12 月刚从参将衔补用都司晋升获得以游击补用,并赏加副将衔。故在该公文中有“游击虽暂时代理”一语。

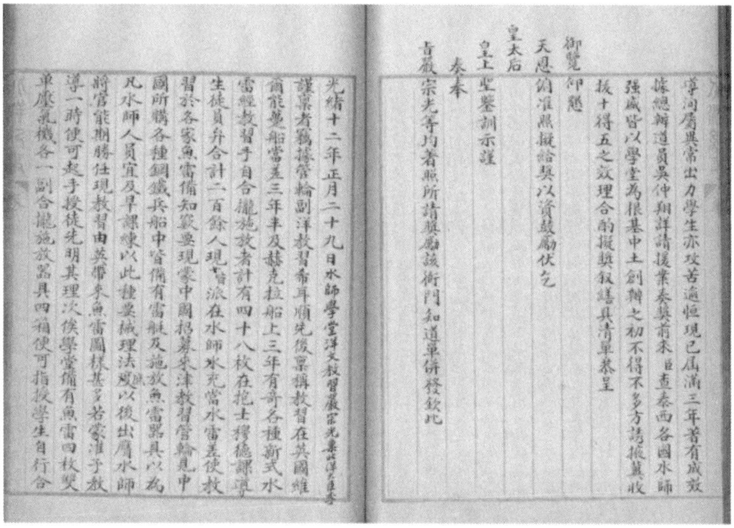
學問實異常出力學生亦攻苦過恆現已屆滿三年著有成效
據總辦道員吳仲翔詳請援案奏獎前來臣查泰西各國水師
強威皆以學堂為根基中土創辦之初不得不多方誘掖獎收
拔十得五之效理合酌擬獎敘繕具清單恭呈
御覽仰懇
天恩俯准照擬給獎以資鼓勵伏乞
皇太后
皇上聖鑒訓示謹
奏奉
旨嚴宗光等均著照所請獎勵該衙門知道單併發欽此

光緒十二年正月二十九日水師學堂洋文教習嚴宗光稟北洋大臣李
謹稟者竊據管輪副洋教習希耳順先後稟稱教習在英國雖
兩能曼船當差三年半及赫克拉船上三年有奇各種新式水
雷經教習手自合攏施放者計有四十八枚在抱士穆德郡學
生徒員弁合計二百餘人現奉旨派在水師船充當水雷差使教
習於各家魚雷備知竅要現蒙中國招募來津教習管輪見中
國所購各種鋼鐵兵船中皆備有雷艇及施放魚雷器具以為
凡水師人員宜及早諳煉以此種要械理法熟識以後出膺水師
將官能期勝任現教習由英帶來魚雷屬材甚多若蒙准予教
導一時便可起手授徒先明其理次俟學堂備有魚雷四枚契
單座氣機各一副合攏施放器具四箱使可指授學生自行合

《光绪十二年正月二十九日水师学堂洋文教习严宗光禀北洋大臣李》

李鸿章批准了严复的这个建议，认为“现在鱼雷一项实为海防最要军器，中国港道浅狭，鱼雷艇操用尤便，……应照议于该堂驾驶管轮两堂先选高第生徒十二人，增添此项功课。……”

1886 年 4 月，北洋水师学堂选派了王邵廉、郑汝成、陈杜衡、沈寿方和伍光建五名优秀学生赴英、法两国留学，他们都是第一届驾驶专业的毕业生，其中沈寿方、伍光建、陈杜衡三人是严复 1881 年回福建所招的学生。他们是北洋水师学堂派出的第一批留学生。

1886 年 5 月前，李鸿章又委派吕跃斗任天津北洋水师学堂总办。

从 1880 年严复到天津后，始终不屑与李鸿章靠得太近，而李鸿章认为严复思想偏激，并怀疑严复摘发他在处理中法战争中的妥协行为。李鸿章虽然肯定严复的教学工作，并为之请奖，还将严复兼“充北洋水师营务”，吴仲翔调离天津后李鸿章又让严复代理总办事务，但由于严复还不是科举出身的道员，所以又另派了新总办。

《天津水师学堂事略稿》中，曾记载：“天津水师学堂除吴仲翔任总办外，道员吕耀斗等复先后办理水师学堂练船事宜。”

第十六节　1886年5月醇亲王视察北洋水师学堂;翌年6月李鸿章请求准许北洋水师学堂学生及教习人员一体乡试

1886年5月27日,清政府新成立不久的海军衙门总理大臣醇亲王,在李鸿章陪同下,对北洋海军各种军备,进行了为期一个月的视察,同时也视察了天津机器制造总局和北洋水师学堂。在水师学堂还命题考试了水师学生,并给以赏银奖励。

曾随醇亲王视察的天津海关道周馥,在其《日记》中记道:“二十四日(5月27日)辰刻,出东郭门,阅视机器总局、水师学堂,并命题考试水师

1886年5月醇亲王视察时照片

学生。……总办学堂者，为吕庭芷观察耀斗。……水师学堂在垣内偏北，分驾驶、管轮，学生为两班，分堂肄业。王考学生毕，给银奖励。”

6月2日，醇亲王上奏朝廷，对武备学堂和水师学堂的现状及发展，直抒了自己的看法。醇亲王在奏折中，肯定水师学堂的作用并要求逐渐扩充：“惟练兵先须选将，今未雨绸缪，尤以教练人才为第一义。练陆军之人才，则以武备学堂为根本。练水师之才，则以驾驶管轮学堂为根本。臣亲往两堂查勘课程，各生徒于陆路枪炮台垒之法，水军测量推算之理，童而习之，长令入营管带队伍，必得实用，将材自日出不穷。亟须逐渐扩充，为费无多，而裨益甚大。”

不久光绪皇帝对此专发一上谕：“海防关系紧要，必须逐渐扩充，历久不懈。据奏练兵先须选将，陆军人才以武备学堂为根本；水师人才以驾驶管轮学堂为根本。洵属扼要之论。并据王面奏：各学堂，于讲求战备外，兼习经史，尤属合宜。”

在此以后，广东、昆明湖、南京、威海、烟台等地也都仿照天津北洋水师学堂的样式，先后办起了水师学堂。这些都说明了，清廷对北洋水师学堂办学成绩的肯定。但是严复仍还只是正教习，萨镇冰则被调任“威远”兵舰管带。

11月，李鸿章前往天津水师学堂，视察季度考试。根据《中国时报》报导，他考察了学生的中英文各科目的教学。严复执教的驾驶学堂获得很高评价。数学考试采用英国皇家海军学院对海军上尉的试卷，参试者除一两人外，均获通过，40%的学生表现优秀。

1887年初，严复的二妹由烟台来津探亲。母亲王夫人，因病不适合在北方生活，就带着外孙女何纫兰，由严复的二妹陪同迁回福建居住。

1887年3月底，严复为罗丰禄之母，作《罗母陈太淑人七十寿序》。

在寿序中，严复回忆在福建船政学堂上学时情形：“同治六七年，光肄业于闽之船局，与了（指罗丰禄）为同舍生，相爱也。当是时，尊府君尚无恙，子之家书，率十日一至馆。窃读之，则皆所与太淑人训迪诰诫之辞，书数百千言，绝不及琐屑事。于立身行己，为学接物之道，谆谆也；于饮食起居，养身之事，勤勤也。……”

6月19日，李鸿章上奏清廷，请求准许北洋水师学堂学生及教习人员，一体乡试，以资鼓励而广登进。

李鸿章在《学堂人员请一体乡试片》的奏折中说：

“查学堂之设，虽为造就将才起见，要皆以算学入手，兼习经史，其中亦有文理清通而志切观光者。倘异日得由科甲进身，则文武兼资，未始不可为御侮干城之选。惟该学生等籍隶各省，程途远隔，若令先期回籍，静候学臣按临，未免废时旷课。”因此他请求：“于乡试之年，除各省士子兼通算学者，由本省学臣考试咨送外，所有天津水师、武备学生及教习人员，届时就近由臣遴选文理清通者，开单咨送总理衙门听候考试录送，一体乡试，以资鼓励而广登进。”

以前北洋水师学堂规定，在学学生不得参加科考。当时，在海军中供职的福建人独多，在天津供职的福建人自然也不会少，他们按规定，应回本籍参加乡试，长途往来既需盘缠，又浪费时间。更重要的是请假离开天津影响本职工作。严复在1885年7月回闽参加乡试，到11月份才返津，前后花去了四个月的时间。

这样，准许北洋水师学堂学生及教习人员，一体乡试，严复就可以直接在当地参加科举考试，而不必再跑回福建了。

第十七节　1887年11月北洋水师学堂第二届驾驶班毕业；1888年4月北洋水师学堂第一届管轮班学生毕业

1887年11月21日起，吕耀斗、罗丰禄及前福建布政使沈保靖，开始对北洋水师学堂第二届驾驶班学生进行毕业大考。

考试科目包括英语、算术、地理、代数、平弧、三角、物理、化学、力学、驾驶等十五项。

11月25日，英国海军军官马图林、法国海军军官马罗勒，大副赍璧尼勒、随员达祃都也应邀参观这次考试。

11月29日，李鸿章亲临水师学堂阅视。洋文正教习严复、副教习麦赖斯主持了考试。

11月间，北洋水师学堂第二届驾驶班学生毕业。

本届有二十名学生毕业：

曾兆麟　饶怀文　施作霖　郑祖彝　蒋　拯　许应岳　冯　琦

王庆禧　王朝恩　刘善选　郑得春　徐希颜　杨建洛　陈鸿恩

饶鸣衢　陈保秦　谭英杰　杨澄海　冯家泳　叶世璋

其中：曾兆麟，福建籍，曾任清海军长江舰队管带；饶怀文，福建籍，曾任民国海军舰队司令、总司令等职；蒋拯，福建籍，曾任长江舰队司令、总司令等职；徐希颜、冯家泳、杨建洛、谭英杰、杨澄海、叶世璋等六人在甲午战争中阵亡；其他也大多在海军中任大副、二副、参谋官等职务。

中日甲午战争爆发后，徐希颜战前“驰书告母谓：以身许国，尽忠不能尽孝。又寄书于妻,告以事母。盖其志早已矢死矣”。8 月 18 日,中日大战于黄海,徐奋不顾身,协作管带邱宝仁和帮带大副指挥“来远”作战,发炮多次击中日舰。激战之际,徐腿被炸断,当场晕倒。时全舰官兵正在酣战,不及救治而亡,时年 24 岁。清廷颁谕奖恤海军作战有功将士,徐希颜依照都司例从优议恤。

本届学生,除将英国海军官生应知之学一律毕业,且多习割锥、鱼雷等五项。

本届毕业生考试,部分科目由严复和天津水师营务处道员罗丰禄命题,部分科目直接采用英国皇家海军学院的试题。其得分超过总分四分之三者 6 人,超过二分之一者 10 人,其余都在三分之一者以上。参加会考的英国水师兵官马图林称赞此届学生造诣精纯,为意料所不及,素轻中国水师的英国领事壁利南也刮目相看。

1888 年 4 月下半月、5 月上半月,北洋水师学堂第一届管轮班学生毕业。

本届共有毕业生十九名:

刘国桢　赵桂林　汤文城　周　谦　黎元洪　张光绅　陈德培

常培基　王如璋　胡　鋆　杨庆麟　宝振全　王　琦　郭恩德

张葆蓉　王举贤　徐溯源　杨恩鋐　郭文荣

黎元洪

其中:

黎元洪(1864—1928),字宋卿,祖籍江西,世居湖北黄陂。

黎元洪幼年居天津塘沽的北塘,1883 年考入天津北洋水师学堂,1888 年毕业后,派往广东服役,充二管轮。曾亲历中日甲午海战,战后投湖广总督张之洞幕下,三次被派往日本考察军事,累至任第二十一混成协统领,驻武昌。1911 年辛亥武昌起义时,被拥为鄂军都督。1912年中华民国临时政府成立，被选为临时副总统。袁世凯任总统后，他仍任副总统。袁死后继任大总统。1917年张勋复辟时被撵下台，退居天津，1922年又复任大总统，转年曹锟贿选总统，又被迫出京，从此寓居天津，从事实业。1928年病逝。

王举贤、郭文荣等多人，在甲午海战中阵亡。

第十八节　1888 年严复改革北洋水师学堂学习考试办法

1888 年北洋舰队正式建成，拥有舰船 25 艘，以丁汝昌为北洋海军提督，林泰曾、刘步蟾为左、右翼总兵，成为当时亚洲一支强大的舰队。5 月罗丰禄奉命协同丁汝昌、林泰曾、刘步蟾等起草了《北洋海军章程》，7 月 15 日李鸿章予以上奏。为了适应这个新变化，严复对北洋水师学堂的教学工作进行了改革，为北洋水师学堂拟定了新的《北洋海军学习考试条例》，列为《北洋海军章程》第五部分考校中的“招考学生例”，条例称：“泰西各国，水师学堂虽建自国家，而肄业者惟大家子弟，每年自备修缮，无庸国家动款。盖国家既重此选，人遂趋此为荣，是以造就速而材艺多。中国欲振兴海军，此为先务。能使士各争学，如帖括之求科名，则公中省养士之费，而海军自收多材之益。现查北洋战舰，只有此数，而所调船政优等学生，已不敷用。船可以随时购造，将材非可仓猝而得也。且每一学生，髫龄受学，计其在堂、在船依此练习，非十年不能成就，中间除去事故应剔退者，或资性庸懦难当重任者，所得不过十之五耳。是宜立学额，优加奖励，庶多士奋兴，可以藉手利器，张威海上。兹将北洋现仿英国教习章程规定条例于下：

凡挑选海军学生，须身家清白，身无废疾，耳目聪明，口齿清爽，文字清顺，年在十四岁以上，十七岁以下，已读二三经，能作论及小讲半篇者，准其父兄觅具保人，送堂考验，如其合选，留堂习英文三个月，由堂中总办大员甄别，择其聪俊者留堂肄业，名为海军官学生。

凡初选学生到堂，第一年秋考，如不中试即行剔除；第二年秋考不中试，准其展限六个月，俟至次年春季再考，如又不中试，即行剔退。”

该条例明确规定，报考合选学生要先学英文三个月，择其聪俊者，才能正式成为“海军官学生”，第一次提出学生培养目标是“海军官”，强调了学习英文的重要性，其次，明确规定了考核剔除规定。

从本年开始，水师学堂改为堂课四年、练船一年。学生在堂四年应学习功课有：(一)英国语言文字。按：泰西各国，各有水师，皆用其本国文字，即邻国时有新闻，自有译官翻译，无专使人习英文者。中国翻译人少，译馆未开；且水师事宜，英为最精，故入堂学生，先习英文，非为酬应通情，欲使他日温故知新，有所趋步，不致隔膜。(二)地舆图说。测海绘图，乃海军分内极要事，因英国海图极精，各国取效。中国图学一门，尚未开办，自应先取英国舆图考究。(三)算学至开平、立诸方。(四)几何原本前六卷。(五)代数至造对数表法。(六)平弧三角法。(七)驾驶诸法。(八)测量天象、推算经纬度诸法。(九)重学。(十)化学格致。等等。对课程设置做了重大调整。

学生在内堂课程学习完毕后，考试合格者，派上练船。“在船练习一年，凡大炮、洋枪、刀剑、操法、药弹利弊、上桅接船，用帆诸法，一切船上应习诸艺，诸能通晓。”在练船实习一年期间，举行春秋两次考试。考试课目有：算学、代数、几何、平弧三角、驾驶诸法、绘画海图、重学流质学、翻译英文、汽学诸学难题。如皆中式，准保以把总候补。候补把总送入北洋水师学堂学习，六月后，投考驾驶学问一次，考试内容为：代数、几何、力学、水学、格物学、机器学、英语、气候学、驾驶学、天文学、测量学、仪器用法、测天。如考不中式，即扣除资格三个月，俟补习一月后再行补考。如仍不中式，或规避考校者，即行革退。如考试中式，即拨入枪炮练船再学三个月。如考列一等，即保以千总候补；其列次等者，仍为候补把总，加“尽先”字样，分派各兵船差遣练习，遇缺升补。为了鼓励学生用心学习，还按考试等级，给予赡银，弥补家用。“自用此项赡银，该学生等各致其心思巧力，争相奋勉，月异而岁不同。”

7月15日，李鸿章将《北洋海军章程》予以上奏。随着《北洋海军章程》的制定，北洋水师学堂的各项制度更加完备和制度化。

第三章

严复在1889年任北洋水师学堂会办

第一节　1888年秋严复参加戊子科顺天乡试,又名落孙山;1889年3月严复升任北洋水师学堂会办,开始潜心于研读西学著作

从1880年到1888年这八年多来,虽然水师学堂的组织及教学工作实由严复负责,但他到现在仍只是个洋文正教习。严复不甘心于这种状况,于是决定第二次参加科考。由于李鸿章在1887年已经上奏朝廷,准许北洋水师学堂学生和教习,可以一体乡试。所以严复这一次没有回福建,而是参加了北京的戊子科顺天乡试,但又名落孙山。

1888年10月,由于第二次科考又名落孙山,所以严复决定报捐同知,双月选用。

1889年1月,严复经海军衙门保奏,请免选同知,以知府不论双单月选用。

3月,严复"奉委会办天津水师学堂事宜",当上了水师学堂的会办。

严复在北洋水师学堂任洋文正教习九年,空有满腹才华与满腔报国热情,工作也卓有成效,还被朝廷嘉奖,但李鸿章对严复却"患其激烈,不之近也",还猜疑严复揭发他在中法战争中的妥协行为,而横加"疑忌",但当陈宝琛要将严复调往福建时,李鸿章却不放严复走,李鸿章知道水师学堂的教学工作、延聘洋教习等都离不开严复,所以还委以兼"充天津水师营务"的空职(相当顾问),就是在吴赞诚调离时,也只是让严复代理了很短时间的总办工作。一直不被重用。而严复对李鸿章也"勿屑也",主动与其疏远。

严复在二次参加科举考试,均未有果的情况下,不得不用钱财报捐了一个同知,并在海军保荐免选同知,以知府选用的情况下,才当上了“会办”。

赫德

1888 年间,严复曾与总税务司赫德谈论过中国海军。

赫德对严复说:“海军之于人国,譬犹树之有花,必其根干支条,坚实繁茂,而与风日水土有相得之宜,而后花见焉;由花而实,树之年寿亦以弥长。今之贵国海军,其不满于吾子之意者众矣。然必当于根本求之,徒苛于海军,未见其益也。”

严复对赫德之言深信不疑,直到 1918 年三十年后仍然记忆犹新。当时严复也认为仅靠海军不可能从根本上挽救国家的命运,对自己的差事也不十分满意,所以“奉公之外,闭户寡合”,有闲暇时间,开始潜心于研读西学著作。

第二节　1889年4月北洋水师学堂第二届管轮班学生毕业；本年秋严复再次到北京参加会试，结果又一次名落孙山

1889年4月，北洋水师学堂第二届管轮班学生毕业。

第二届管轮班只有毕业生13名：

严文炳　徐兴仓　刘云鹏　张　澍　谢国梁　何汝宾　李绰椿
林徽春　郑听如　陈弗藩　吴良栋　田润生　薛贻禄

其中：

严文炳（1868—1920），字彬亭，福建侯官（今福州市）人，是严复的族弟。早年投奔严复，考入天津北洋水师学堂，1889年毕业后，一直留校任教。1900年水师学堂被毁，转入天津海军部门工作。后移居北京，先任职于海军部，后任京师大学堂及北京大学教授。1920年6月病逝。

陈弗藩，福建侯官（今福州市）人，是严复的堂妹夫。1881年严复回闽招生时，被招为北洋水师学堂驾驶班第一届学生，不知什么原因，后被转为管轮班第二届学生。

林徽春，福建闽县人，因毕业成绩优秀，奖四品顶戴花翎，拔补千总，旋升守备，以都司记名，任“镇远”舰二管轮，在中日甲午海战中阵亡。

在这一届毕业生中，还有何汝宾、李绰椿在甲午海战中阵亡。

6月6日，水师学堂总办吕耀斗与罗丰禄就第二届管轮学堂学生毕业给李鸿章写了报告，题署《光绪十五年五月初八日水师学堂吕耀斗会同罗丰禄详北洋大臣李》。由于严复已在当年3月升任北详水师学堂会

办，本应在该报告中列名连署，但在该报告中，严复没有同吕耀斗并列列名。可能因为严复在本年3月，才奉委会办天津水师学堂事宜，而且没有具体参与4月间北洋水师学堂第二届管轮班学生毕业考核工作。所以仍只是由总办吕耀斗会同罗丰禄给李鸿章写报告。

本年秋天，因光绪皇帝在3月4日亲政，特增加一次恩科会试，严复再次又到北京去参加会试，结果又一次名落孙山。

第三节　1889年11月严复回闽奔母丧

1889年11月12日严复母亲陈太夫人在福州逝世，享寿57岁，严复得知丧信后，就搬离1895年所居河坝(今张自忠路)外的“新宅”，携妻子和儿子回闽奔丧。严复在一封家信中曾提及此事：“忆己丑奉讳回里……”。严复父亲早逝，一家由母亲撑持，弱儿女由母亲抚养长大，在儿子有了出息时，她却离开了人世，这让严复十分悲恸。后来他的诗作《为周养庵(肇祥)题篝灯纺织图》中，谈起母亲，他仍然流露出悲楚之情：

我生十四龄，阿父即见背。
家贫有质券，赙钱不充债。
陟冈则无兄，同谷歌有妹。
慈母于此时，十指作耕耒。
上掩先人骸，下养儿女大。
富贵生死间，饱阅亲知态。
门户支已难，往往遭无赖。
五更寡妇哭，闻者隳心肺。
辛苦二十年，各毕衿缡戒。
毛生远奉檄，稍稍供粗粝。
虽乏五鼎疱，幸免颜色菜。

谁知罔极天,欲养已不逮。
至今念慈颜,既老心愈悔。

这一首二十多年后的诗作,表达了严复对慈母的深切怀念,字里行间都浸透着作者的悲楚遗憾之情。许多年过去了,想起慈母,严复的内心仍不能平静,他感激母亲的养育之恩,为自己不能再对母亲尽孝道感到深深的遗憾。

严复为母亲病逝穿孝服

第四节　1890年5月严复回闽奔丧后回到天津，虽“体怠事繁”，但严复认为“无可推诿也”

1890年5月30日，严复回闽奔丧近半年后，经上海乘“海晏”轮回到天津，不再回到已搬离1895年所居河堧(今张自忠路)外的“新宅”，而是暂住亲家吕增祥处。

6月3日，严复又移入另一处新居，在法租界德威尼寓旁胡同第一家。

严复回津后，登门拜谢了李鸿章，李鸿章对严复丧母，表示了“渥荷抚慰”。

6月4日至6月8日期间，严复写信给他时在上海“镜清”轮的四弟严观澜。严复在信中讲：

19世纪末的天津法租界

“申江别后，即于十二日行抵天津，一路风浪平静。嫂氏及璋侄皆无眩晕，足慰廑念。沽河水淤，‘海晏’至白塘口，坐马车到紫竹林，暂顿吕亲家处。至十六日始移入新居，在法界德威尼寓旁胡同第一家，弟到津过访，无难问也。谒中堂，渥荷抚慰。学堂公事山积，吕道皆推俟兄到津时措办，体怠事繁，然无可推诿也。仲叔祖计已抵沪，川资易筹否？馆事不中变否？甚系，甚系。阳岐有信来未？衍弟、大镇若偕至，则伯母无恙，不待推测也。熙官及诸赴北洋投考者，皆已到津，住客栈矣。鹤鹤当朋友或充学生，尚在踌躇未定。渠于书启行情，尚未通娴，一时难倚为帮手用之，但与书办等。告得入为学生，亦省兄事。月底学堂一班生毕业大考，中堂亲临校勘。兄尚有十余日忙，考后乃收学生。来者住各栈颇费，然事势无如何，知念详布。嫂要软练项圈，甥女有一副，往取为式可也。送要紧朋友小孩，须贴金泛釉者。有暇望代拨钱往买，托张葆康，并定做夏布素袍褂一起，觅便送来。信面写'烦海军公所会办吕秋检大老爷转交'，万无一失。接元药饼甚有效验。兄尚未革烟，何时革，亦易事，不烦远挂。'镜清'定何时来北洋会操？外呈镜秋一信，烦转交。端此，手颂勋祺，并问衍弟、篪叔祖近好，不另函矣。兄制传初言。"

严观澜是严复的堂弟、严观涛的胞弟，谱名传安，大房排行第四，严复第三，严观涛第二，第五是严传庆，字观衍。观涛、观澜、观衍三人是亲兄弟。当时，观涛在1881年护送学生去天津回闽后，不久就去了越南，后来一直在越南定居；观澜在南洋水师"镜清"舰任三管轮；"镜清"舰的管带是严复的大妹夫、严复在福州船政学堂及留学英国时的同学何镜秋，甥女就是指何镜秋的女儿何纫兰；观衍当时也在"镜清"舰上当差。

"沽河"即海河，"海晏"是一艘兵船(驱逐舰)，1872年由上海江南局制成，是当时我国自行制造的最大的一艘木壳军舰。

"吕亲家"系指当时任海军公所会办的吕秋樵，字君止。海军公所位于法租界水师营路(今赤峰道)与大法国河坝(今张自忠路)交口处，八国联军之役后被占为法国兵营，海军公所拟即原天津水师营务处，1884年严复兼充天津水师营务。营务处建于1883年，"衙署宏深，堂庑轩敞。又有洋房两所，楼阁峥嵘，美轮美奂，名之曰'迎宾馆'，以备各西官过津憩息，为授餐适馆之区；屋中一应器具华丽整洁，皆选购西国精良之品，使人取携如意”,严复经常和郑孝胥、罗丰禄相聚于此,严复和吕君止早在1880年来津后相识,并成为挚友,严复对吕君止评价极高:“复平生师友之中,其学问行谊、性情识度,令人低首下心,无闲言者,此人而已。”

吕君止有二个女儿,大女儿嫁严复的学生伍光建,次女许配给严复的大儿子严璩。南京中山陵的设计者吕彦直,即严璩夫人之同父异母弟弟,当时严璩尚未成亲。

德威尼寓据查现为天津市和平区解放北路和滨江道交口处的“金融博物馆”(前为天津青年宫),旁边的胡同均已拆除,无迹可觅。“中堂”系指李鸿章。“吕道”系指当时任北洋水师学堂总办的吕耀斗,严复在1889年年底刚升为“会办”,就回闽奔丧,当时官场惯例,学堂具体工作多推给副职办理,严复虽“体怠事繁”,但认为“无可推诿也”。

“仲叔祖”“篪叔祖”均系严复祖父严秉符之弟。“熙官”为严复五叔父严厚甫之子严又甫,时来天津,投考北洋水师学堂。

信中提及“兄尚未革烟,何时革,亦易事,不烦远挂”。表明严复在1890年6月由福州奔母丧回津前,已抽上鸦片。

第五节　1890 年 6 月北洋水师学堂第三届驾驶班毕业

1890 年 6 月 9 日起，罗丰禄赴水师学堂，会同总办吕耀斗、会办严复调集第三届驾驶一班学生刘秉镛等十九名，分日试以天文积算……6 月 17 日，李鸿章亲临水师学堂，校勘第三届驾驶班学生毕业大考，严复与“副洋教习麦赖斯详加校阅，均底有成”。严复在升任水师学堂会办后，仍然兼任驾驶学堂洋文正教习，与副洋教习麦赖斯一起负责第三届驾驶班学生毕业大考事宜。参加本届会考的丹麦、英国两国水师官温德、德尼逊认为：“该学生等于天文、驾驶、算法深造有得，即置诸欧西各国水师学堂中，亦必取在前列”。同时，北洋海军右翼总兵刘步蟾“细阅考卷，推为仅见”。

6 月底，北洋水师学堂第三届驾驶班学生毕业，本届只有毕业生 19 名：

刘传绶　蓝道生　陈毓淳　王兼知　任鸿鼎　毛鸿图　杜彭年
柳保森　顾延寿　刘秉镛　陈作舟　林　琦　史寿箴　朱世桢
邓藻扬　叶宝纶　李梦松　王宗墀　黄承勋

其中：

刘传绶(1870—1950)，字心组，闽县(今长乐)人。

1890 年，天津北洋水师学堂第三届驾驶班毕业后，曾任清海军部军制司驾驶科科长，兼军事司侦察科长等职。

1912年任海军部视察，又升任参事。1916年，兼军务司司长。1917年授海军中将出任海军部次长，1918年被免职。1925年又任临时参政院参政。

北伐成功后，任国民革命军总司令部高级参谋、海军编遣区办事处委员等职。1950年病逝于上海。

王兼知(1869—?)，字子谦，福建闽侯人。

1890年天津北洋水师学堂第三届驾驶班毕业后，1909年任烟台水师学堂庶务长。

民国成立后，任烟台海军学校庶务长。1913年被民国北京政府授予海军中校，任海军部视察。1917年调任海军部军衡司司长，同年晋升海军上校，1918年授海军少将。1922年免职。1927年出任军事部海军署技正。

1933年后列名国民政府海军部少将候补员。1938年1月任海军总司令部少将候补员。

黄承勋(1874—1894)，字栋臣，湖北京山人。

1890年天津北洋水师学堂第三届驾驶班毕业后，调赴北洋水师"建威"练船见习航海，任"扬武"兵船正教习、"福星"兵船正教习，曾派往法国、英国留学，后任"超勇"舰管带，任参将衔。甲午海战随舰阵亡，清廷追赠总兵衔。

王宗墀(？—1894)，1890年天津北洋水师学堂第三届驾驶班毕业后，任北洋水师派驻候补员、学生把总，在甲午海战中阵亡。

7月20日，水师学堂总办吕耀斗、会办严复会同罗丰禄给李鸿章写了一个报告。报告称："驾驶第三届学生堂课毕业，照章应行大考。经职道耀斗、卑府复详请宪台定期亲临阅试……奉宪台批：本大臣定于五月初一日亲临阅试，并饬水师营务处罗道于前七日邀同外国水师兵官分日会同认真考校……职道丰禄遵于四月二十二日起赴堂，会同职道耀斗、卑府复调集驾驶一班学生刘秉镛等十九名，分日试以天文积算……"在报告中还特别指出严复和洋教习麦赖斯“互相课授,指示奥窔,不敢惮烦”。由此可知,严复至迟在1890年7月20日开始在上行公文中自称“卑府复”。正式改名为严复。李鸿章对严复的才情学问是很了解的,他早就希望能将严复拉到自己的麾下,现在见严复已不像起先那样傲气十足,能随属下过来请示问安,便也装出长者的大度,谆谆教诲,示以关怀。一次闲谈,他问严复:“听说你抽上了鸦片?”见到严复点头,他以关心的语气说:“汝如此人才,吃烟岂不可惜!此后当仰体吾意,想出法子革去。”一席教导,让严复大为感动:“中堂真可感也!”

严复何年染上烟瘾,已不可考,据其外甥女何纫兰讲,是在吕君止处染上的。当时严复经常到海军公所拜会吕君止,常因吕君止有急事在办,就叫下属请严复先到客厅予以接待,接待时下属的人员就请严复抽烟休息等待,原来清末时有很多官办的机构,也常用鸦片待客,就像现今用纸烟招待客人。许多人在好奇心驱使或者在出于礼貌的情况下开始接触鸦片。然而,在接触鸦片以后,很少有人可以戒掉这种致命的习惯。严复染上了烟瘾。

吕君止的外孙女、伍光建的女儿也认为这“完全可能”,“不足为奇”,但其外公吕君止本人并不吸烟。

第六节　1891年7月严复痛悼郭嵩焘逝世；本年秋严复为大儿子严璩成亲

1891年7月18日，郭嵩焘逝世。

严复“闻讯悲怆不已”。严复在英国留学时，与郭嵩焘结识，当时郭嵩为中国驻英法公使，严复的学识及出众才华，深得郭嵩焘的赏识，后来他俩成了忘年交。郭嵩焘在辞去驻英法公使，即将正式离任回国时，还正式向清廷总理衙门保荐严复等六人留充随员。当时郭嵩焘还致函清廷某位当权人物推荐严复：“出使兹邦（指英国），唯严君能胜其任。”但那位当权人物认为郭嵩焘之言过于狂直，将其推荐函晾置一边。严复回国到天津北洋水师学堂任职后，一直和郭嵩焘有密切联系。严复回忆说：“尝语湘阴郭先生，谓英国与诸欧之所以富强，公理日伸，其端在此一事。先生深以为然，见谓卓识。”严复为郭嵩焘一生的命运抱不平，更为自己辜负了郭嵩焘的赏识而惭愧。在这种悲愤的心情中，严复书写了一副挽联：

> 平生蒙国士之知，而今鹤翅氋氃，激赏深惭羊叔子。
> 惟公负独醒之累，在昔蛾眉谣诼，离忧岂仅屈灵均。

前半句写的是知遇之恩，颂扬郭嵩焘的爱国忠心，如同西晋大臣羊叔子。后半句写的是郭嵩焘的悲惨命运，由于头脑清醒，思想超群，受到诽谤，如同楚国大夫屈原。另外严复还为郭嵩焘写了四首五律的挽诗，但没留下诗稿。

1890年底，清廷决定调吕君止到日本当参赞，严复得知这个消息后，在1891年初，立即写信给吕君止，提出要给大儿子严璩完婚，信云："吕亲家已定往东洋当参赞官，故与商量，于年底（指阴历年腊月）趁渠家眷尚在天津之时，得为大侄完姻。虽钱财缺乏，幸两家本属至好，得以一切随宜附会也。"

看来，当时严复的经济状况并不富裕，想在阴历年底吕君止动身去日本以前，把严璩的婚事办完。

吕君止很快就给严复回信讲："伯玉（严璩）完姻，于情势诚为至当，顾尚不能不少有踌躇者……此年二亲见背，疚疚孑立，俯仰身世，意思寥落，赖此（指其次女）委曲承顺，犹稍稍有生人之趣。今闻其当舍我而去，乃顿觉形孤……拟从公及老嫂暂乞此女一年，至明年秋时，或仆乞假送于之归，或伯玉至东方招赘，均无不可。扶桑片土，近在同洲，譬如赴闽粤一行，亦不大费阁折。"

吕君止提出，因这一年双亲刚刚亡故，女儿又要"舍我而去，乃顿觉形孤"，希望婚期能推迟一年，"至明年秋时"，送女儿回来完婚，甚至提出严璩也可以到日本入赘。

不久，吕君止到日本当参赞，吕韫清并没有去日本。在吕君止去日本之后，严复写了一首诗"过吕太微"送给吕君止，表示怀念之情：

凉月低高树，嗡然怀吕安。
移镫过别馆，留客共盘餐。
雷雨涤新暑，庭阶生暮寒。
遥知草玄者，独有子云难。

1891年秋天，严璩在天津娶吕君止次女吕韫清为妻。严复没有让婚期推迟一年"至明年秋时"，更没有让严璩去日本吕君止那儿入赘。因为，当年严复年已39岁，与王夫人只在1874年生育了严璩，再没有生养。

第七节　1891年10月严复获得候选道员的官衔

1891年10月8日，李鸿章在为北洋水师学堂请奖的“办理海军请奖折”中称：水师学堂“文武各员，亦皆始终勤奋，著有功效”。李鸿章在“办理海军请奖折”所附清单中提到：“候选知府马复恒、鲍兰征、严复均拟请免选本班，以道员不论双单月遇缺前先选用。”从此，严复获得候选道员的官衔。

在这以前，严复感到自己直到1888年报捐同知后，经海军保荐以知府选用，才当上“会办”，因母亡回闽奔丧，回津后“学堂公事山积”，皆推他“回津时措办，体怠事繁”，李鸿章也只“渥荷抚慰”，内心非常苦闷，他曾写信给他的从弟严观澜，诉说自己的郁闷。观澜劝他不要书生气太足，要他多到李鸿章府上走走，增加点感情投资。严复采纳了他的建议，这一招倒也灵验，李鸿章对严复的态度也很快有了改变，作为顶头上司的李鸿章也知道严复三次科考名落孙山，或许他觉得严复屡屡受挫，五心不定，对水师学堂也有影响，于是李鸿章就保奏严复免选知府，以道员选用，分发直隶，遇缺前先选用。严复写信给四弟严观澜，说：“用吾弟之言，多见此老果然即有好处，大奇大奇！”

道员是正四品官，比知府高了半格，然而这仍不是正式功名。但这样，严复就有了正四品文职道员的身份，虽非出自科举正途，而与以前相比非常体面了。从此，严复就可以道员（候选）身份柴车野服往来于京津之间,与当地官绅相周旋。

严复在被“道员选用”后,开始在上行公文中自称“职道复”。

严复,乳名体乾,谱名传初,上学时改名宗光,字幼陵,到天津后仍用宗光名字,所以在 1884 年嘉奖严复时,仍为“严宗光等均著照请奖励”。而朋友之间,多用字号,如郑孝胥的日记中,就称“与幼陵纵淡”“观幼陵文”等。1889 年间,改名严复,字几道后,1890 年 7 月开始在上行公文中自称“卑府复”。这次以道员选用后,严复开始在上行公文中自称“职道复”。

严复以后在给友人的信中,多具“复顿首”“复谨状”等,有时则具“候选道严复谨上”。因以道员选用,仍不是正式道员,仅是候选道员。

第八节　1891年严复吊伯母之丧

1891年严复的二伯母在福州阳岐老家病逝，严复知道以后就致信从弟观澜、观衍，吊伯母之丧："本日得慎兄函，惊审伯母大人已归天上。伏惟伯母早岁宜家，中年茹苦，食贫之况，人情所难。然而蔗境弥甘，菊香晚节，寝门视膳，子妇承欢，珠宫含饴，孙曹秀茁。凡兹后福之日隆，皆慰先人以憾。兄哭母之旧未干，即次之哀莫达，白云空望，红泪时挥，敬布短笺，诸祈素鉴而已。"

信中"慎兄"是笔者的曾祖父严传慎，字习三。曾祖父有四个儿子，大儿子严家鹤，是笔者的祖父，又名鼎铭，铭官、又盘，严复在1921年1月29日给大儿子严璩的信中提到："尚书庙工程，翰周自切嘱开帐后已不过问，难得铭官、朱孟文两人极力营干；"5月1日的信中言："阳崎（岐）之屋，嘱令赎典，……当时闻系传慎伯居中，顷已信叫铭官前来，拟交其前往接洽也。"当时祖父严铭官家居阳岐乡中严氏祖居"大夫第"后座，严复、严观澜等一系则住"大夫第"前座。

严复二伯母和严复的母亲一样，都是早年丧夫，儿女皆年幼。严复的父亲严振先，在家中排行第四，是一个中医，医术和医德都很好，有"严半仙"之称，在1866年因抢救霍乱病人，受到传染，不治而亡，严复时年才12岁。严复的二伯父严恭诒，也是一个医生，卒于1868年，时严复的堂弟严观澜才11岁。原先两家都移居到福州，后因家贫清苦，先后搬回阳岐老屋，相邻为伴，直到1882年严复将母亲接往天津。1885年严复回闽参加科考时，曾带他的母亲一起回阳岐省亲，科考毕，严复和母亲带着年仅三岁的何纫兰又返回天津。1888年严复的母亲因身体患为哮喘病，不适在北方居住，又迁回阳岐，当时严观涛已去越南，观澜和观衍在南洋水师就职，都不在家，妯娌俩在阳岐老家相依为命，直至1889年严复的母亲病逝。所以严复对二伯母感情很深。

1906年严复在“伯父恭诒公墓碣铭”中写道：“先大父秉符公生五子，其四分后诸昆，公其次也。复之显考于序为季。季符公业医，公与吾父能述其业，有名于时。”严家是一个当时在福州南台岛很有名的中医世家。秉符的大儿子名恭明（生平不详）；二儿子就是恭诒，生有观涛、观澜、观衍三兄弟；三儿子叫福胙，因肺疾早卒；四儿子就是严复的父亲严振先，生有二个儿子，长子幼夭，次子严复；五儿子名恭寅，号厚甫，是个举人，严复小的时候，曾跟他读书。厚甫也生有二个儿子，一个叫严传熙（又甫、熙官），1890年到天津，投考北洋水师学堂，1900年曾随严复由天津到上海避难，后在京奉铁路万庄车站任站长。另一个生平不详。

严复在1866年春刚刚结婚不久，8月父亲就亡故，因家境贫寒，只好摒挡一切，将全家搬回阳岐乡下，因祖屋当时已被质押一半，由他人居住，容纳不下，只好住在紧靠祖屋南面的二间小屋内。严复二伯父逝世后，其堂弟严观澜一家的处境与严复一家相似，一个寡母带着一群孩子，朝不保夕，环顾左右，无依无靠。严复的二伯母也由福州南台租船将全家移归阳岐居住。

对于幼时的这些遭遇，严复一直不能忘却，在1915年应观澜之子严家驺（伯鋆）之请，作“四弟观澜六十寿序”时，还做了动情的描述：“吾长若翁（指：观澜）三岁，方吾失怙时，吾年十有四，而翁谨十一龄耳。其次年，汝大父（指：严复二伯父）亦弃养，两家贫相若，皆上存寡母，群从阶级立，环顾无以为朝夕资。当记某日，若大母（指：严复二伯母）从南台买船移家，归阳崎（岐）乡居。吾偕行。齿稚不习舟船摇簸，伏篷底眩卧呕彀。

天深黑，乃舍船登门，前步不数武，抵老屋；屋之半，当质未赎，为他人居，其南墙圮，上见星而下见土。若大母含泪指示余曰：‘幸祖宗留此百余年物，粗为吾曹盖庇，不然，何所托足乎？’当时吾兄弟虽幼，皆悲不自胜也。”

严复原住在老屋南面的二间小屋，在20世纪20年代拆除，由严观澜之子严伯鋆新建为中西结合的二层楼的小洋楼，也就是现在位于“大夫第”南面的那座房子，与“大夫第”仅一墙之隔。不过在东面大门前，原是一个小花园，种有果树、鲜花等，与阳岐浦河边，只有一路之隔。

2021年新修缮的严复祖居“大夫第”

第九节　1892年4月北洋水师学堂管轮班第三届学生毕业；本年严复作《送陈彤卣归闽》

1892年4月18日，从本日起，罗丰禄邀英国兵船大管轮伊敦和前船政学堂教习邓罗，到北洋水师学堂对管轮第三届学生进行毕业考试。

4月，北洋水师学堂第三届管轮班学生毕业。

这一届有毕业生16名：

吴毓麟　林文彧　陈彦棻　何嘉兰　邓士韫　黄宝贤　钱家路　鲁秉纶　王燕宾　徐裕源　王廷梁　邵葆珍　贺文瀚　霍家桢　唐文盛　温联俊

其中：

吴毓麟（1871—1944），天津人。1891年天津北洋水师学堂第三届管轮班毕业后，被选派赴德国深造。归国后任海军部科长、天津北洋水师学堂教习。武昌起义后，任北方赴沪议和代表团顾问。1912年任海军部视察；1913年授海军轮机中校，调任大沽造船所所长。1915年任导淮事务局局长及直隶改良河工筹备处处长，1917后被任命为北洋铁工厂厂长。1918年任直鲁豫巡阅使署咨议，1918年授海军轮机少将。1922年转任津浦铁路局局长。1923年出任交通总长。1924年退居天津意、德租界，从事实业，曾任德兴公司、合丰公司经理以及裕蓟盐业公司、福星面粉公司董事。日伪期间，日寇和汉奸也曾打过吴毓麟的主意，“敦请”他“出山”，以维持华北政局。但他都以老来多病为借口拒绝了。1944年秋病逝，终年73岁。

霍家桢(？—1894)，1891年天津北洋水师学堂第三届管轮班毕业后，曾任北洋水师左三雷艇管轮，在中日甲午海战中阵亡。

5月13日，吕耀斗、严复、罗丰禄三人，就管轮第三届学生毕业，向李鸿章提出报告。

其报告全文如下：

“为详送事，窃照职道耀斗、复等具详管轮第三届毕业学生，照章举行大考请派员会考缘由。奉宪台批据，详管轮第三届学生唐文盛等十六名，堂课、厂艺均已毕业，又驾驶、管轮各班学生季考，届期应准札饬水师营务处罗道，酌定试期，邀同熟谙轮机之外国水师兵官，赴堂分日一并认真考试，会同秉公评定甲乙，呈候核办缴等因，奉此职道丰禄遵于三月二十二日起，邀同英国兵船大管轮伊敦及前船政学堂教习邓罗，排日赴堂会同职道耀斗、复将管轮毕业学生唐文盛等十六名，试以算学、代数、几何、三角、重学理、重学术、物力、水学、水重学、马力、马力图、热学、汽学、创造机器、机器实艺、书法、手艺、英文、鱼雷学计十九项。经伊敦会同洋教习霍克尔将诸生所考各学试卷细加评阅，兹据伊敦禀称：查管轮堂内学生功课甚多，五日方考完竣，皆系敦亲身到堂，其各生考卷都经细核，各厂内亦经周历各生装卸机器以及书图各艺，一一面试，向所习练均有成效。至厂内各物精良安置妥帖，其制造修理之法及他项应用各件，足资各生取法。其机器、鱼雷两厂尤为出色，即他国各厂能出其右者亦不多见也。该各生所造机器样子，颇有规模，平日功课并未延误。可想至所阅各卷，其考取第一之学生尚在少年，将来水师当差必有可观。其考取第二至第七之学生，所做各卷亦极佳妙合观。各生之艺所得分数，已为极多平时勤奋可嘉于此可见，抑愚更有请者，凡学生初选入堂一年后考试，必须定为章程，严为去取，如此办理，最为引导良法。俾各生均知奋勉，而于偷惰各生，尤可有所警惧矣。此次举行考事，将各卷细为评阅深浅各有不同，要皆功效昭然，应学之艺亦无遗漏等语。职道耀斗、复查学生唐文盛等十六名，入堂久者已阅七年，近者亦将五载，自周传谦等一班上船之后，该生等即归霍克尔课导，虽天资学力各有等差．而渐渍既深困学勉行，皆可共底于道。至鱼雷学艺希耳顺殁后，随派洋文教习刘国桢接课，未尝稍令间断。其中考列一名之唐文盛趋向坚韧初终不懈；二名之何嘉兰入堂最后奋猛力追最堪嘉；其余一等五名、二等四名均学艺兼通心领意会；即考列三等者亦各臻具体，将来在船历练派充管轮绰有余裕足以仰副。宪台作养人材务得实用之至意，兹谨将西学各项试卷暨鱼雷试卷，分别核定分数酌拟甲乙暨奖银数，分缮册折并题目试卷呈候钧定，俯赐填榜札发，实为公便理合详请宪台

鉴核批示祇遵。"

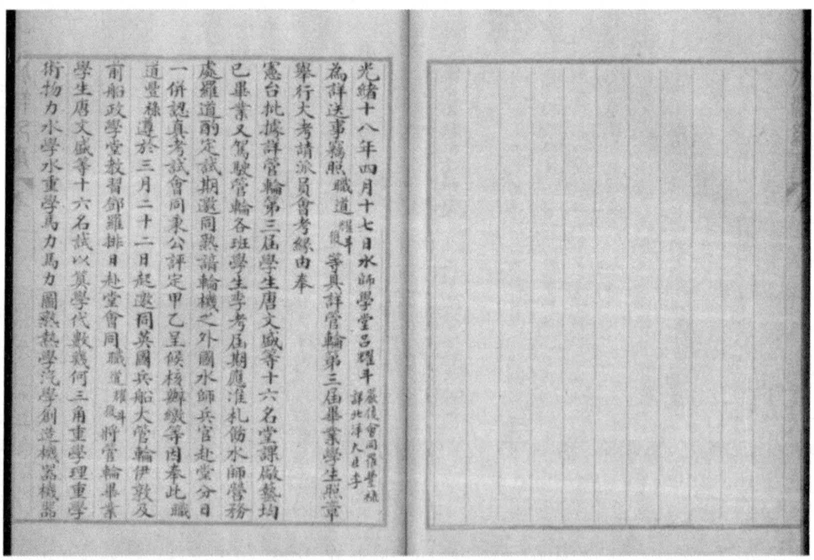
光緒十八年四月十七日水師學堂呂耀斗 嚴復會同羅豐祿 詳北洋大臣李
為詳送事竊照職道耀斗 復 等具詳管輪第三屆畢業學生照章
舉行大考請派員會考緣由奉
憲台批據詳管輪第三屆學生唐文盛等十六名堂課厰藝均
已畢業又駕駛管輪各班學生季考屆期應准札飭水師營務
處羅道酌定試期邀同熟諳輪機之外國水師兵官赴堂分日
一併認真考試會同秉公評定甲乙呈候核辦繳等因奉此職
道豐祿遵於三月二十二日起邀同英國兵船大管輪伊敦及
前船政學堂教習鄧羅排日赴堂會同職道耀斗 復 將管輪畢業
學生唐文盛等十六名試以算學代數幾何三角重學理重學
術物力水學水重學馬力馬力圖熱熱學汽學創造機器機器

《光绪十八年四月十七日水师学堂吕耀斗、严复会同罗丰禄详北洋大臣李》

这是严复在1891年10月以道员选用后,第一次在和吕耀斗、罗丰禄三人联名向李鸿章的书面报告中,署“职道复”。而在1890年7月,上一次严复和吕耀斗、罗丰稼三人联名向李鸿章写的书面报告中,只署“卑府复”。

从报告中可知,有鉴于在这一届学生中“入堂久者已阅七年,近者亦将五载”,部分学生在堂肄业时间已超过学制规定;严复与吕耀斗、罗丰禄共同向李鸿章建议加强淘汰措施:“凡学生初选入堂一年后考试,必须定出章程,严为去取,如此办理,最为引导良法,俾各生均知奋勉,而于偷惰各生,尤可有所警惧矣。”

1892年,严复写下一首激越悲凉的古诗《送陈彤卣归闽》,表达自己的科场失意与不满:

陈彤卣(锡赞)是严复同乡,时任北洋水师学堂汉文教习,在去年,1891年中举,今年科考又中进士,端居主事之列;而严复自己虽然已是北洋水师学堂会办,是陈彤卣的上司,但三次科考落第,连捐带保才“以道员选用”,两相比较,感慨无比。

现在陈彤卣要回闽,严复写下一首激越悲凉的古诗《送陈彤卣归闽》,送给陈彤卣。严复在这一首诗中,表达了自己的科场失意与不满的心情:

四十不官拥皋比,男儿怀抱谁人知?
药草聊同伯休卖,款段欲陪少游骑。
君来渤海从去春,黄尘埃壒愁杀人。
末流岂肯重儒术,可怜论语供烧薪!
嵚奇历落不称意,高阳酒徒兀然醉。
长躯八尺两颐丰,高谈慷慨忧时泪。
平生贱子徒坚顽,穷途谁复垂温颜?
当年误习旁行书,举世相视如髦蛮。

问君秋水剪双眸，何独异我稠人稠？
无双岂独楚王信，千秋无复文信侯。
君今长揖告我行，南风欲挂孤帆轻。
闽之东门温泉温且清，荔阴如见挥巨觥。

严复在诗中说:“四十不官拥皋比，男人怀抱谁人知?”当年严复已四十岁，在北洋水师学堂执教十二年，虽然当了会办，但只是“以道员选用”，还不是正式道员，所以严复称自己“四十不官拥皋比，男儿怀抱谁人知”，在诗中倾诉了内心的伤感和愤懑。他又说:“当年误习旁行书，举世相视如髦蛮。”由于学了横向书写的英文，在社会上被看作如同洋人。他认为科举落第原因在于“误习旁行书”，其实在晚清科场的极端腐败情势下，纵有实学真才，不走门路，也是很难考取八股功名的。何况，很难说没有人弄小动作。

第十节　1892年10月严复中年丧妻

1892年10月，与严复共同生活了26年的原配王夫人病逝天津，年仅39岁，当时严复正在返津途中的“海晏”轮上。严复在给严观澜的一封信中写道：“廿八夕揖别后，初三晨船抵大沽，忽公馆王厨丁跳上大船，半跪启云，太太昨晡身故。兄闻信之下，心胆皆摇，手足失措，惊魂稍定，徐询病情……交八月以来，盼兄回津最切，廿九日得电报，喜动眉宇，……初二日，有食皆吐，至初三早转点，渐就危笃，交寅初，略见抽搐，遂不待兄到门去矣。呜呼，痛哉！‘海晏’吃水颇深，进口后，中途搁浅，直至初四早八点，兄始到家。幽冥路隔，不过凭尸一恸而已。……兄此时心肝摧抽，欲诉哀情，不知何处说起，然兄不言，弟亦当遥揣此时神情，而得其七八也。”

王夫人可能患慢性消化系统疾病，起病的确切时间，已无从查考，然至迟为1889年，因1890年严复在家书中提到：“嫂氏今年患喘促呕泄胀满，一如去年，所瘥者独肝气耳。”

据严复外甥女何纫兰讲，王夫人在津照料严复无微不至，严复日间忙于公务，晚上在家阅读西洋书籍，王夫人经常陪伴在旁，裁开洋书连页，并备点心数碗，供严复休息时食用。王夫人病逝，严复身心蒙受深重刺激，数年间，他显得非常清瘦、憔悴，情绪也十分消沉、低落。他对王夫人思念之情，更绵续终生。

严复在以后的数封家书中还说:“二十余日以来,兄无善足述,只有伤心。不但嫂氏生前贤慧,在在可思,而回看自己形骸,十风九雨。……嫂在时,与兄系同功一体之人,没有过差,敢于谏戒。自今以往,孤立于上,凡事皆须自己留神,后辈何能劝沮;不料四十之年,一家旧人都尽,此后纵极荣华,而同苦者不能与我同乐,此所以略一思量,不禁放声长号,硬咽无已也。璋儿失恃之后,日夜悲啼,伏棺恸号,令人不忍卒闻,少奶亦羸瘦玉削。此皆嫂氏生前慈爱,故能使子妇如此。兄欲劝其勿哭,而自己先已酸鼻棘喉,奈何!……”“兄从嫂氏去后,创巨痛深,百般悔恨。所以都无好坏,日催临池看书消遣。自知体弱,不敢纵情哀感,然数月以来,浑身骨瘦如柴。每自循揣,怛然增惧,忧能伤人,其效始此。……兄迩来百念都冷,唯文字之间,尚存夙好;骨肉兄弟之爱,日益深入,人生淡饭粗衣,便为至足,多求胡为哉!”“复自失偶之后,羌无好坏。去年冬至日,匆吐紫血裹痰者数口,未免深为忐忑,幸洋医验视,云乃喉管中郁血,无妨。……复自去年九月以来,直是历过生平未尝之苦只消此一语,家中人可以揣其情况,而三嫂仁贤,并可跃然言外矣。”“总而言之,自去年到津而来,乃弟平生未遇之伤心,亦弟前此未经之棘手(指经济窘迫)。肠一日而九回,事百思而无策,形容憔悴,心绪凄紧。”

总之,自王夫人去世以后,长时间里,几乎每封家信中,严复总是称赞王夫人恭顺仁贤,同时也可以看出当时严复情绪相当消沉低落。

当时严复经济十分窘迫,所以信中还说:“三嫂丧事只能从俭,刻定初三四开吊后,发引寄殡紫竹林杏花村闽粤会馆义园;早则明年春夏,迟则秋间,与璋儿一同送柩回里。”

虽然当时严复经济极其拮据,但还是尽力资助其外家亲故,信中说:“复达道内嫂林氏,至为穷困,归日求帮,已经答应。可否自本三月起,由慎安店月支三员,以资度日,账归敝处核还,心感不尽。”信中“达道”系指林氏内嫂住在福州市“达道”路。“慎安店”,是一个钱庄,系由严复族兄严传慎(当时住在“大夫第”后座)和堂弟严传安(观澜)合伙开的,故名

“慎安”，设在阳岐祖居“大夫第”前座。

王夫人只生育有长子严璩，他时年才18岁。在时隔18年之后，严璩在1910年任福建财政正监理官时，为其父母在故乡阳岐鳌头山上，卜择了父母的“牛眠”之地，亲自监督营建了墓地。直到1912年底，才将他母亲的灵柩归葬在这里。

阳岐鳌头山上严复墓

王夫人的灵柩，由天津闽粤会馆的义园运回福州后，暂时停放在阳岐山上的“丁厝”，它是专门停放一时未能下葬的棺木，相当的大，可停放数十个棺木，由严姓族亲管理，位于现在由福湾路到阳岐上岐的路旁，离上岐村只有二三百米，在20世纪50年代被拆除。

当时严复因事未得回闽，亲自写了“清严几道先生寿域”一块墓碑，另在墓台正前方竖立有一块大型横石围屏，上横刻有“惟适之安”四字楷书，寓意落叶归根，唯有这最适当的地方，是他的安适之地，这些碑屏均系严复亲自手书。直到严复在1918年回福州时，才亲眼看到自己的生圹。

在严复的三个妻妾中，只有原配王夫人和严复合葬在这里。在陈宝琛为严复墓撰写的墓志铭中称王夫人“端淑有阃德”。

总之，在严复与王夫人或离或聚的二十六年夫妻生活中，除了严璩之外，王夫人再没有生育，或许是因为她不识字的关系，严复和她之间也没有直接的书信往返。对严复来说，此一婚姻主要是依循中国数千年之旧法，“承继祀，事二亲，而延嗣续”，使严复对王夫人有一份很深的情感与怀念。

第十一节　1892年11月北洋水师学堂第四届驾驶班学生毕业

1892年11月14日，从本日起连续五天，罗丰禄邀同洋员邓罗到北洋水师学堂，对驾驶第四届学生进行毕业大考。

11月，北洋水师学堂第四届驾驶班学生毕业。

这届有毕业生19名：

曾宗巩　罗　璟　薛启华　李赓飏　谢克峻　于峻年　许绳祖

万德亮　王仁棠　庄仁松　陶鹤鸣　吴开祺　罗忠霖　陈来祥

郑志仁　蒋玉书　陈兆洛　赵立本　费善赞

其中：

曾宗巩，字幼国，福建长乐人。1892年天津水师堂驾驶第四届毕业后，留校任教。1902年，严复任京师大学堂译书局总办时，他任副职，师生共事译书局事务。在这期间与林纾合作翻译了《鲁滨逊漂流记》等多部译作。1913年1月任海军部海军上校，后曾任海军部士兵科科长、航海科长、福州海军制造学校第三任校长、海军部司长、烟台海军学校校长，少将军衔。

陈来祥（？—1894）　1892年天津水师堂驾驶第四届毕业后，任北洋水师派驻各舰候补员，中日甲午海战阵亡。

1893年1月16日，严复和吕耀斗、罗丰禄三人联名，就驾驶第四届学生毕业，给李鸿章写了一个报告。报告全文如下：

“为详送事,窃照驾驶第四届学生堂课毕业应行大考。经职道耀斗、复详请宪台派员考试缘由,奉宪台批据,详该堂第四届学生堂课毕业,应行大考。又驾驶二、三班及管轮各班学生,亦届秋季小考之期,候饬水师营务处罗道邀同洋员邓罗分日赴堂,会同该道等将各生学业分别命题,认真考试评定甲乙具复等因,职道丰禄奉札饬同前因,遵于九月二十五、二十六、二十七、二十八、二十九等日,邀同洋员邓罗赴堂,会同职道耀斗、复调集驾驶一班学生庄仁松等十九名,分日试以天文推步、天文测算、天文阐理、驾驶理法、风涛潮汐、几何、代数、平弧三角、力学、英文等十项,所有试卷交洋员邓罗详细校阅,据该详员称细阅各生试卷,大致甚好,非各班教习等循循善诱按序渐进无以臻此。所有得数简洁中肯者多,间有应参以议论之处,所作英文亦甚明顺通。班中能通所考诸学者,数已过半,各种西学书籍有应行记诵者,各生均能默识无讹。至于错综变化以书中已明之理解,设题未释之奥,则唯前列数生能之。职道耀斗、复查学堂开办十有余年,虽风气推广争愿来堂肄习,毕竟椎鲁难造者多,颖异向上者少。自从入堂以至毕业数年之间,随时澄汰,存者已十不及三四,然至末后数名犹不免滥竽充选,以此见人才难得。大柢努力自奋一日可兼数日之程,意念纷驰十暴不敌一寒之弃,即如考列第四之罗忠霖,本年春考尚后,时阅半载,业已历块超出。考列第二之陈来祥,历考五六吹叠冠其曹,合堂夸异,自庄仁松拔帜先登,该生大为减色。所谓善学者师逸而功倍,不善学者师勤而功半也。经职导等将试卷会同核定分数,酌拟甲乙暨奖赏银数。职道复照章按名出具考语,分别缮列册折并题目试卷,呈送恭候宪台鉴核批示祇遵。”

本届毕业生会考,总体上成绩并不理想。总办吕耀斗和会办严复分析其原因说:“查学堂开办十有余年,虽风气推广,争愿来堂肄业,毕竟椎鲁难造者多,颖异向上者少,自从入堂以来,至毕业数年之间,随时澄汰,存者已十不及三四,然至末后数名,犹不免滥竽充选,以此见人才难得。”

在这届毕业会考中,对每一名学生,严复仍“照章按名出具考语”。

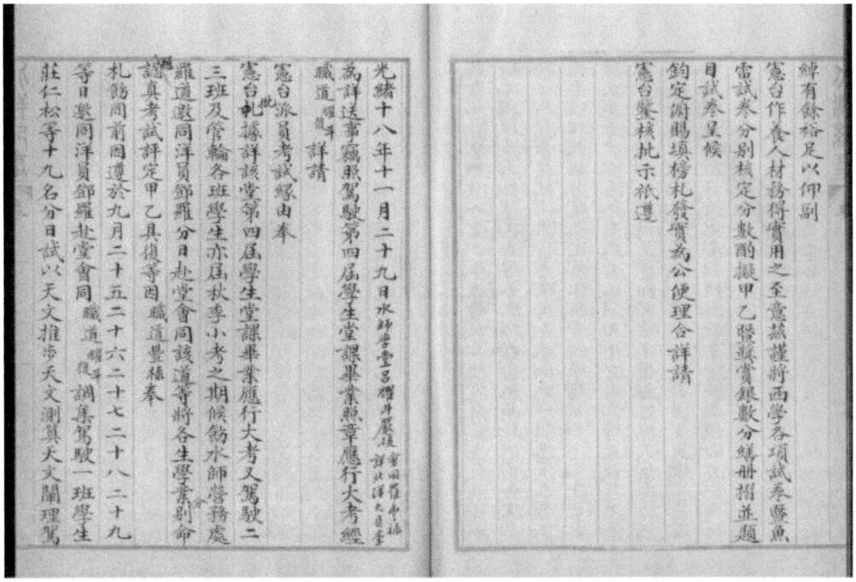

光緒十八年十一月二十九日水師學堂呂耀斗嚴復會同羅丰祿詳北洋大臣李

為詳送事竊照駕駛第四屆學生堂課畢業照章應行大考經

職道耀斗詳請

憲台派員考試緣由奉

憲台批據詳該堂第四屆學生堂課畢業應行大考又駕駛二

三班及管輪各班學生亦屆秋季小考之期候飭水師營務處

羅道邀同洋員鄧羅分日赴堂會同該道等將各生學業剔命

認真考試評定甲乙具復等因職道豐祿奉

札飭同前因遵於九月二十五二十六二十七二十八二十九

等日邀同洋員鄧羅赴堂會同職道耀斗復調集駕駛一班學生

莊仁松等十九名分日試以天文推步天文測算天文闡理駕

綽有餘裕足以仰副

憲台作養人材務得實用之至意茲謹將西學各項試卷暨魚

雷試卷分別核定分數酌擬甲乙暨擬賞銀數分繕冊摺並題

目試卷呈候

鈞定酌賜填榜札發實為公便理合詳請

憲台鑒核批示祇遵

《光绪十八年十一月二十九日水师学堂吕耀斗、严复会同罗丰禄详北洋大臣李》

而据学堂章程，“出具考语”系洋文正教习职责，也就是说严复虽说已升任会办，但当时仍然兼任洋文正教习职务。

从1884年至1892年八年间，天津水师学堂驾驶班前四届、管轮班前三届的毕业大考，李鸿章均委托水师营务处的罗丰禄会同中外同行专家，先行到堂会考，数日后李鸿章亲自到堂考校学生。所有10余项课程，或部分由严复、罗丰禄等命题，或部分直接采用英国皇家海军学院的试题。考试结束后，严复与罗丰禄等仔细校阅试卷，并由严复为驾驶班各生出具考语。严复出任学堂会办后，同时为管轮班毕业生出具考语。

1893年8月25日李鸿章给庆郡王奕劻写信，讨论昆明湖水操学堂学生来天津考试事宜时，提到“当即遴委熟谙西学之罗道会同水师学堂吕道、严道认真考校”。

第十二节　1892 年严复翻译了英人宓克著的《在华传教士》一书，并将其改名为《支那教案论》

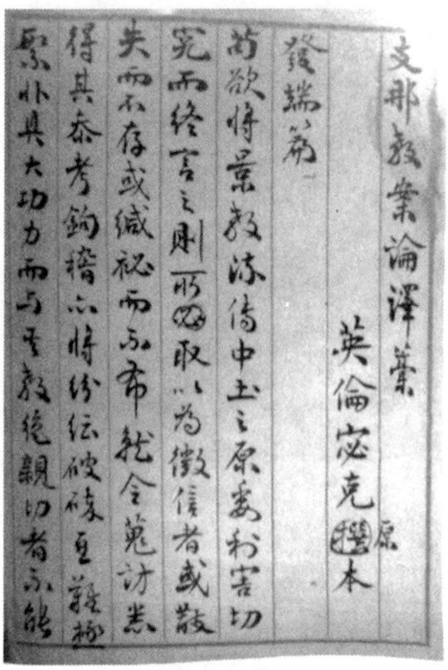

支那教案論譯叢

英倫宓克撰原本

發端第一

苟欲將景教流傳中土之原委利害切究而終言之則所必取以為徵信者或散失而不存或緘祕而不布能令蒐訪者得其參考鉤稽亦時紛紜破碎互雜極繁非具大功力而與于教徒親切者不能

严复《支那教案论》译稿，现藏西安交通大学档案馆

1892 年严复奉李鸿章之命，翻译了英人宓克著的《在华传教士》一书，并将其改名为《支那教案论》，严复撰有按语九条，而且还撰写提要，介绍该书的主要观点和内容。这是严复的第一部翻译著作，表明严复在 1892 年已涉足译坛，它虽然是早期译著，却也已经显示出了严复翻译上的一些特点，如选题上为社会学著作，关系社会民主，目的在于用来服务于社会及人的改造；加按语的形式，在日后的严复译作中也形成通例。应该说，早期译著既为严复日后的翻译积累了经验，也打下了一定的基础。

《支那教案论》翻译完成后，没有正式出版，其手稿即呈送给李鸿章，以后其手稿本和副本则在官绅中广为传阅，直至 1899 年才由南洋公学译书院正式出版印行。

第十三节　1893年严复纳江莺娘为妾

江莺娘

鉴于严复结发夫妻王夫人，只在1874年生育了长男严璩，再没生育。在严复的母亲和严复的五叔厚甫生前，刚好福州有一位江家小姐江莺娘，她本是一位书香人家的小姐，但其父母相信算命先生的话，说她必须给人当偏房，夫妻才能白头偕老，同时又慕严复的父亲严振先过去曾是福州名医“严半仙”，严复又在天津北洋水师学堂任职，江家就向严厚甫和严复的母亲提出，愿将女儿嫁给严复为妾，两位老人极为乐意，但严复没有同意立即纳其为妾，待以后再议。这事隔多年，两位老人均已过世，这时王夫人又因病逝世，江家“旧事重提”就将江莺娘送到天津，1893年初，严复遂纳其为妾。

江莺娘当时才15岁，比严复小25岁。她在天津生有二男一女，次子严瓛，三子严琥，长女严瑸。

1900年八国联军占领天津，随严复迁居上海。1909年严复在北京被聘为审定名词馆总纂,她没带儿女只身一人离开上海到北京,照料严复的日常起居生活,便以服伺、照料严复为己任。严复对此也感激于怀,更感到她的实在、善良、可亲。他在当年九月给继夫人朱明丽的信中,一再提及江姨娘的好处,说:“江姨太伏伺异常勤慎,然而亦劳告矣。”在另一封信中又提及:“但知我平安,姨太伺候小心足矣。”另外在给朱明丽的许多封信中,经常提到“姨太在此甚佳”“姨太在此平安”等语。蕴含着严复对江姨娘多少温情爱意和铭感之念。

第十四节　1893年秋严复最后一次回闽参加科考

1893年秋,严复再次回福建参加癸巳乡试。

严复虽然在1891年,“免选知府,以道员选用”。但这仍不是正式功名,当时,公开卖官鬻爵十分普遍,由于捐官太多,甚至老死终身也不一定就有实缺。所以严复决定仍然要参加科考,以博一功名,变为科举出身。遂决定在送王夫人灵棺回福州时,再次参加福建癸巳乡试。

严复故乡——福州阳岐

在他途经上海时，探望了阳岐故里的同乡叶大庄。

叶大庄（1836—1914）同治癸酉举人，曾任江苏邳州知州，他因很久也没有归家，二人就结伴回闽。两人在一天傍晚，回到故乡阳岐，因严复祖居“大夫第”人口拥挤住不下，当晚就住在叶大庄的家“玉屏山庄”。为此行，叶大庄还专门写了一首五言诗：“村人迎归船，书簏两奴运。晚潮风又热，到门廿里近。荔枝惜已迟，龙眼啖不尽。蛤田蛋屋间，浪花绿接畛。数千橘柚林，园翁半族亲。望衡是茅齐，鱼饭过勿哂……”写出了故乡阳岐鱼果之乡的风情。

“玉屏山庄”当时是福州著名园林，位于阳岐的下岐，环玉屏山而建，有数十座建筑物，外环护村河，内有鱼池假山之胜。严复长子严璩在1909年回闽任福建财政正监理官时，曾典当到玉屏山庄中游传鹏家所有的一座房屋居住，1919年元旦，严复就是在这座房屋中，为三儿严琥完婚。

严复这次回闽科考，故乡的山水并没有给他带来好运，第四次科考又告败北。这是严复最后一次参加科举考试，他对腐败的科考绝望了，彻底地失去了信心，从此放弃了走科举之路，决心不再向往官场，开始寻找自己的道路。

十七年后，在1910年严复被钦赐文科进士，严复曾在其所作《太夷继作有“被刖”诸语见靳，乃为复之》的一首诗作中，坦诚地叙述他当初参加科考的动机、失败后终身耿耿于怀的屈辱心情，对被赐文科进士的淡漠，同时也坦率承认自己有八股文不过关的原因，以自我解嘲，并示愤愤不平之意：

少日贱子贱，身世随所遻。
与官充水手，自审非其脚。
不祥固金性，时时冶中跃。
每逢高轩过，气欲偃溟渤。

慑然为之下，肩耸足自躩。
窃问客何操，乃尔艺旁魄。
咸云科目人，转眴皆台阁。
不者亦清流，师友动寥廓。
忽尔大动心，男儿宜此若。
私携媲皇坟，背人事钻灼。
更买国子生，秋场期有获。
谁知不量分，铅刀无一割。
当时利市者，自有干与莫。
荧冥短檠镫，悽惨长屈蠖。
无何八股亡，大耻末由濯。
晚虽蒙荐赏，何异遭呼蹵。
所以平生淡，于此尤刻铄。
内实抒宿愤，外示昌新学。
……

严复在1892年的家信中曾提及：“三嫂丧事只能从俭，刻定初三四开吊后，发引寄殡紫竹林杏花村闽粤会馆义园；早则明年春夏，迟则秋间，与璋儿一同送柩回里。”这次严复回闽，将江莺娘和大儿媳留居天津，只与大儿子严璩一起，将王夫人灵棺运回福建，停放在故乡阳岐“丁厝”。直至1912年才下葬。

第四章

严复在 1893 年任北洋水师学堂总办

第一节　1893年12月严复被委任为天津北洋水师学堂总办;严复最早在北洋水师学堂开设体育课

1893年秋末,严复回闽参加第四次科考失败后,把大儿子严璩留住阳岐老家,自己回到天津。

先前,江莺娘和大儿媳吕韫清留住在天津德威尼寓旁胡同第一家,没有回闽。严复回到天津后,江莺娘即向严复提出不愿意和大儿媳住在一起,要搬家另住的要求。看来婆媳间在前一段时间的相处中存在有不和谐之处。江莺娘时年15岁,大儿媳吕韫清时年20岁比婆婆还大5岁。江莺娘是标准的南方福州女,而吕韫清则是地道的北方天津女人,在饮食和生活习惯等方面存在很大的差异。江莺娘还提出因王夫人病逝德威尼寓旁胡同,应另找地方住生儿育女。

11月4日,北洋水师学堂延长学制一年半,除将上练船实习时间由一年改为两年外,还增加了学习枪炮、鱼雷、水雷各种技艺的时间。

从1893年开始,北洋水师学堂的学制改为7年,即堂课5年,船课2年。堂课学习加大了分量和难度,“堂中所授繁难诸学,多为从前闽厂驾驶学堂洋教习所未示及课”。船课增加了三倍,实践的比重进一步加大,学生的书本知识和实际能力都得到了提高。其次,讲求实效,从严办学,奖优汰劣。学科专业的设置、课程的安排以及学制长短等,都以能否造就合格的有用人才为宗旨。

12月,严复被委任为天津北洋水师学堂总办。恰好,江莺娘生下了第一个男孩子,为严复喜上加喜,严复遂为家中的第二个男孩取名瓛,字仲弓。

1893年,这一年严复参加了对昆明湖水操学堂首届35名结业生的考校筛选工作。

在1881年至1893年之间的十余年时间里,严复正式在学堂的教学课程中设立体育课,使北洋水师学堂成为我国最早设立体育课的学校。

严复早在1880年所制定的《天津水师学堂章程》中,就规定驾驶学堂课程分内堂课目、外场课目两部分。外场课目,计:单人教练,步兵操法,信号学,成队教练,成营教练,枪炮教练,升桅操练,炮弹及引信理法。

1881年下半年,北洋水师学堂开学后,对学堂章程又作了部分修订,制定了《续定天津水师学堂章程》,规定:“学生初入学堂,隔日傍晚由二三班洋文教习带赴学堂外,仿外国水师操法,排列整齐,训演步伐,并令练习手足,藉壮筋力。”

1882年新修订的《北洋水师学堂章程撮要》则规定:“驾驶学生在堂……每日傍晚,由洋文教习带赴学堂外,训演外国水师操法。”

从1880年到1882年的三个水师学堂章程中,只是提到训演外国水师操法,并未提及设立正式体育课程。那北洋水师学堂是什么时候开始设立正式的体育课呢?

1958年5月,由人民体育出版社出版的《中国体育史参考资料》第三辑中,刊载有一篇时已80岁的老人王恩溥的文章《谈谈六十三年前的体育活动》。

王恩溥在1894年(光绪二十年),考入天津北洋水师学堂,时年17岁。当时水师学堂的总办是严复,王恩溥在北洋水师学堂念了五年半的书,直到庚子(1900年)八国联军侵占天津,学堂被法国军队占领后就解散了。

他在这篇文章中,回忆起在水师学堂的体育活动情况,他写道:“我在水师学堂读书那时候,已经开始有了外来的体育活动,当时我还是一个积极参加体育活动的爱好者。那时的体育活动内容，作为校内正式体育课程的，有击剑、刺棍、木棒、拳击、哑铃、足球、跳栏比赛、算术比赛、三足竞走，羹匙托物竞走、跳远、跳高、爬桅等项，此外还有游泳、滑冰、平台、木马、单双杆及爬山运动等，只是还没有篮球、网球等活动。上体育课时一班大约有 30 人，一般全是头三班全体出操。我们那时所学的体操最初为德国操，主要演习方城操及军事操，后来到了戊戌年间(1898 年)就改为英国操了。那时由海军调到一个船长叫曹嘉群的和两个炮手来当我们的教练，另外还有一个英国人教我们体育课。”(《中国体育史参考资料》第三辑，第 121 页)

这就说明在 1894 年以前，北洋水师学堂就设有正式体育课程。

“严复与北洋水师学堂纪念馆”中展出有一张照片，是北洋水师学堂第五届驾驶班毕业生张伯苓在上体育课(击剑)时照的。张伯岑是在 1892 年考入北洋水师学堂的。

第二节　1894 年 7 月甲午战争爆发；9 月北洋水师学堂第四届管轮班学生毕业

1894 年初，鉴于当时严复在北洋水师学堂供职十三年，四次参加科考均告失败，从“洋文正教习”到“学堂会办”，到 1893 年才升任到“学堂总办”。为了张扬一下住宅门面以适合“学堂总办”的一些排场以及江莺娘为严复喜上加喜，生下了严复家的第二个男子。严复遂决定重找一处新房舍。

严复又考虑到江莺娘到天津以前，在家乡每月的初一和十五，和家人都要到家乡娘娘庙烧香，到天津后近一年时间里，江莺娘也在每月的初一和十五，到宫北大街的天后宫给娘娘烧香，为了让江莺娘更好地抚养孩子，他们三个人就搬到津卫大狮子胡同“严公馆”居住，而让儿媳吕韫清留在德界德威尼寓旁胡同第一家居住，作为大儿子严璩的住所，时严璩还尚在福建阳岐老家，严复还保留了他原住的住房和书房。

1894 年 7 月 25 日，日本舰船在朝鲜丰岛海面偷袭北洋海军舰只，击沉中国运兵船“高升”号，中日甲午战争爆发。

在甲午战争爆发前，严复还翻译过《国计学甲部》和《计学浅说》，但这两种译稿均开译即告中辍，没有完成。也许是严复所作的翻译尝试，反映了他当时对国计民生的强烈关注。该两种翻译残稿，现藏中国历史博物馆。

1894 年 8 月 1 日，中、日两国同时向对方宣战。

9月,北洋水师学堂第四届管轮班学生毕业。

本届有11名学员毕业:

谢天佑　朱正霖　陈源亭　李金声　毛耀南　张鼐勋　浦先民

段绩熙　徐怀清　高鹤龄　钱勤生

本届毕业生毕业后立即参加甲午战争,有段绩熙、浦先民、徐怀清、高鹤龄等4名毕业生在战争中阵亡。

第三节 1894年甲午炮声惊醒严复，写信给陈宝琛析说战局，认为甲午战败“合肥真不得辞其责也”

1894年9月17日，日舰在黄海海面挑起战事，中日黄海海战发生，邓世昌、林永升等壮烈殉难。史称“甲午海战”。

甲午战争的炮声使严复从梦中惊醒，他由热心科场，求取个人的前途，转而关注国家的命运。从战争开始到年底的几个月中，他连续给丁忧在闽的陈宝琛写了三封信，析说战局，批评李鸿章用人不当：甲午战败“合肥（李鸿章）真不得辞其责也”。表现了关心国家命运，爱国激愤之情。

9月23日，严复给陈宝琛写了第一封信。

在信中他对北洋海军“同学诸友”的勇猛抵抗表示赞赏，“同学诸友，无不见危授命”。赞扬镇远舰大副杨雨臣，“乃身自猱登，以钉钉之”所升战旗，“所以诸将之有死无降也”。他抨击“方益堂（方伯谦）闻炮即遁，……太无赖矣！”抨击“张道士珩不肯照发弹药，致临阵不应手……小人之误军国大局，岂浅也哉！”他批评李鸿章用人不当：“合肥用人，实致偾事，……而使国家亦从以殆，呜乎，岂不过哉！”

严复认为李鸿章用人唯亲、不学无术、私心未净，为致败原因之一。在信中他还建议陈宝琛：“公何不作一书于楚督张香帅（之洞），劝其作速筹款，设法购办军火，”以便日后“撑柱光复”。

10月3日，严复给陈宝琛写了第二封信。

在信中,他评说时局:“所最可痛者,尤在当路诸公,束手无策,坐待强寇之所欲为。”“臣主平时于洋务外交绝不留意,致临事之倾,如瞽人坠智井,茫无头路如此。”严复认为君臣不懂洋务外交,坐井观天,夜郎自大,临事自不免如盲人掉入深井,不知头绪。是致败的又一因素。他警呼:“诚恐四千余年之文物声名,行将扫地而尽。此惊心动魄之事,不料及吾身亲见之也。”又询问:“湖广张帅有何措施?走(按:严复自指)于此老搂搂之诚,□□无已,故于其行事,尤欲闻之。”

另外,严复在这一封信中还提到:“从者如有赐覆,径寄津水师学堂或津卫大狮胡同大牲字号后严公馆当不失也。”表明他当时已经搬到天津卫的大狮胡同居住,也就是现在的天津市南开区古文化街(原宫北大街)的大狮子胡同。“严公馆”在1898年遭火烧,严复又搬到法租界海大道(今和平区大沽路)的德源里。

2004年,为纪念天津建城600周年和严复诞辰150周年,天津市在古文化街与大狮子胡同的交口处,“严公馆”原址附近,建立了“天演广场”并塑立严复纪念铜像。

1894年11月7日,大连被日军攻陷。同日,严复给陈宝琛写第三封信。

在信中,严复认为,“北洋海军不败自废”,李鸿章“真不得辞其责也”。在信中他评说:“九连、凤凰二城联翩皆告陷落,……旅口不守,则北洋海军不败自废。而且门户既失,堂奥自惊,倭来畿辅间,恐不在冻河后也。”“推求其咎,太半皆失先着,绸缪之不讲,调度之乖方,合肥真不得辞其责也。”严复认为用人不明,平时不留心济世之才,时到危急,更不知何人可用。真才埋没,欲报效国家为国献策而无门,重权在握的“庸奴”却无策可施,国家的灭亡,便在情理之中:“国家□□,绝不留意济世之才,徒以高爵重柄分付庸奴,及事起,则环顾中外官,二十二行省无一可用者,以此亡国,谁曰不宜?”“……束手待死,一筹莫施,噫,其酷矣!”他寄希望于张之洞:“张孝帅有总督两江之命,力完气新,极足有为,果其措置得宜，则后来藉用恢复。……孝帅素为公忠体国之人，想必有一番经纬也。复爱莫能助，执事胡勿为之介耶？”

甲午战争的炮声，震醒了严复。他面对残酷的现实，冷静思考，终于发现了造成中国战败的根本原因在于清朝官僚政治的腐败。

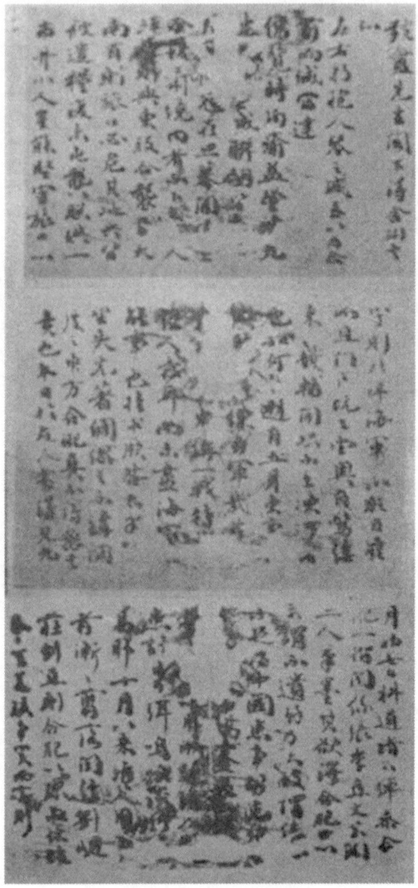

1894 年 11 月 7 日严复与陈宝琛书手迹

第四节　1894年11月严复写信给长子严璩,表达了今后要在西方的图书中觅求中国出路的想法:“我近来不与外事,得有时多看西书,觉世间唯有此种是真实事业”

1894年11月8日,严复给长子严璩写了一封信。

当时严璩在福州。严璩时年20岁,结婚后尚无正式工作。1893年秋天随严复护送母亲灵棺回闽,尚留住福州没有回天津。

严复在信中谈及甲午战争辽东危急,清军无能,皇上欲逃,朝臣参奏,要朝廷易帅,外患欺凌,提出了必须改变现实的观点。严复对衰微世道丧失信心,即使治世贤臣管仲、求长生不死药方的葛洪复生,也难以挽救时局,他认识到只有“变俗”,国家才有希望:“奉天省城与旅顺口皆将旦夕陷倭,陆军见敌即溃,经战即败,真成无一可恃者。皇上有幸秦之谋,……一班名士痛参合肥,闻上有意易帅,……无论不足以当西洋节制之师,即东洋得其余绪,业已欺有余。中国今日之事,正坐平日学问之非,与士大夫心术之坏,由今之道,无变今之俗,虽管、葛复生,亦无能为力也。”

在给长子严璩的信中,他还表达了今后要在西方的图书中觅求中国出路的想法:“我近来不与外事,得有时多看西书,觉世间唯有此种是真实事业。……以中国糟粕方之,……真不可同日而语也。”

1984年这一年,严复的密友及亲家吕君止到日本任参赞已三年,严复作诗一首《寄太微日本》,表达了深切的怀念之情。

第五节　1895年严复“四论”惊天下，对当时的思想界起着积极的启蒙作用

1895年1月15日，严复给四弟观澜写信。

告以：“兄北洋当差，味同嚼蜡。张香帅（张之洞）于兄颇有知己之言，近想舍北就南，冀或乘时建树耳。然须明年方可举动也。此语吾弟心中藏之，不必告人，或致招谣之谤也。”

1895年，严复在甲午战争震荡之下，怀着激愤的心情，发表了一系列政论文章，抨击封建制度，批判传统观念，宣传西方资产阶级的科学文化，呼唤救国维新，改造社会。严璩在《侯官严先生年谱》中写道：“乙未（1895年）府君四十三岁。……是年复有《论世变之亟》《原强》《辟韩》《救亡决论》诸文，均刊于天津之《直报》。”《直报》是1895年德国人汉纳根在天津创办的中文报纸。

直報

1895年2月4日《直报》所载《论世变之亟》

严复在2月4日和5日的天津《直报》上，发表了第一篇重要论文《论世变之亟》。这是一篇批判顽固派，呼唤救国、维新和向西方学习的

战斗文章，对当时的思想界起着积极的启蒙作用，突出强调了当前形势的严峻与维新变法的迫切。

2月13日，清政府派李鸿章为头等全权大臣与日本议和。诏王文韶署理直隶总督、北洋大臣。

2月17日，日军在刘公岛登陆，威海卫海军基地陷落，北洋舰队全军覆没。

严复接着在3月4日至9日，在《直报》上发表了《原强》，3月29日又发表《原强续篇》。他第一次向国人介绍了达尔文及其进化论观点，指出世间万物均在“争自存”，“弱者当为强肉，愚者当为智役焉”。而欲“争自存”，则必须治本，即“开民智、强民力、新民德”，提高全民族的文化素质。“及今而图强，非标本并治焉，固不可也”，“三者又以民智为最急也”。他反对对日议和而主张与其作持久战。

严复本来也想在天津水师学堂作出一番建树来。但是在李鸿章洋务派官僚的控制下，严复又无法施展才华。这使他加深了对洋务派的矛盾。早在1884年中法马江海战中国惨败之后，严复就对李鸿章洋务派的所谓“新政”不满，甚至在言论中也开始对洋务派进行抨击。甲午海战时，李鸿章命令军舰不抵抗，躲藏在威海卫内港，还美其名曰：“猛虎深山”政策，结果整个北洋舰队就在威海卫港全军覆没，惨遭失败。1894年严复只是在给陈宝琛的个人信件中，表达了对李鸿章的看法，没有在社会上公开。这次在《原强》中，严复公开在报纸上直接抨击李鸿章的不抵抗政策：“猛虎深山，徒虚论耳。”实际上严复是通过李鸿章这个人，观察到清朝官僚政权腐败的实质。有一次，李鸿章的一个儿子杀死仆人，李鸿章竟花了二十万缗买通关节。结果他的儿子就逍遥法外了。这样黑暗的官僚政治，在严复的另一封致陈宝琛的信稿中愤然提到：“合肥第二子，于前年鞭杀其仆，事颇喧哄。以二十万缗啖其家，事始寝。钱有耳，可使鬼，岂虚论哉。”

严复的第三篇战斗文章《辟韩》，发表于3月13日和14日。这是一篇战斗性很强的文章，它猛烈地批判了封建君主专制制度。它对几千年的封建君主专制制度发起了猛烈的攻击，对封建道德进行了尖锐的批驳，如巨石投水引起了轩然大波，让封建卫道者们惊恐莫名，也引起了社会上层分子的震动。有位叫周同愈的人，写信给严复，谴责他的《辟韩》，严复回信给予驳斥。与封建卫道者截然不同的是，维新志士深为这篇文章拍手称快。

直報

一八九五年3月13日《直报》所载《辟韩》

4月17日，日本强迫清政府签订丧权辱国的《马关条约》。

严复在5月1日至5月8日间，又陆续在《直报》上发表《救亡决论》一文，这是清政府在4月17日与日本政府签订《马关条约》，中国将丧失大片领土和巨额赔款，权益损失之重达到了空前的程度情况下，严复怀着极大的愤慨，出于爱国激情撰写了《救亡决论》，大声疾呼“今日中国不变法则必亡是已”，指出了要变法必须大力提倡新学，必须废除八股为代表的旧学，强调学习西方科学文化的重要性。

《论世变之亟》《原强》《辟韩》《救亡决论》等文章的发表，透露了严复爱国的炽烈、救亡保种的热诚，显示了他超人的见识及不凡才华。系列议论的问世，俗世为之震惊，严复的名字开始为人所知，他的社会知名度也越来越高。

第六节　1895年10月北洋水师学堂第五届驾驶班学员毕业；11月王文韶亲往水师学堂参加年例的课考

1895年初严璩回到天津，与吕韫清有近一年半的时间才相聚，住在德威尼寓旁胡同第一家，但尚没有正式工作。

1895年10月，北洋水师学堂第五届驾驶班学员毕业。

本届有毕业生18名：

薛昌南　庄允中　周克盛　陈　珣　王崇文　吕富永　江绍沅

杜宗凯　陈伯瓒　赵　炳　严培南　胡文梯　张寿春　常福元

沈秉焯　萨福楙　周宗濂　力　钟

其中：

张寿春(1876—1951)，字伯苓，汉族。

张伯苓，1895年天津北洋水师学堂驾驶班毕业后，服务于海军，不久离职回天津执教于家馆。1904年，张伯苓赴日考察教育，回国后将家馆改建为私立中学，定名敬业学堂。1907年，在天津城区南部的开洼地，即民间所称"南开"，建成新校舍，遂改称南开中学堂，从此声名渐著，现在的天津市南开区也由此得名。1917年秋赴美国，入哥伦比亚大学研究教育，次年回国，着手筹办南开大学。1919年秋正式开学。1923年，创办南开女子中学。1928年创办实验小学。1937年以前，南开已形成了从小学、中学到大学的完整体系，他先后担任校长四十余年，培养出不少人才。张伯苓提倡教育救国，办学方针注重理工科教育。他反对学生介入社会

张伯苓

政治活动,但也曾保护过进步师生。

1938年7月,张伯苓任国民参政会副议长。同年加入中国国民党,1945年当选为中央监察委员。1946年6月美国哥伦比亚大学授予名誉文学博士学位。1948年6月,他出任南京国民政府考试院院长,不久辞去。1949年没去台湾,留在大陆。

中华人民共和国成立后,张伯苓称赞人民政府的各项政策,曾致电周恩来表示祝贺。1950年5月,从重庆回到北京,受到周恩来总理欢迎。1951年2月在天津病逝。

严培南,严复的族侄,又名君潜、若瓒,年轻时随严复到天津北洋水师学堂学习,1895年第五届驾驶班毕业后,1896年严复协助张元济在北京创办通艺学堂时,推荐严君潜当常驻教习。1900年7月因八国联军攻占天津,随严复南下上海避难。1902年1月,北京五城学堂成立,林纾为汉文总教习,王劭廉为西文总教习,严君潜任分教习。在这期间,林纾与严培南、严璩合作翻译了《伊索寓言》。1902年4月熊季廉欲聘严培南到南昌任教,严复在4月28日写信给熊季廉讲:“族子培南顷由海琛到步,南昌一局,经与面商,据言家计日重,五十饼洋蚨必不敷用。即使仰徇雅意,而后来之不安于位可决,则不如勿就之为愈。必令既来而安,立一年之合同,此非五十金不办也。”严培南没有去南昌。后到京师大学堂教授英语与数学,并兼做买办业务,1910年9月严复在给夫人朱明丽的信中曾提及:“闻培南买办很会拉点生意,今年似可无忧,但开销甚大,一月须用六百余两,至其薪水,刻不过五百两而已。”辛亥革命后先后任北京大学、北京师范大学教授。

严培南有三女一子，1912年长女严倚云出生，在这之前他曾有五个孩子，但都夭折了。1909年5月25日严复在给时在上海的夫人朱明丽写信时曾提及："培南于数日间失去一男八岁，一女六岁，系喉痧证，刻往天津矣。"有鉴于此，当时严复长子严璩，年近四十依然无子女，严复遂提议让严倚云过继给了严璩，成为严复的长孙女。后又生有女严以安，又名严灵，曾任《北平时报》《大公报》记者，女以宁、子以诚，严以诚为北京师范大学附属中学教师，著有《谈勾股定理》《中学数学习题选解》等。

杜宗凯，福建闽侯人，字小山。1895年第五届驾驶班毕业后，曾任清海军长江舰队"建安"舰大副。

常福元，江苏江宁人，字伯琦。1895年第五届驾驶班毕业后，曾任京师学务处编译书局分纂，学部专门司行走等职。

1895年11月2日，严复率驾驶洋教习麦赖斯、管轮洋教习霍克尔拜会了新任直隶总督、北洋大臣王文韶。

1895年11月11日，王文韶亲临水师学堂举行的年例考课，并在日记中记有："辰正前往……学生六十人，文字技艺均有可观，司道咸集，即留午膳"。

1895年11月15日，严复率英国前水师官登禄（此次年例考课邀来襄校）拜会王文韶。

1895年底前后，吕增祥从日本卸任回国。

第七节　1896年3月严复写信给从弟严观澜说:“兄自来津以后公事一切,仍是有人掣肘,不得自在施行”

1896年春,俄皇尼古拉二世举行加冕典礼,李鸿章奉命作为头等专使前往祝贺。

1896年3月,严复在致从弟严观澜信中指出:“眼前世界如此,外间几无一事可做,官场风气日下,鬼蜮如林,苟能拂衣归里,息影敝庐,真清福也。兄自来津以后,诸事虽无不佳,亦无甚好处。公事一切,仍是有人掣肘,不得自在施行。至于上司,当今做官,须得内有门马,外有交游,又须钱钞应酬,广通声气。兄则三者无一焉,又何怪仕宦之不达乎?置之不足道也。”严复对当时的社会状况,一针见血指出“官场风气日下”以及自己在津受人掣肘,而且“门马”“交游”“钱钞”三者无一焉!所以才“仕宦之不达乎”!严复想走仕途报国的道路充满荆棘,可想而知。严复甚至有些心灰意冷,发出“苟能拂衣归里,息影敝庐,真清福也”的感慨。

在本封信中,严复还提到,在北洋水师学堂他还不时遭到同僚的掣肘,一个名叫洪翰香的人,“又是处处作鬼,堂中一草一木,必到上司前学语,开口便说闽党,以中上司之忌,意欲尽逐福建人而后快。弟视此情形,兄之在此当差,乐乎?否耶?”表明他在北洋水师学堂任职,日子并不好过。在该信中,他还写道:“再,此间事势旦夕变更,李中堂今番出使俄国,年底定必回京,饬回北洋,十有八九,那时兄是否仍当此差,尚未可定也。李中堂处洋务,为罗稷臣(丰禄)垄断已尽,绝无可图。”

严复在1894与陈宝琛的通信中，指责李鸿章应对甲午战争失败负责。但当时只是两个人之间的通信，在社会上并没有造成什么影响，李鸿章并不知晓严复对他的批评。但是1895年严复连续在天津《直报》上，公开发表多篇政论性文章，矛头直指封建王朝及李鸿章等大臣，所以，严复在北洋水师学堂的日子越来越不好过，洪翰香又处处作鬼，凡事必到"上司"前学语，以中"上司"之忌，而这个"上司"不是别人，正是李鸿章，严复担心，李鸿章由俄国回北京后，肯定十有八九，饬回北洋，到时候他是否仍会在北水师学堂当差，尚不可确定也。

严复在信中谈及长子严璩时云："璋儿天性浮动，难以用功，近颇思为渠花二三千金捐一候补主事，人都自图仕进。渠之天资，酬世为优，而不能似其父之攻苦，赶早听其入世，自谋进身，亦未始非计之得。至西学一端，则京师向有同文馆，但使有志，谋入无难。此兄眼前为子打算如此，所苦这二三千金无从筹措耳。"严璩当时已经22岁，而且还成了家，但还没有正式工作，虽然其天资"酬世为优"，但"天性浮动，难以用功"，不能和严复一样刻苦攻读，所以严复想花二三千金，给严璩捐一个候补主事，让他尽早进入仕途，"自谋进身"。严复认为如果捐了一个候补主事，要去北京同文馆谋一个职位，应该是"谋入无难"，但苦的是"这二三千金无从筹措耳"。

严复时任水师学堂总办，薪水应是不菲，但自1890年升任会办后，经济就十分窘迫，常典质过日，1892年元配夫人病逝"丧事只能从俭"，经济问题是当时严复"前此未经之棘手"。元配夫人病逝后，纳江莺娘为妾，搬到当时天津东门外天后宫北面的宫北大街大狮胡同一号"严公馆"居住，当时主人只有严复、江莺娘和严复二子严瓛共三人，但严璩与吕韫清另住在德威尼寓旁胡同第一家，

两处住宅仆媪疱役用到十一人，公馆用度有纵无收，收束愈觉其难。如此排场，完全为了张扬门面。可见当年严复在津当差之难，为了维持门面，靡费甚巨。所以连二三千金也无从筹措。

严复在信中还谈到:“此间官场,因去年威海一役,人人皆憎嫌海军,至海军闽人,则憎之尤甚。兄曾奉过制军面谕,嗣后学生,宜招北省子弟。此语暗中自有所指;又于去年特饬开招本地学生六十余人,现虽陆续传到,尚未补完。这番‘康济’离闽,若家乡人贪便宜,坐搭来津,意求谋补,无缝可入,坐困他乡必定后悔。昨蒋利宾有信前来,为子求进,烦吾弟剀切谕之,千万勿来为要。”叙述了甲午战争后,闽人在津处境,“康济”是船名,劝家乡人勿“贪便宜,坐搭来津,意求谋补”。

前严观澜曾给严复来信,想把儿子严家驺(伯鋆)送来天津,严复在信中回覆说:“前阅来信,知有意令鋆侄北来,此固一法;但鋆儿实在年齿过稚,汉文亦差,此时遣之北来,不唯无益,而且有损,三年后再行商量,尚未晚也。”

严伯鋆(1884—1934)时年才12岁,后来曾赴美留学,获哈佛大学硕士,回国后在唐山工业学堂(今西南交通大学前身)任教,最后回福建省盐务局任职,曾是故乡福州阳岐小学第一任校长。《严复集》中收录有严复与侄严伯鋆书三封。长子严以群(严群),为《严复集》提供了很多严复家信抄件。长孙严孝雄(严名),在贾长华主编的今晚丛书《严复与天津》中,发表了一批严复未刊书信。

第八节　1896年夏天严复开始翻译《天演论》,并对《原强》进行修订,提出"身贵自由,国贵自主"的观点

1896年5月31日,夏曾佑自北京前往杭州,途经天津时曾与严复长谈。在夏曾佑的日记中记有"午后至天津,……晚与严又陵至莞生(王修植)处长谈。"

1896年夏天,严复受中日甲午战败刺激,致力于译述以警世。开始翻译《天演论》。"未数月而脱稿。桐城吴丈汝纶,时为保定莲池书院掌教,过津来访,读而奇之。"吴汝纶是最先读到《天演论》译稿的人。

《天演论》原名*Evolution and Ethice*(《进化与伦理》),英国生物学家赫胥黎著,初发表于1893年,系演讲词。1894年7月重刊时,作者又加了一篇《导论》。严复所译《天演论》系以赫胥黎此演讲词及其导论为底本译述而成。严复译述该书时,根据达尔文的生物进化论及斯宾塞的社会达尔文主义,结合当时的中国国情,采取意译的办法,加以改写,而且加进不少按语,按语约占全书的三分之一,有的按语长于译文。《天演论》初稿经过不断修订、增删,直到1898年6月才由慎始基斋正式雕版刊行。《天演论》的译述,第一次系统地向中国人民介绍了西方进化论思想。

8月6日,夏曾佑再至天津,在日记中记有"与莞生、慕韩……又陵……等畅谈,尽日达旦,未尝少往"。

夏曾佑回京后,写信给汪康年,向他介绍这次的天津之行:"……到津之后,幸遇又陵,衡宇相接,夜辄过谈,谈辄竟夜,微言妙旨,往往而

遇。……盖吾人自言西学以来所从不及此者也。……《天演论》为赫胥黎之学,尚有塞彭德之学,名《群静重学》,似胜于赫。……”在津期间严复向夏曾佑介绍了他所翻译的赫胥黎《天演论》和塞彭德的《群静重学》。

吴汝纶

8 月 26 日,吴汝纶写信给严复。

在信中吴汝纶讲:“尊译《天演论》,计已脱稿,所示外国格致家谓顺乎天演,则郅治终成。赫胥黎又谓不讲治功,则人道不立,此其资益于自强之治者,诚深诚邃。……尊意拟译穆勒氏之书,尤欲先睹为快。”

在吴汝纶日记卷九《西学》下,还记有吴汝纶致严复的另一封信称:“尊译《天演论》,名理绎络,笔势足穿九曲,而妙有抽刀断水之致,此海内奇作也。脱稿在迩,先睹为快。”

10 月 15 日,严复为《天演论》译文初稿写好自序,取名为《赫胥黎治功天演论序》。

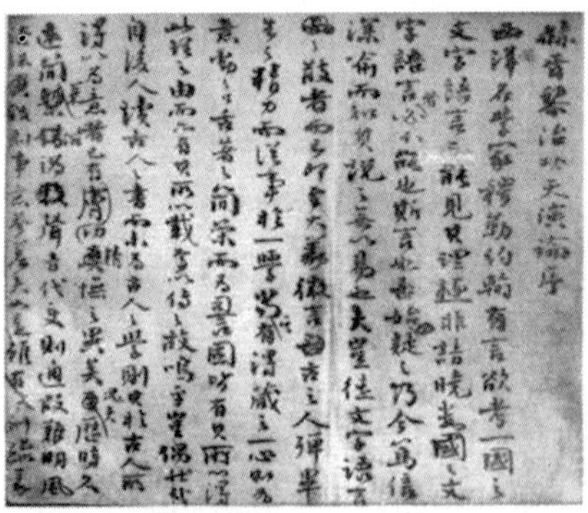

严复《赫胥黎治功天演论序》手迹

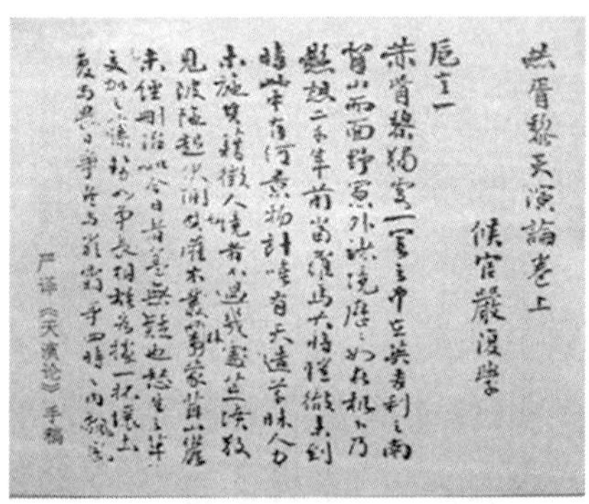

严复《赫胥黎天演论》手迹

不知当时严复为什么将《天演论》自序,定名为《赫胥黎治功天演论序》,在10月15日写好自序后,托亲家吕君止将译稿带给吴汝纶,请他指教。时吕君止(增祥)已由日本卸任回国,时常来往天津、保定两地。

严复同时也将另一份《天演论》译稿初稿寄给梁启超,并给梁启超写了一封信,信中说:“甲午春半,正当东事臬兀之际,觉一时胸中有物,格格欲吐,于是有《原强》《救亡决论》诸作,登布《直报》,才窘气茶,不副本心,而《原强》诸篇不为完作。……今者取观旧篇,真觉不成一物,……拙译《天演论》,仅将原稿寄去。登报诸稿,挑寄数篇,金玉当前,自惭形秽,非敢靳也。《原强》如前所陈,拟更删益成篇,容十许日后续呈法鉴如何?”

严复在这里表示要对《原强》拟更删益成篇,进行修订。原来,在《原强》这篇文章的末段说:“至于民智之何以开,民力之何以厚,民德之何以明,三者皆今日至切之务,固将有待而后言。”表明该篇文章,话还没有说完,还“固将有待而后言”;借着梁启超要在《时务报》上转载《原强》,严复对《原强》进行了重大的修订,修订稿与原本相比较,不仅文字上有很大改动,而且补写了很多内容,增添了将近一半的文字。

在这次修订中,严复将“身贵自由,国贵自主”的观点,增添到修订稿中。他在修订稿中写道:“知吾身之所生,则知群之所以立矣;知寿命之所以弥永,则知国脉之所以灵长矣。一身之内,形神相资;一群之中,力德相备。身贵自由,国贵自主。生之与群,相似如此。此其故无他,二者皆有官之品而已矣。故学问之事,以群学为要归。唯群学明而后知治乱盛衰之故,而能有修齐治平之功。呜呼!此真大人之学矣!”随后,严复就将修订稿寄给了梁启超。

不知为什么,经修改后的《原强》,《时务报》始终没有转载。经历了五年的时间之后,南昌读有用书斋在1901年出版了由熊元锷等正编的《侯官严氏丛刻》。熊元锷将修改后的《原强》,以《原强修订稿》(《严复集》第一册第15页)收录入《侯官严氏丛刻》中,公开出版发行,严复的“身贵自由,国贵自主”的思想,才得与国人相见。

温家宝总理在 2005 年 12 月访问法国时,曾两次提及严复的“身贵自由,国贵自主”的观点。

另,严复给梁启超寄去《天演论》原稿,后来《时务报》也一直未予刊登。

第九节 1896年8月严复奉命筹办俄文馆

1896年7月间，由俄国驻华领事馆葛拉司建议，经直隶总督王文韶奏明，在天津筹办俄文馆。

8月16日，俄国公使喀希尼经总理衙门允准，推荐林得俾儿到天津俄文馆任教习。

直隶总督王文韶约请严复一起与林得俾儿见面，并命严复商订聘任林得俾儿为俄文馆教习的合同。

8月19日，直隶总督王文韶奏请在天津水师学堂添募学生专习俄文。旋得朝廷批准，随即又委任严复为俄文馆总办。

俄文馆设在北洋水师学堂内，“以水师学堂空房为俄文生肄业之所”。他亲自拟订课程，聘请教师及管理一切教务。这是晚清最早成立的一个官办俄文学校。

该馆招收学生30名，分两班，主要学习俄文。头班学生还学习矿物学、化学、地理学、史学等；二班学生兼习算学。

天津俄文馆的设立，以培养俄语外交人才，这与当时的国际形势，中俄、中日关系有着内在的联系，当时沙皇俄国与日本都企图争夺中国的东北地区。

中日甲午战争清政府战败后，在1895年4月签订了屈辱的《中日马关条约》，条约中有一条规定，将辽东半岛和台湾、澎湖列岛割让给日本，这引起在华争夺权益的西方列强不满，尤其是想在我国东北伸张势力的沙皇俄国，更不能容忍，于是俄国联合德国、法国照会日本政府，要日本放弃辽东半岛。由于三国出面干涉日本侵占中国辽东半岛，最后日本以索取中国3000万两银子的“赎辽”费，退还辽东半岛。本是收回中国主权，竟要付出重大代价，这是弱国无外交又一典型事例，近代史上称为“三国干涉还辽”事件。这种形势引起清朝内部，以李鸿章为首的大官员鼓吹“联俄制日”的幻想，提出“结俄为援，以保中国”的主张。1896年5月，借祝贺沙皇尼古拉二世加冕典礼之机，慈禧太后派李鸿章率团首访俄国。6月，李鸿章与沙俄签订了《中俄密约》，其中一条即允许俄国在我国东北修建铁路。就是在这一亲俄形势下，新任直隶总督兼北洋大臣王文韶，命严复创办天津俄文馆。

严复对俄文馆教学认真负责，1898年5月26日至27日，严复亲自主持了俄文馆学生的“季考”。严复创办天津俄文馆，尽管是官办的，但对于维新运动“兴新学”，无疑有其积极意义。

第十节 1896年严复帮助张元济在北京创办“通艺学堂”

1896年，严复还帮助张元济在北京创办“通艺学堂”，提倡新学，培养维新人才。

张元济，浙江海盐人，1892年考中进士，由翰林院庶吉士改刑部主事，充总理各国事务衙门章京，是一个办理文书事务的官员。当年春，张元济等人发起集资筹设一所“西学堂”，主要招收官绅子弟，重点学习西国语言文字，并呈请总理衙门给予支持。

时任总理衙门大臣的张荫桓对筹办“西学堂”，也极为热心，他约合同僚数人联名写信，向各省督抚募捐，湖广总督张之洞、直隶总督王文韶都捐了款，这是属于集资办学，一共募得数千元。

当时任北洋水师学堂总办又兼任天津俄文馆总办的严复，因连续发表了四篇政论性文章，在社会上影响极大，名声大振。张元济经人介绍与严复相识，以后两人成为至交，严复结识张元济后，随即就协助张元济在北京创办学堂。

严复将筹设中的西学堂取名为“通艺学堂”，严复还帮助通艺学堂聘请英国人为教习，同时严复还推荐侄儿严君潜当常驻教习，教英文。严君潜就是1895年北洋水师学堂第五届驾驶班毕业生严培南，又名若瓒。

1897年初，经过张元济等人的辛苦筹备，通艺学堂的准备工作基本就绪，在宣武门内象坊桥租了一座大房子作为学堂的校舍，愿意入学的也

张元济

有20余人，张元济就上书总理衙门备案，并请求发给同文馆书籍，获得批准。与此同时，张元济还委托《时务报》总理汪康年在上海购买图书，并重金代聘一位贯通中西文字兼知其他西学的人担任教习。

2月12日，通艺学堂正式开馆，学生有20多人，多系京员及官绅子弟，另有报名者络绎不绝，都内人士并无不同看法。学堂课程安排是“先习英文暨天算、舆地，其兵、农、商、矿、格致、制造等学，俟洋文精熟，各就性质所近，分门专习”。除常驻教习严君潜外，学堂还另聘一位同文馆学生担任帮教。

经过张元济的努力，通艺学堂的中、洋文书籍图画以及仪器等均小有规模。作为张元济的至交，严复始终对通艺学堂给予了积极支持，1898年初，严复又为通艺学堂聘请了一名外籍教习。1898年4月、5月间，严复又应张元济聘请，两次来到通艺学堂讲学，“考订功课，讲明学术”。

严复协助张元济开办的通艺学堂，在京师的影响日渐扩大，不仅得到了京城官员的首肯，也引起了光绪皇帝的关注。在百日维新期间，光绪皇帝召见张元济时曾询问过通艺学堂的情况，并勉励他说：“要学生好好地学，将来可以替国家做点事。”

7月17日，管学大臣孙家鼐奏派张元济为京师大学堂总办，并拟聘请严复为总教习。京师大学堂是当时新创设的一所学堂，是现北京大学的前身，在全国具有特殊重要的地位。后来，严复因主办《国闻报》深受顽固守旧人士忌恨，多次遭到参劾，由于顽固守旧分子的百般阻挠，严复担任京师大学堂总教习一事,终于流产。

9月,严复奉命进京觐见光绪皇帝,寓居通艺学堂。9月18日,严复在通艺学堂演讲《西学门径功用》,这次演说除通艺学堂肄业诸生外,京官中的好学者也相约前来听讲,其中就有八股文比严复胜一筹的郑孝胥,听众总计有40余人。

在这次演讲中,严复登台口讲指画,孜孜不倦,前后长达数小时。听众十分满意,有的惊叹,有的猜疑。报载:"有闻其论者,退而语人曰:西人之精义妙道乃至如此,此真吾辈闻所未闻;或者严君别有心得,托之西人,亦未可知。"

然而,三天以后,在1898年9月21日就发生了戊戌政变,慈禧太后再出"训政",并幽禁了光绪皇帝,通艺学堂被解散,张元济被罢了官,学堂无人接办,张元济就将通艺学堂的所有书籍器具及积存余款,开列清单,呈报管学大臣孙家鼐,后来通艺学堂被归并入京师大学堂。

第十一节 1897年严复对《天演论》译稿进行认真修改

严复在完成《天演论》译稿初稿后，在1896年10月15日写好自序，便托亲家吕君止，将译稿带给吴汝纶，请他指教。

1897年1月29日，夏曾佑在日记中记有“读又陵所译英人赫胥黎书二册，上册《卮言》十八篇，下册《天演》十七篇，此为西人之新学。”

夏曾佑是最先看到《天演论》手稿的人之一，看后夏曾佑对严译《天演论》也多有建议，严复在1898年6月10日（四月二十二），增订的《天演论》的“译例言”中曾提到：“仆始翻‘卮言’而钱唐夏穗卿曾佑，病其滥恶，谓内典原有此种，可名‘悬谈’。……穗卿又谓如此则篇自为文，于原书建立一本之义稍晦。……”

1897年2月间，夏曾佑回到北京后，写信给汪康年讲：“到津之后，幸遇又陵，衡宇相接，夜辄过谈，谈辄竟夜，微言妙旨，往往而遇。徐、利以来，始明算术；咸同之际，乃言格致。洎乎近岁，政术始萌，而彼中积学之人，孤识宏寰，心通来物，盖吾人自言西学以来所从不及此者也。《天演论》为赫肯黎之学，尚有塞彭德之学，名《群静重学》，似胜于赫。”

吴汝纶在收到《天演论》译稿后，于1897年3月9日写信给严复说：“吕临城（吕君止）来，得惠书并大著《天演论》，虽刘先主之得荆州，不足为喻。比经手录副本，秘之枕中。盖自中土翻译西书以来，无此宏制。……”对《天演论》译稿作了高度评价，并对其不足之处，提出了修改意见，吴汝纶还怕邮寄时“递中往往有遗失，不敢率尔”。特命自己的女婿将译稿面呈严复。

严复收到译稿后，采纳了吴汝纶的修改意见，对《天演论》译稿做了一次认真的修改。

5月16日，严复对《天演论》译稿作了修改，并在《卮言十》的最后段署以“以上于丁酉年四月望日删节　复自记”。

5月18日，严复又对《天演论》译稿作了修改，并在《卮言十八》的最后段，署以“丁酉四月十七日删节　复识”

同时严复在其后，又附识了一段文字：“是日俄罗斯使人胡王至紫竹林，以海军公所为邸，吾于案上闻炮声，知其至也。”

7月2日，严复又对《天演论》译稿作了修改，并在《论八》的最后段，注以“丁酉六月初三日删节讫”。

7月4日（六月初五），严复又对《天演论》译稿作了修改，并在《论十一》的最后段，注以“以上丁酉六月初五夕删改讫”。

7月5日（六月初六），严复又对《天演论》译稿作了修改，并在《论十三》的最后段，注以“丁酉六月初六日夕删改”。

《天演论》译稿《论十四》至《论十八》全书完，严复什么时候对其作了修改，严复对其未予注明。

8月23日，严复在给五弟严观衍的信中说：“《天演论》索观者有数处，副本被人久留不还，其原稿经吴莲池圈点者正取修饰增案，事毕拟即付梓。……中国不治之疾尚是在学问上，民智既下，所以不足自立于物竞之际。”在信中，严复说明译著《天演论》的真正目的在于开民智，用进化论的“物竞天择”思想启发中国人民的觉悟，起来自立自强，挽救国家的危亡。体现了严复高度的爱国主义思想。

第十二节　1896年9月严复捐资《时务报》及与梁启超的交往

1895年5月2日，康有为、梁启超约集在京参加会试的18省1300余名举人，在康有为起草的万言奏疏上联名签字，要求抗战并立即变法的著名的“公车上书”运动，揭开了维新运动的序幕。

康有为为了宣传变法维新的思想，提倡新学，开通风气，在这一年的6月，于北京创办了《万国公报》和强学会，梁启超是其得力助手。以后《万国公报》更名为《中外纪闻》，梁启超为《中外纪闻》的主笔，“办理月余，居然每日发出三千张内外”。这年8月，康有为发起建立京师强学会，得到政府官员的支持。

汪康年

1896年4月，梁启超离开北京前往上海，应汪康年之聘，为《时务报》主笔。汪康年，浙江钱塘人，1892年中进士，甲午战争以后来到上海，应康有为之请，主持上海强学会。后因御史杨崇伊奏参强学会“植党营私”，北京、上海强学会相继被封，汪康年以强学会余款，于1896年在上海创办《时务报》，自任经理。8月，《时务报》正式出版。

9月24日，严复写信给汪康年和梁启超，信中说：

“启者，前寄一函，想经伟照。昨公度观察（黄遵宪）抵津，稔大报一时风行。于此见神州以内人心所同，各怀总干蹈厉之意。此中消息甚大，不仅振聩发聋，新人耳目已也。不佞曩在欧洲，见往有一二人著书立论于幽仄无人之隅，逮一出问世，则一时学术政教为之斐变。此非以取天下之耳目知识而劫持之也，道在有以摧陷廓清、力破余地已耳。使中国而终无维新之机，则亦已矣；苟二千年来申商斯高（申不害、商鞅、李斯、赵高）之法，熄于此时，则《时务报》其嚆矢也。甚盛！甚盛！

寄上汇票百元，到时乞与察入，付据。区区不足道，聊表不佞乐于观成此事之心云尔。”

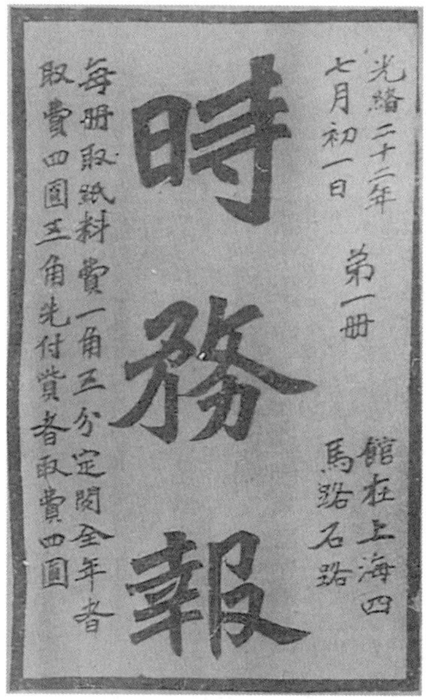
光緒二十二年七月初一日
第一冊
時務報
館在上海四馬路石路
每冊取紙料費一角五分定閱全年者
取費四圓五角先付費者取費四圓

《时务报》

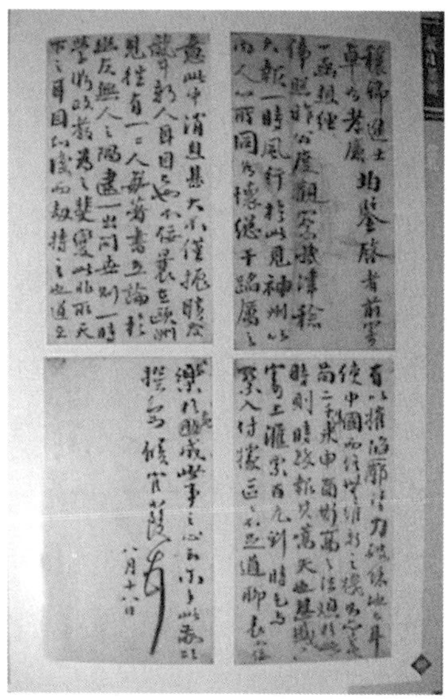

严复捐资《时务报》写给梁启超等的信

严复在这封信中，对《时务报》大加赞扬，充分肯定其倡导维新变法，具有振聩发聋、新人耳目的作用，开创二千年来维新之嚆矢！并汇寄一百元银票资助，表示对《时务报》的赞赏和支持。

《时务报》也在10月7日第七册刊出“本报告白”：“严又陵观察助银一百元”。

严复与梁启超在1896年认识并捐助《时务报》后，1896年10月8日，梁启超致信严复言他其时正学习拉丁文，又索严复的《原强》《天演论》，拟刊于《时务报》。当时严复已完成《大演论》译文初稿，在

10 月 15 日写好自序后，一方面托人将译稿带给吴汝纶，请他指教。同时也将另一份《天演论》译稿寄给梁启超，并给梁启超写了一封信，称赞梁启超主笔的《时务报》，如同旭日东升，气象万千，风行海内，影响很大。并对梁启超在学习拉丁文给予鼓励。

梁启超是最早看到《天演论》手稿的人之一，读后誉严复为“于中学西学，皆为我国第一流人物”。1897 年 3 月，严复给梁启超写了一封长达 21 页的长信，批评和规劝梁启超办报和发表言论要慎重，宣传变法要有次序，尤其是对梁启超随康有为大肆宣传建立孔教会，及其发表《古议院考》以附会中国古代就有类似西方的议院和议员之类的言论，提出了严肃的批评和劝导，并深刻阐明“教不可保，也不必保”的道理。梁启超给严复也回复了一封长达 3500 字的长信，十分诚恳地表示：“二月间读赐书二十一纸，循环往复诵十数过，不忍释手，甚为感佩，乃至不可思议。今而知天下之爱我者，舍父师之外，无如严先生；天下之知我而能教我者，舍父师之外，无如严先生。……承规各节，字字金玉。数月以来，耳目所接，无非谀词，贡高之气，日渐增长，非有先生之言，则启超堕落之期益近矣。……来书又谓教不可保，而亦不必保。又曰保教而进，则又非所保之本教也。读至此则据案狂叫，语人曰：不意数千年闷葫芦，被此老一言揭破。不服先生之能言，而服先生之敢言之也。”从此，梁启超逐渐放弃立孔教为国教的“保教”主张，并于 1902 年在《新民丛报》发表《保教非所以尊孔论》，此文成为梁启超彻底放弃保教主张的宣言书。

1897 年 4 月 2 日，梁启超在《时务报》上，转载了严复的《辟韩》。5 月，严复在天津开始筹办《国闻报》，8 月严复作《国闻报启》送《时务报》发表，9 月 21 日严复又写信给梁启超催其刊登。10 月 26 日《国闻报》创刊号出版，11 月 24 日又出版《国闻汇编》第一册。《国闻报》的许多社论都是由严复撰写的，鼓吹变法维新，与《时务报》构成南北呼应之势，被誉为当时南北舆论的“两颗明星”。

1898 年梁启超等的《公车上书请变通科举折》，要求废止八股取士制度，则就是通过严复在《国闻报》7月1日和7月2日的连载，而第一次公诸社会。

戊戌政变后，即使是在梁启超流亡日本期间，严复也冒着风险与梁启超保持书信往来，进行学术交流，为梁启超在日本编辑出版的《新民丛报》供稿。1901年当严译《原富》头两篇在上海出版后，梁启超立即著文在《新民丛报》第二期发表推荐，并在致严复的信中，建议译文要通俗以便阅读和扩大其影响，但严复复函认为，不宜以俗文翻译西方经典著作，各抒己见，意见虽不相同，但却更加深了他们之间的友谊。

1902年2月，梁启超在《新民丛报》上开辟《饮冰室诗话》，在《饮冰室诗话》里，梁启超怀着无比崇敬钦佩之心，全文录下了严复作于1901年的一首七言长诗，并于诗前写了一则热情洋溢的简颂小记："侯官严先生之科学，学界稍有识者，皆知推重；而其文学则为哲理所掩，知者盖寡，余前作《广诗中八贤歌》内一解云：'哲学初祖天演严，远贩欧铅搀亚椠，合与莎米为鲽鹣，夺我曹席太不廉。'益深佩之也。"严复的这首长诗，是1901年3月北行时赠别熊季廉唱和之作，由熊季廉寄给梁启超存录的，是严复的诗歌代表之作。梁启超赞赏其作，专意录存于"诗话"中，"芳馨悱恻，辄讽诵之"。在严复和梁启超的交往中留下一段可赞美的人间佳话。

严复和梁启超二人是在维新运动的大潮中互相鼓励，图强共进，促成的战斗友谊，后来，梁启超还在《寿严几道先生》的生日祝寿诗里，由衷地赞佩说："楞伽悟澈皆心印，震旦流传此导师。"梁启超评价《天演论》说："西洋留学生与本国思想界发生影响者，复其首也。"所以梁在"八贤歌"的开首即称"哲学初祖天演严"。他还把严复与英国文艺复兴时期的戏剧家、诗人莎士比亚及欧洲近世大诗人米尔顿相提并论。并戏言严复的译著、诗作影响之大、思想之新、文笔之美，简直要夺占我辈文坛席地了！而严复对梁启超，亦有"言论界饮冰势力最巨"之誉。

第十三节　1896年11月严复送子赴英留学

1896年11月23日,清政府任命罗丰禄出使英国大臣。严复的长子严璩以随员身份去英国留学。

严复是趁此机会为儿子伯玉前途谋一条出路,他要罗丰禄将伯玉带去英国,在使馆里做个随员,一面去剑桥、伦敦各大学选课进修。

严璩只是单身赴英,妻子吕韫清留住在德威尼寓旁胡同第一家。

1900年严璩学成归国,当时因八国联军攻占天津,严复全家已离开天津,在上海避难。严璩也就在上海任"日报馆主笔"。严复还为其捐了一个江苏试用通判。

1901年6月9日清政府授醇亲王载沣为头等专使前往德国,严璩被命为随"三等翻译官"随行。载沣一行于7月12日离京去德国,事毕回国后,严璩闲暇在家。

1902年春,严复由天津到北京任京师大学堂译书局总办后,严璩开始到译书局任职,并与严培南、林纾合译《伊索寓言》。任职不久,严璩开始走上官场仕途,到了法国,任驻法使馆的参赞。

1904年12月26日,严复应张翼为开平矿务局讼事到达伦敦,当时严璩在巴黎,1905年2月,严复自伦敦抵巴黎,住在长子严璩处。但不久,严璩就被奉派去越南检查商务及人头税等事务。

1905年4月初,严复与严璩一道由巴黎起程,顺途游瑞士、罗马各地,“折至意大利之稽诺亚,登德国邮船东归”。严复在5月初回到上海,严璩则以越南视察使身份去了越南,与法国办理交涉有关商务及人头税等事务,时年三十一岁。回国后作有“越南视察报告”。

1908年严璩以四品京卿和道员官阶调任广东全省电政监督。

1909年,宣统元年严璩以二品卿衔大员,受到“特恩”回福建做“财政正监理官”。

民国成立后,1913年严璩回到北京,以财政和洋务专家的资格,继续在财政和盐务部门担任要职,任长芦盐运使,并兼财政部参事、公债司司长等职。

1919年7月起,严璩多次到山东济南等地出差,拟调济南。11月24日严复在给三儿严琥的信中提到“大哥已为盐署所留,不赴济矣”。改任北洋政府财政部次长兼盐务总署署长。

1919年十月革命胜利后,帝俄在华经营的“华俄道胜银行”办理结束业务,他继王宠惠之后,又兼任“华俄道胜银行清理处”督办。

1921年10月严复逝世,12月与原配王夫人合葬于严复生前由严璩督造的生圹中,严璩并请陈宝琛为严复撰写墓志铭。严璩在严复逝死后不久,作有《侯官严先生年谱》问世,非卖品,其出版者及出版年份均不详。

1921年以后,严璩曾三度任北洋政府的财政部次长、全国盐务署署长兼盐务稽核总所总办等要职。1924年北洋政府许世英组阁时,财政极端困难,财政大权操在帝国主义者手中,它们攫夺了中国盐税、关税两大财源。当时中国财政有两个“太上皇”,一是盐务稽核所洋总办英人丁恩,一是海关总税务司英人安格联。许世英由杜锡珪(海军总长)通过同乡的关系找到严璩,要他出任财长,他先坚辞不就,后因众意殷恳,无法固辞,只得答应以次长代理部务(财政总长由许世英以国务总理兼摄)。到职之后和洋人几经周旋,把关税和盐税划还外债赔款后,将所剩之款(关余和盐余)为抵押,发行了民国十三年春节国库券八百万元。

北伐后期,王宠惠由南京突来一电给严璩,电文仅十个字:“新居将成,余屋尚多,速归。”暗示严璩南京国民政府将要成立,政府中职位尚多,赶快到南京来。严璩是领会此意的,但他当时仍留恋着北方,不肯就走。他当时耽于赌博,受赌棍的欺弄,弄得财产输得净尽,为抵偿赌债,被占去了他和严复合买的坐落在北京大院府胡同的一部分房屋。最后他也不得不去南京向国民党政府谋求职业。

1929 年孙科任行政院长时期,严璩到南京担任国民政府财政部次长,这是他第四次任财政次长,但这次他只做了十八天的次长,财政部就为宋、孔两家所垄断而离职。以后,只好就任司法行政部总务司司长,以维持生活。

1933 年严璩寓居上海,时年 59 岁,经济情况困难万分。那时上海房租昂贵,只能租得一间狭小卧室,生活主要依赖沈葆桢之孙、当时担任英美烟草公司总经理的沈昆山接济。上海沦陷,接济中断,严璩无力撤往内地,滞留上海,被日寇盯上,这时替日寇拉线的汉奸们,打算拥他出来做伪财政部长。他们派人接近严璩,假装同情和钦仰的样子,意图拉拢。后来又故意献殷勤,想从经济上拉拢严璩。他们借口有个朋友到内地去,留下一幢花园洋房,愿意借给严璩住。严璩不知是计,就搬进洋房。接着汉奸与日寇轮番来动员严璩出任伪财政部长,并威吓说若拒绝出任,就不得借住此屋,并且还可能有其他危险等语。严璩为了躲避与日寇见面,每天清早就跑到他的同曾祖父的妹子处,打纸牌混日子。并告诉她说因汉奸相逼,来此避难,表示宁死不干伪财政部长。日寇见利诱不成,就以死相逼。严璩仍誓死不从。此时,严璩年近七十,又有极严重的哮喘病,身体每况愈下。日寇见严璩宁死不肯出任伪财政部长,就在一个刺骨的冬日,将严璩赶出洋房。饥寒交迫,严璩卖尽家中值点钱的东西,也只租到了一个亭子间的楼下——二房东的洗澡间,他的床板就放在二房东的澡盆上。入夜,二房东洗澡时,就将严璩赶到大街上。几番折腾,老人已奄奄一息。

1942 年冬天,严璩带着一身傲骨走完了自己的一生。

第十四节　1897 年 4 月《时务报》转载了严复的《辟韩》一文，严复差点被暗杀

1897 年 4 月《时务报》转载了严复的《辟韩》一文，因此，严复差点被暗杀。

直報

《直报》所登《辟韩》

甲午之战使严复对李鸿章完全失望。他指斥李鸿章用人唯亲，误国匪浅，觉得在下难有所作为。想舍北就南，到张之洞那里做事，或许可以大展宏图。所以，他在给陈宝琛的信中，三番致意陈宝琛，说明他对张之洞的渴慕："张香帅能用先机大度之言，日后撑柱光复"，可见当时他对张之洞的期望之高。并希望陈宝琛替他向张之洞通一声气，但由于他与张之洞之间，虽然张之洞曾有"知己之言"，但是素无联系，并不认识，所以便直言不讳地提出请陈宝琛为之介绍："孝帅素为公忠体国之人，想必有一番经纬也。复爱莫能助，执事胡勿为之介耶？"

1895 年 1 月 15 日严复致信从弟严观澜，言欲南投张之洞之意："兄北洋当差，味同嚼蜡。张香帅于兄颇有知己之言，近想舍北就南，冀或乘时建树耳！然须明年方可举动。"并嘱："此语吾弟心中藏之，不必告人，或致招谣之谤也。"

后来，严复终于没有舍北就南，到张之洞的麾下，他仍然在天津水师学堂供职。严复寄予厚望的张之洞也非具容人大度的人，对严复这样的志士才人，他并不喜欢，也不想网罗门下。

1895 年严复在《直报》上连续发表了四篇抨击君主专制的宏文，猛烈抨击君主专制，呼吁变法维新、救亡图存。然而，就在那篇脍炙人口的《辟韩》被梁启超主编的《时务报》转载后，严复差点被张之洞派人暗杀。

在这四篇文章中，具有振聋发聩作用的是《辟韩》一文，这篇文章直接指向了君主专制，严复认为，韩愈所作《原道》，在那个时代是为封建君主专制摇旗呐喊，要批判君主专制，首先要驳倒韩愈的观点，这篇文章的立意就是借古说今，从而达到批判封建君主专制的目的，韩愈认为民为君而存在，而严复则认为韩愈的观点与孟子提出的“民为重，君为轻，社稷次之”的观点相违背，他认为近代中国的积贫积弱是封建君主专制的恶果，在他看来，中国有反对专制的传统，西方有遏制君主专政的民主政治，必须公举有贤能的人领导国家，国家才能有希望摆脱困境。这篇言论措辞激烈，对封建君主专制一针见血，严复万没有想到，这竟然为他惹来杀身之祸。

《辟韩》发表之后，许多维新派人士争相传阅，康有为、梁启超等人拍手称快，这篇文章加上其他三篇宏文，以及后来翻译的《天演论》，使得当时的天津，成为了戊戌变法时期的舆论重镇之一，严复的维新变法理论体系，也成为当时我国最为先进的理论体系。

然而这篇讨伐封建专制的战斗檄文得到维新派一致认同的同时，也让封建卫道士们恨之入骨，当 1897 年 4 月 12 日《辟韩》在上海《时务报》第二十三册转载后，使得这篇文章的影响更为深远。谭嗣同写信说：“《时务报》二十三册《辟韩》一首，好极好极！”对严复《辟韩》一文，顶礼有加，激赏备至。

而在这篇文章被广为传诵的时候，一场刺杀严复的阴谋也正在酝酿之中，以忠君卫道自诩的张之洞怒不可遏，认为这篇文章是洪水猛兽，就指使屠仁守化名屠梅居写了《辨“辟韩”书》，强令《时务报》发表，对严复《辟韩》一文，进行了恶毒的攻击谩骂，不但指责严复以词害意，还空洞地说《辟韩》一文乖戾矛盾的地方很多，可又举不出让人信服的论据。

张之洞是当时清政府的地方要员，在洋务运动中，兴办了大批的军工、民用企业，但在维护封建道统上，却顽固不化。由于仅发表了一篇反驳文章，没有收到任何效果，于是张之洞还想派人到天津刺杀严复，后来，在郑孝胥等人的斡旋下，严复才躲过了这一劫难。

严复这时才渐渐地认清了张之洞的真实面目，断绝了投奔张之洞的幻想。1897年8月23日严复在给五弟观衍的信中，曾提及：“前者《时务报》有《辟韩》一篇，闻张广雅（张之洞）尚书见之大怒，其后自作《驳论》一篇，令屠墨君出名也，《时务报》已照来谕交代矣。”说《驳论》是出自张之洞之手，用屠墨君之名发表。

1898年7月严复写信给《时务报》总理汪康年说：“梁卓如（梁启超）大学堂章程颇为知言之累，岂有意求容悦于寿州（孙家鼐）、南皮（张之洞）辈流耶？”由此可见，自《时务报》转载《辟韩》一事过后，严复再也不屑与张之洞交往了。

第十五节　1897年7月严复第三子严琥在天津出生

严复三子严琥

1897年7月6日，严复第三子严琥(1897—1962)出生于天津古文化街大狮子胡同一号“严公馆”，字叔夏，又名普贤，为江莺娘所生。

严琥从小一直随严复居住于天津、北京，致志攻读，曾先后入北京清华大学和唐山工业专门学校学习，但中途都被严复召回，在家为其聘请家庭教师教习，另外，除了自己指点外，并经常带他置身于寓京桐城古文、闽赣诗词名家圈内，常有唱和、请教机会。外文则请津人教习，西学皆用西书，不假译本，直到1915年，严复几次拟送其出洋留学，终因财力不逮作罢。1919年元旦，叔夏尊父命，由福州螺洲陈宝琛做媒，与陈的外甥女、台湾世代巨富的林家之女，林慕兰女士结婚。严复特意送子由京返闽，在老家阳岐乡的玉屏山庄为他们举行结婚典礼。结婚不久，严复和严叔夏夫妇就搬到福州郎官巷居住。

1937年抗日战争全面爆发，严叔夏在福建协和大学任教。日军占领福州，他则随协和大学迁校到闽西永安、邵武等地，与福州通信被断，为躲

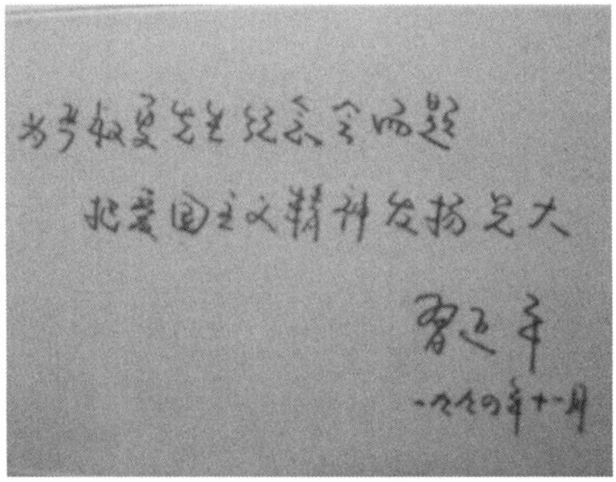

习近平同志的题词

避日本军人的骚扰,林夫人挈幼子及三个女儿逃离福州去了上海,而严叔夏则靠薪水养活自己和留在身边的两个孩子,以后又相继在闽清、南平任教。抗日战争胜利后,协和大学迁回福州,他重返协大任教,1947年林夫人和几个子女去了台湾。而严叔夏和大儿子严以侨则留居故乡福州。1949年福州解放,他被选为协和大学校务委员会主任委员。1951年院校调整,成立福州大学,他任校务委员会副主任兼教务长。1952年他正式加入中国民主同盟,任民盟福建省委常委、福州市委主委。并被选、聘为福建省和福州市人民代表大会代表以及省、市政协委员,兼省政协学习委员会主任。1952年调任福州市副市长,分管文教工作。1957年他被错划为右派,右派帽子摘除后,在福建教育学院任职。1962年9月22日在福州病逝,终年65岁。1979年他被错划右派问题得到彻底改正。1984年9月15日福州市人民政府为他隆重举行骨灰安放仪式,对他作出公正评价,谓"严叔夏同志的一生,是不断追求真理、追求进步的一生,是热爱党、热爱祖国、坚持走社会主义道路的革命民主人士"。1994年福建省隆重举行"严叔夏先生纪念会",福建省和福州市的党委、政协、省市长以及全国民盟中央的负责人参加了大会或为纪念会题词。习近平同志为严叔夏先生纪念会的题词是:"把爱国主义精神发扬光大"。

严叔夏夫妇生有三男四女,大儿子严以侨,大女儿严倬云,二女儿严停云,三女儿严庆云(夭折),四女儿严俶云,二儿子严僳,三儿子严僖。

第十六节　1897年10月严复与夏曾佑等人创办的《国闻报》创刊号在天津出版

1897年1月17日,夏曾佑离京到天津,居王修植家。在津期间,夏曾佑、严复、王修植等往来频繁。

1月24日,严复与夏曾佑、王修植、孙宝琦等,拟在天津"建一学会,专译西人新学之书,不作别事,不立名目。租屋、买器统由慕韩承办,明年开会"。不久,因"众志不同,已成罢论"。

1月27日,夏曾佑在日记中记有"晚,慕韩、又陵来"。

1月28日,夏曾佑在日记中记有"与又陵、莞生谈至半夜"。

2月2日,夏曾佑在日记中记有"丁酉元旦,晴。夜与又陵,莞生谈"。

2月间,夏曾佑回到北京后,写信给汪康年。

夏曾佑在信中讲:"到津之后,幸遇又陵,衡宇相接,夜辄过谈,谈辄竟夜,微言妙旨,往往而遇。徐、利以来,始明算术;咸同之际,乃言格致。洎乎近岁,政术始萌,而彼中积学之人,孤识宏寰,心通来物,盖吾人自言西学以来所从不及此者也。(《天演论》为赫胥黎之学,尚有塞彭德之学,名《群静重学》,似胜于赫。又言中国大易确系非拉索非各种人之古书。自印度外,无及之者。)但理颐例繁,旦夕之间,难于笔述,拟尽通其义,然后追想成书。……不知生平有此福否?"

5月,严复和王修植、夏曾佑,在天津开始筹办《国闻报》,拟略仿英国《泰晤士报》之例,日报之后,继以旬报。

8月间,严复作《国闻报启》,托黄遵宪(字公度)送《时务报》刊登。

9月21日,严复与夏曾佑、王修植联名致函《时务报》催登《国闻报启》。

严复在信中说:“上月托公度观察袖呈《国闻报告》一通,求登贵报……现在资本已集,印机已购,开办之期即在来月,伏乞将前寄启文赶为登录。将来出报之后,南中各省埠,尚拟依附贵报派报处代为分送……”

10月26日,《国闻报》创刊号在天津出版。

《国闻报》报馆设在天津紫竹林法国租界地面。在创刊初期,严复、夏曾佑主办旬刊,王修植、杭辛斋负责日报。后来,旬刊停办,他们集全力于日报,严复总其成,经常为这份报纸写社论,均不署名,北洋水师学堂部分学生也参与了该报的编译工作。

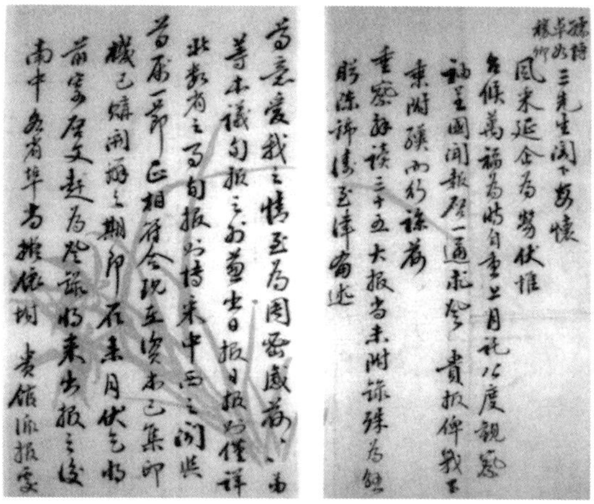

1897年9月21日严复与夏曾佑、王修植联名写给儒博、卓如、穰卿的信

《国闻报》每日印一张,八开,用四号铅字排印,毛边纸,单面印刷,对折成四页,每天约八千至一万字。旬刊名叫《国闻汇编》,每十天印一册,约计三万字,用三号铅字排印。

《国闻报》主要内容有:上谕及直隶制台辕门抄、路透社电报、社论、全国性重要新闻、地方新闻和外国新闻等。每月定价300文钱。

《国闻报》不仅登载国内外时事,并经常发表社论,宣传变法维新,是北方最有影响的报纸。

严复作有《〈国闻报〉缘起》一文,叙述该报宗旨:“《国闻报》何为而设也？曰：将以求通焉耳。夫通之道有二：一曰通上下之情；一曰通中外之情。”“阅兹报者，观于一国之事，则足以通上下之情，观于各国之事，则足以通中外之情。上下之情通，而后人不自私其利，中外之情通，而后国不自私其治。人不自私其利，则积一人之智力以为一群之智力，而吾之群强；国不自私其治，则取各国之政教以为一国之政教，而吾之国强。此则本馆设报区区之心所默为祷祝者也！”

严复是《国闻报》的主要负责人，从创刊到1898年10月14日，该报刊载的许多重要文章（社论）都出自严复的手笔。据王栻先生考订共有27篇。如：《〈国闻报〉缘起》《天津国闻报馆启》《驳英〈太（泰）晤士报〉论德据胶澳事》《论胶州章镇高元让地事》《论胶州知州某君》《书中国备赴美国费城商会事》《论俄人为中国代保旅顺大连湾事》《再论俄人为中国代保旅顺大连湾事》《论中国阻力与离心力》《论沪上创兴女学堂事》《中俄交谊论》《拟上皇帝书》《鸦乘羊者》《〈如后患何〉按语》《书本馆译报后》《论中国教化之退》《有如三保》《道学外传》《道学外传余义》《保教余义》《保种余义》《论治学治事宜分二途》《论中国分党》《说难》《时务报各告白书后》《论译才之难》《八月初三侯官严先生在通艺学堂演说西学门经功用》等文章。

严复等人在创办《国闻报》时，事先估计到会有各种麻烦，所以将报馆设在天津紫竹林海大道（今天津大沽北路）法租界地面，并请毫无社会知名度的福建人李志成为名义上的馆主；平时在王修植寓所商量报馆事务，从不到报馆办事。在此期间，严复常与王修植、夏曾佑、杭辛斋以及当时在天津小站练兵的袁世凯等人聚会，海阔天空地议论时局。同时严复还注意同顶头上司，新任直隶总督王文韶搞好关系。

第十七节 1897年11月北洋水师学堂第五届管轮班毕业

1897年11月北洋水师学堂第五届管轮班毕业。

本届有毕业生14名：

庞德辅 王开治 郑贞能 李克绪 李兆堂 冯鹤年 张 宏

张保泰 吴佩光 陶云鹏 蔡成耀 崔鸿臣 沈作谋 郑瑞民

其中：

王开治，字平轩，天津静海人。1897年第五届管轮班毕业后，先后在“海容”舰任正轮机和上海江南造船厂工程师。1906年被保送英国留学，入苏格兰沙尔船厂学校专学制造船舰技术，1910年学成归国，重回上海江南造船厂工作，后调天津大沽海军造船所任所长，并在北平大学兼课。后又出任上海民生实业公司总工程师。七七事变后，王开治在北平蛰居，不为敌伪所用。抗战胜利后，到台湾基隆港任职，后转任上海中华造船厂总工程师。20世纪50年代在北京船舶工业局任一级工程师和顾问。一生致力海军船舰制造业，为国内造船工业的先行者。

第十八节　1897年11月严复开始在《国闻报》上发表文章

1897年11月14日,德国借口山东巨野教案,派舰队强占胶州湾。

11月24日,严复在《国闻报》上,发表了“驳英《太(泰)晤士报》论德据胶澳事”。

在该篇文章中,严复驳斥了英国《太(泰)晤士报》支持德国侵略中国胶州湾。紧接着在11月25日,又发表了“论胶州章镇高元让地事”一文。

12月14日,严复在《国闻报》上,又发表“论胶州知州某君”一文,揭露胶州某君对入侵之敌奴颜婢膝的无耻行径。

12月15日,沙俄舰队侵入旅顺湾,强占旅顺大连。

12月25日至12月28日,严复连续四天,在《国闻报》上,发表了《书中国备赴美费城商会事》《论俄人为中国代保旅顺大连湾事》《再论俄人代守旅顺大连湾事》。

12月28日,《国闻报》还刊登了由严复撰写的《本馆告白》。

《本馆告白》言:“本馆原定章程专纪西北各省之事,至东南诸路报馆林立,一切新闻无俟敝馆赘述,……今本馆因特变通前议,凡东南各省如有重要事情,或关军国大计,或系民生利病,亦于各埠分托访事友人量为采录邮寄,择其尤要者登其报章,题曰东南各路新闻,以飨阅报诸君之责望。”

严复等人以《国闻报》为阵地,以通上下之情和中外之情为宗旨,编

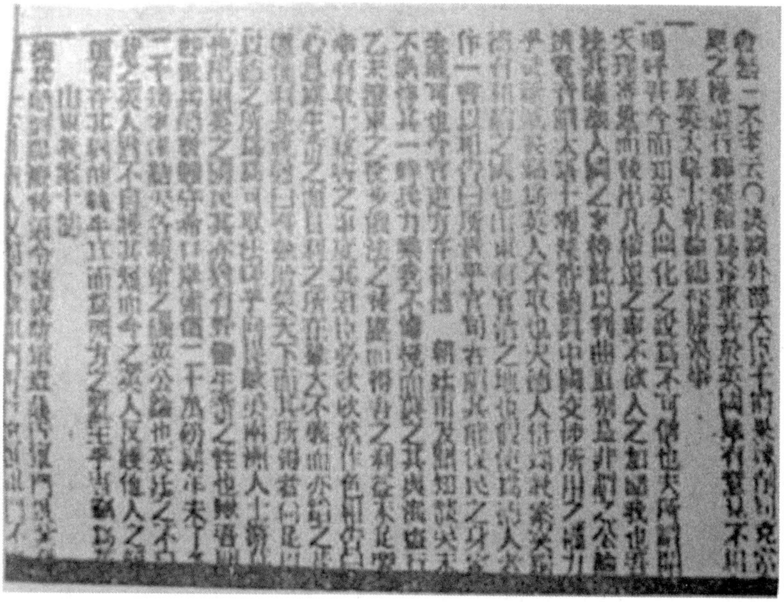

《国闻报》所载"驳英《太(泰)晤士报》论德据胶澳事"

发了大量的海内外新闻，积极报道维新人士的活动，并经常发表社论，抨击帝国主义侵略和国内顽固守旧分子，鼓吹维新变法。《国闻报》作为维新派的重要舆论阵地，创刊不久就成为北方最有影响的报纸，与上海的《时务报》构成南北呼应之势，被誉为当时南北维新变法舆论的"两颗明星"。《国闻报》从创刊到1898年10月14日，一年内共发表了42篇社论，其中，严复一人就撰写了28篇，为《国闻报》做出了重要贡献。

第十九节　1897 年 12 月《国闻汇编》出版，严复发表《译〈天演论〉自序》和《〈天演论〉悬疏》（未登完）；严复自费刊行侯官嗜奇精舍石印本《赫胥黎天演论》

《国闻汇编》主要刊登国外主要报纸的评论和各国纪闻，计划一年发行 33 期，全年订价四千文钱。

1897 年 12 月 8 日，《国闻汇编》出版第一期。刊登了严复的《斯宾塞尔〈劝学篇〉》（未登完）。《斯宾塞尔〈劝学篇〉》即以后严复翻译的《群学肄言》中的第一篇《砭愚》，但译文颇有出入。

12 月 18 日，严复将《天演论》译稿发表在《国闻汇编》第二册上，即《译〈天演论〉自序》和《〈天演论〉悬疏》（未登完）。

12 月 28 日，《国闻汇编》第三册出版，续登了严复的《斯宾塞尔〈劝学篇〉》。

1898 年 1 月 7 日，《国闻汇编》第四册出版，续登了严复的《斯宾塞尔〈劝学篇〉》和《〈天演论〉悬疏》。

2 月 5 日，《国闻汇编》第五册出版，续登严复的《〈天演论〉悬疏》。

2 月 15 日，《国闻汇编》第六册出版，继续刊登严复的《〈天演论〉悬疏》。

2 月 26 日，《国闻报》刊登启事，宣布《国闻汇编》停刊，没有出第七册，严复的《天演论悬疏》没有被连续刊登完毕。

从 1897 年 12 月 8 日，《国闻汇编》出版第一期，到 1898 年 2 月 15 日，《国闻汇编》第六册出版，二个多月的时间共出版了六册《国闻汇编》，严复在《国闻汇编》上，发表了《译〈天演论〉自序》和《〈天演论〉悬疏》（未登完）。将《天演论》的部分内容，尽先公开发表，与此同时，在1898年春，严复在天津还自费出版刊行了侯官嗜奇精舍石印本《赫胥黎天演论》。但由于印数不多，仅用于赠送亲朋好友之用，没有在社会上公开售卖，世人知道的人很少。

第二十节　1898 年 1 月北洋大学堂学生年终大考，直隶总督王文韶特派严复到堂当主考官

1898 年初，严复又为通艺学堂聘请了一名外籍教习。

1898 年 1 月 2 日和 3 日，严复连续两天在《国闻报》上，发表《论中国之阻力与离心力》，以物理比附政理。

1 月 5 日，严复拜会了直隶总督王文韶。

1898 年这一年，严复一改与李鸿章自觉保持距离的清高态度，注重同新任顶头上司直隶总督王文韶的关系，王文韶后来也多次对严复予以疏通保护。

1 月 6 日至 7 日，天津育才馆学生年终大考，严复任主考官。

育才馆创办于 1895 年，在馆学生 60 名，学习英语、理学诸科，总办为孙宝琦。

1 月 8 日，北洋大学堂学生开始年终大考。直隶总督王文韶特派严复到堂当主考官。

三年前的 1895 年 10 月 2 日，天津海关道盛宣怀通过直隶总督王文韶，禀奏清光绪皇帝设立新式学堂。光绪帝御笔钦准，成立天津北洋西学学堂，并由盛宣怀任首任督办，在盛宣怀和直隶总督王文韶的参与下，125 名新生入学吞纳学院，学院由此更名为天津北洋西学学堂。1896 年，北洋西学学堂正式更名为北洋大学堂，成为近代中国的第一所现代意义上的大学。

1898年1月10日和11日，严复在《国闻报》上发表《论沪上创兴女学堂事》。指出："名既为人，不以男女而异也，""妇女自强，为国政至深之根本。"该学堂系由经元善、严信厚、汪康年等创设于1897年11月。"学生以60人为额，教以洋文、汉文以及算学、绘图、医学、中外艺事等学"。

1月13日，严复再次拜会了直隶总督王文韶。

1月15日至17日，严复在《国闻报》上发表《中俄交谊论》。

严复之所以要写这篇文章，这是因为严复在1898年《国闻报》上所发表的反对沙皇俄国代保旅顺、大连的文章，与当时清政府幻想"联俄制日"的外交政策相冲突，并引起沙皇俄国的敌意，通过各种手段不断向《国闻报》施压，为了缓和这方面压力，严复一方面被迫违心地撰写了《中俄交谊论》，在《国闻报》上发表，一方面与日本驻华公使取得联系，试图利用日俄的矛盾，来抵挡俄国的压力。

第二十一节　1898年1月清廷开经济特科；严复在《国闻报》上发表《拟上皇帝书》

1898年1月27日，清廷开经济特科。

总理各国事务衙门大臣恭亲王奕䜣领衔上奏，对上年十一月，贵州学政严修对招“经济特科”人才议案予以支持。光绪皇帝依此批准了这个议案。

1月27日至2月4日，严复在《国闻报》上分九次发表不署名的社论《拟上皇帝书》。

这是严复的一篇长篇议论文章。在这篇洋洋洒洒的万言书中，严复首先指出中国面临着将要亡国的危急形势，举朝无能，上下没有为皇帝出谋划策抵抗侵略者，感到非常痛心。他分析了中国积弱的原因，认为中国的积弱，至今已达到极点，究其原因，“内治”占十分之七，“外患”占十分之三。

严复在《拟上皇帝书》中，明确指出，在外敌入侵的新形势下，继续用过去的办法治国是不行的，必须起用与古初不同的人才，来策外交而辅内理。他强调求财非难，而理财为难；求才非难，而知才实难。严复主张变法，但是，他看到了变法的难度极大，各方面交相关联，牵扯不清。他认为变法不仅增新，而且要除旧，补泻兼施，除旧布新。

严复在《拟上皇帝书》中，向光绪皇帝提出在变法前急需实行的救亡图存，先治标的三项建议。第一，“联各国之欢”，即同各国搞好外交关系,出访各国,对外宣示变法,结交主持公道的国家。第二,“结百姓之心”,就是笼络天下人心,借出访之便,到沿海各地巡视,检阅军队,振奋全国士气。第三,“破把持之局”,即打破贪官污吏盘踞要津,把持政局的格局,对顽固守旧的官吏,进行必要的斗争。

严复在《拟上皇帝书》中,最后概括了自己的观点:“以上三端,皆未变法之先所宜亟行者也。盖不联各国之欢,则侮夺之事,纷至沓来,陛下虽变法而不暇;不结百姓之心,则民情离涣,士气衰靡,无以为御侮之资,虽联各国之欢,亦不可恃,而不破把持之局,则摇手不得,虽欲变法而不能也。一其事在各国,二其事在万民,而三则在陛下之一心。”

严复在《拟上皇帝书》中,仅仅提出在实行变法以前,应该急需解决的三个问题。他还说:“既变法之时,陛下之所先宜行者四。”“所谓既变法所宜先者,臣请竭其愚陋,继今而言心。”他所说的四条,将要接着说,但是,想说却没说。他是在试探着发表政见,先提些次要问题,后再提出主要问题。但由于当时形势的发展,严复也就再也没有把四条意见发表出来。

当吴汝纶在读到《拟上皇帝书》这篇文章后,在1898年3月20日写给严复的信中,表示:“前读尊拟万言书,……独其词未终,不无遗憾。务求赓续成之,寄示全璧。”

1898年2月7日,《国闻报》发表《总理衙门奏教案办结胶澳议租折》一文。

该文揭露了清政府被迫与德议租胶澳事,引起“总署震怒”,下令严查这件事,并奏请北洋大臣王文韶将《国闻报》封禁。

2月21日,《国闻报》发表严复译自希腊《伊索寓言》中的《鸦乘羊者》一文。

严复生平所译,大都为专著。但此文系严复有感于时事而发所译的一篇短文。

3月上旬,严复所译斯密亚丹(亚当·斯密)《计学》易名为《原富》,

成书一册,寄吴汝纶商榷。

3 月 10 日后,夏曾佑复汪康年书,告以《国闻报》馆“国家压力,前者已去,后者方来,然尚能因应。至于馆中外交政策,则俄人与敝馆最为不合协,而东邻则与敝馆最合,其中情节,想尊处所闻,必有与实情大不同者也”。

3 月 15 日,时任总署章京的张元济复信给汪康年。

张元济在信中提到:“《国闻报》消息灵通……署中已三发封禁之议矣。”

3 月 22 日,由王学廉翻译的《始后患何》,严复为其撰写了按语,发表于《国闻报》。

第二十二节 1898年3月为了避免更大的麻烦,严复等人将《国闻报》假出让给时任《国闻报》记者的日本人西村博

1898年3月25日,夏曾佑致汪康年书:“敝馆因政府阻力太甚,俄人亦迭有违言。虽屡行设法消弭,终非持久之道。兹不得已,与东邻矢野君相商,借作外援,始得保全自主。俄人之发阻力不足为奇,可奇者政府也,然此正所以成为今日之政府也。”

文中“东邻矢野君”即指日本驻华公使矢野雄文。

3月27日,为了避免更大的麻烦,严复等人将《国闻报》假出让给时任《国闻报》记者的日本人西村博。

不过,将《国闻报》“假盘”给日本人,仍未使风波平息,仍有人不断弹劾《国闻报》及严复等人,他们以弹劾《国闻报》为陪笔,矛头直接严复。

3月28日,《国闻报》发布了西村博《告白》:“现因本馆前主自上年十月开办至今已历半载,只以成本未充,是以出盘与余。今自中历三月初六日为始,所有内外一切事情,均归敝处管理。”并开始在报纸上加印明治年号。

4月21日至23日,《国闻报》发表严复的《书本馆译报后》一文。

4月30日,严复又去拜会了直隶总督王文韶。

4月、5月间,严复又应张元济聘请,两次来到通艺学堂讲学,“考订功课,讲明学术”。作为张元济的至交,严复始终对通艺学堂给予了积极支持。

严复协助张元济开办的通艺学堂，在京师的影响日渐扩大，不仅得到了京城官员的首肯，也引起了光绪皇帝的关注。在百日维新期间，光绪皇帝召见张元济时曾询问过通艺学堂的情况，并勉励他说："要学生好好地学，将来可以替国家做点事。"

第二十三节　1898年5月光绪皇帝命王文韶查明《国闻报》馆现办情形及道员严复有无与外人勾串之事

1898年5月3日，光绪皇帝命王文韶查明《国闻报》馆现办情形及道员严复有无与外人勾串之事。

谕称："有人奏，天津设有《国闻报》馆，咸谓系北洋水师学堂总办道员严复合股所开，本年三月间，归日本人经理，而水师学生译报如故，应请饬查禁等语。……著王文韶查明该报馆现办情形，及道员严复有无与外人勾串之事，据实具奏。"

5月12日，夏曾佑给汪康年回信。

夏曾佑在信中提到："《国闻报》馆近日又为李木斋（李盛铎号）所劾，其折中劾报馆一层不过陪笔，而实则劾又陵（严复）。"

5月26日至27日，严复主持天津俄文馆"季考"。

5月28日，《国闻报》发表严复的《论中国教化之退》一文。

5月29日，严复再次拜会直隶总督王文韶。

6月1日至5日，北洋水师学堂举行"季考"。

王文绍特委王莞生赴学堂，会同严复在头三天考驾驶、管轮诸班，考以天文、驾驶、弧三角……等项。第四天，考以格致、化学……。第五天，考以汉文论说。

6月3日至4口，《国闻报》发表严复的《有如三保》一文。力赞保国、保种之说，而反对保教。

6月5日,《国闻报》发表严复的《〈道学外传〉》一文。

6月6日,《国闻报》发表严复的《〈道学外传〉余义》一文。当日,严复拜会了直隶总督王文韶。

6月7日,王文韶就参劾《国闻报》和严复事回奏朝廷。

王文韶在接到光绪皇帝的谕令后,派天津海关道李岷琛密查,李岷琛致函日本驻津领事郑永昌,询问"《国闻报》馆果否系日本人经理,并接自何人之手"。日本领事很快复函:"前《国闻报》馆主李志成,福建人,因亏本歇业,曾于中历本年三月初六日,出盘售与敝国士人西村博接办,自行经理,已据禀明有案,即于是日在报端刊布告白,兼列敝国年月字样。"

王文韶对严复甚为敬重,严复又多次拜会过王文韶,王文韶不想与严复等人过不去,也不想在自己管辖的地方出什么事,就回奏说:"今该道被参报馆合股,及与外人勾串各节,既查无其事,应仰恳天恩,免其置议。"为严复开脱。但又"谕饬严复并学堂学生等,嗣后不得再有只字附登馆报,以自取戾"。

不过,严复虽被谕饬"嗣后不得再有只字附登馆报,以自取戾"。但他还是我行我素,继续在《国闻报》上发表文章。

6月7日至8日,严复在《国闻报》发表《保教余义》一文。该文为《有如三保》一文的补充。

第二十四节　1898年6月慎始基斋版《天演论》正式刊行

1897年11月9日，严复新病初瘥，逼于公事来到水师学堂，会晤了吴汝纶之子吴子翔。当天并写信给吴汝纶说："复一病匝月，……本日逼于公事，来堂晤子翔玉润……拙译《天演论》近已删改就绪，其参引已说多者，皆削归后案而张皇之，虽未能悉用晋唐名流翻译义例，而似较前为优，凡此皆受先生之赐矣。……许序《天演论》，感极。改本已抄得两份，当托子翔寄一份去，恳先生再为斟酌，如可灾祸梨枣，公诸海内，则将备二、三百金为之。"

严复对吴汝纶的指点表示了感激之情，而且对吴汝纶答应作序也表示了谢意，并将修改后的译本抄录了一份，请求再为推敲。并表示将备二三百金为之公诸海内。

1897年冬，吕增祥在天津曾寓大狮子胡同"严公馆"，和严复切磋所译《天演论》。在严复翻译《天演论》过程中，吕增祥给予全力支持和帮助，后来在1901年南京富文书局出版的《赫胥黎天演论》，就是由吕增祥署检的。

1898年1、2月间，吴汝纶为《天演论》作序。

序云："严子几道既译英人赫胥黎所著《天演论》，以示汝纶曰：'为我序之'天演者，西国格物家言也。其学以天择、物竞二义，综万汇之本原，考动植之蕃耗。言治者取焉。……"

3 月 11 日，严复写信给吴汝纶。在信中，严复告知吴汝纶说，所撰写的《天演论》序言已收到，对序言非常满意并称赞说该序至少可以流传 500 年。

3 月 20 日，吴汝纶回信给严复。

吴汝纶在信中说："接二月十九日惠书，知拙序已呈左右，不以芜陋见弃，亮由怜其老钝，稍宽假之，使有以自慰。乃至以五百年见许，得毋谬悠其词已乎。鄙意西学以新为贵，中学以古为贵，此两者判若水火之不相入，其能熔中西为一冶者，独执事一人而已。"在信中表示了谦虚，同时又对严复的《天演论》作了高度评价，能熔中学西学为一炉，天下只有严复一人。吴汝纶同时高度评价严复的《拟上皇帝书》认为这篇万言书，是继王安石之后，仅见的一篇变法奏议。

当时有嫉妒严复的人，说严复是"能坐言而不能起行者也"，吴汝纶尝挫而折之曰："天下有集中西之长，而不能当大事者乎？往年严公多病，颇以病废事，近则霍然良已，身强学富识闳，救时之首选也，议者相悦以解。"

在信中吴汝纶还提到"吕君已视事，想少清暇商榷文字矣"。吕君当是指吕君止。

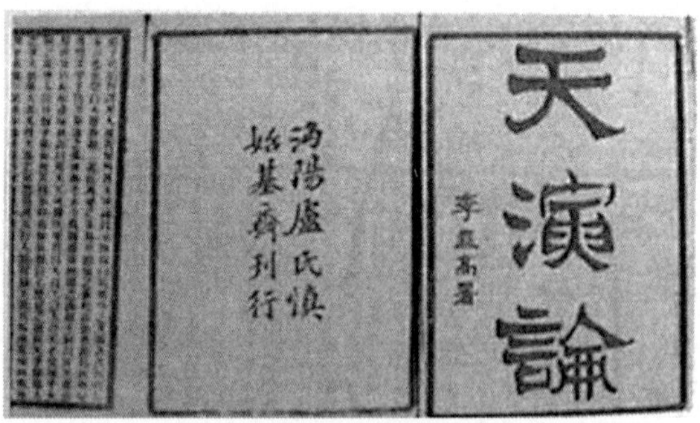

慎始基斋本《天演论》

以后吴汝纶又对序言作了一点修改，在当年孟夏始定稿。正式出版的《天演论》中的序言，末尾署"光绪戊戌孟夏　桐城吴汝纶叙"。

严复将修改后的《天演论》书稿借给朋友卢靖抄录，卢靖将书稿寄给其弟卢弼，他们都认为这部书应该早日出版，公诸海内，于是在湖北以“慎始基斋丛书”名义刊刻，在1898年4、5月间将校样本寄给严复，请严复审校，严复在6月8日完成慎始基斋《天演论》校样本的审校工作，共校改180字，将“悬疏”改为“导言”，各篇的篇首补写了篇名，还增补了“译例言”。该校样本现存南开大学图书馆。

6月10日，严复又对“译例言”进行了增订。

6月底，经严复校改后的《天演论》慎始基斋版本，正式刊行，这是《天演论》的第一个正式通行本，分上下两卷，木刻一册。

第二十五节 1898年6月光绪皇帝下《定国是诏》,开始维新变法;王文韶上书为严复请奖;林旭创立闽学会,严复与其相识

1898年6月11日,光绪皇帝下《定国是诏》,开始维新变法。

6月11日至12日,严复又在《国闻报》发表《保种余义》一文。该文亦为《有如三保》一文的补充。

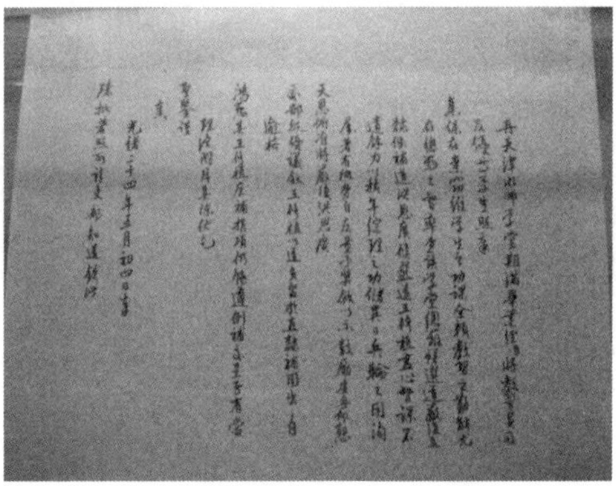

王文韶为严复等请奖奏折

6月15日,慈禧太后强迫光绪皇帝下令,命直隶总督王文韶,着迅即入觐,以大学士荣禄暂署直隶总督。

6月19日,王文韶上书为水师学堂严复等请奖。

在王文韶即将离开天津前,19日王文韶特上书为严复请奖。奏折中说,严复等“尽心督课,不遗余力,以积年综理之功,储异日兵轮之用,询属著有微劳”。建议将严复交吏部从优议叙。光绪皇帝在奏折上朱批,“著照所请,吏部知道”。

6月23日,清廷任命王文韶为户部尚书,在军机大臣上行走,和在总理各国事务衙门上行走。并实授荣禄为总督兼充办理通商事务北洋大臣。

荣禄到任后,严复也多次拜访了这位新顶头上司,与荣禄也保持有良好的密切关系,荣禄也借重严复的资望,委其办理一些事情。

6月28日,林旭创立闽学会,严复与其相识。

第二十六节 1898 年 7 月京师大学堂成立，管学大臣孙家鼐拟聘严复为总教习，但未果；8 月荣禄委任严复为洋务局会办及北洋水师营务处会办

1898 年 7 月 1 日和 7 月 2 日，严复在《国闻报》上刊登了梁启超等的《公车上书请变通科举折》，将“要求废止八股取士制度”等主张，公诸于社会。

7 月 4 日，京师大学堂成立。

京师大学堂是当时新创设的一所学堂，是现北京大学的前身，在全国具有特殊重要的地位。

7 月 14 日，汪康年写信给严复。

汪康年以严复所译斯宾塞“《劝学篇》（即后来严复所译《群学肄言》中的第一篇）中废可惜”，嘱严复“将原书寄沪，当令名手赓续成之，以公海内”。

7 月 17 日，管学大臣孙家鼐奏派张元济为京师大学堂总办，并拟聘请严复为总教习。

严复由于主办《国闻报》深受顽固守旧人士忌恨，多次遭到参劾，由于顽固守旧分子的百般阻挠，后来，“主其事者不知何故，忽易前议”，又改变了主意，严复担任京师大学堂总教习一事，终于流产。

7 月 21 日，荣禄札委严复，会同水师营务处的潘子静前往大沽口验收新从德国订购的“海容”兵舰。

同日，严复回信汪康年说：“兹承五月廿六日华缄，以拙译斯宾氏《劝

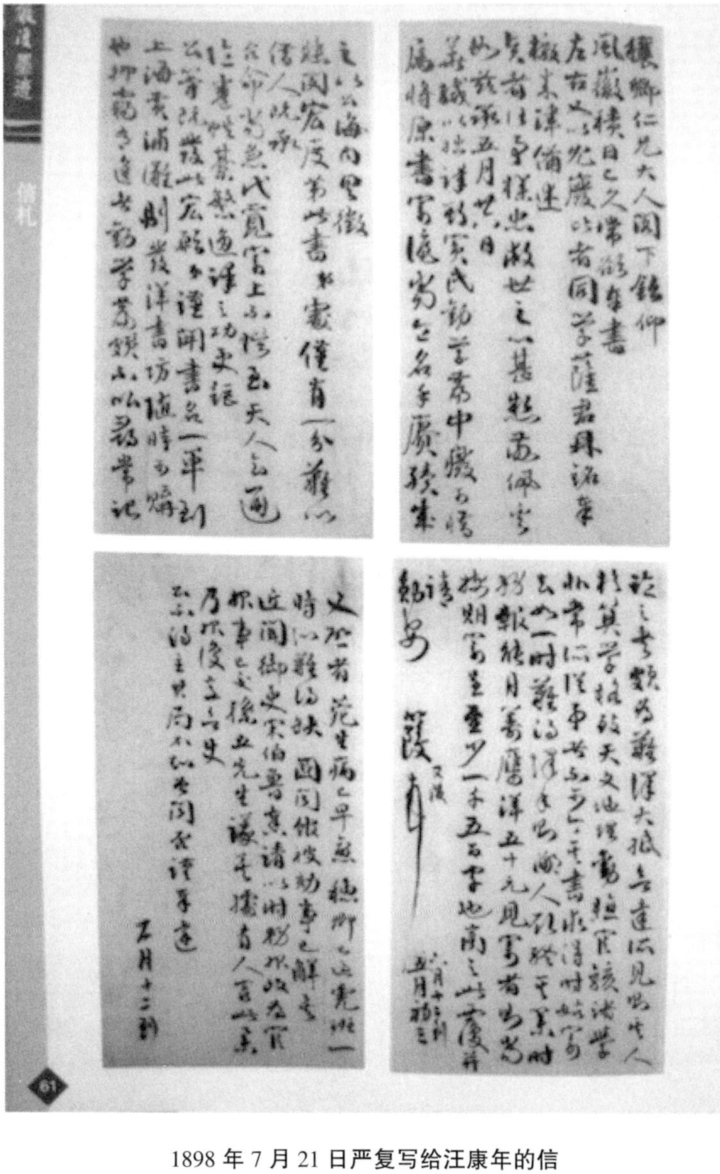

1898年7月21日严复写给汪康年的信

学篇》中废可惜，属将原书寄沪，……此书弟处仅有一份，难以借人；既承台命，当急代觅寄上，不误。……《劝学篇》不比寻常记论之书，颇为难译……非常所从事者不可。今其书求得时姑寄去；如一时难得译手，则鄙人愿终其业。《时务报》能月筹鹰洋五十元见寄者，则当按期寄呈，至少一千五百字也。……国闻馆被劾事已解矣。……”

7月24日，严复拜会了直隶总督荣禄。

7月26日，严复和潘子静等人，由天津乘船去大沽口，办理验收事宜。

7月28日至29日，严复又在《国闻报》发表《论治学治事宜分二途》一文，主张治学与做官分开。

7月31日至8月1日，严复又在《国闻报》发表的《论中国分党》一文，否定中国有西方式的“政党”。

8月上旬，严复译完《原富》第四册，寄吴汝纶商榷。

8月2日，荣禄又委严复为洋务局会办，与总办一起“总司洋务交涉事”。

8月4日，严复等在“海容”舰上，按“合同清单逐件点核”，验收完毕，回津。

8月5日至6日，严复又在《国闻报》发表《说难》一文，感慨报刊文章之难做。

8月9日，严复拜会荣禄，荣禄又委派严复为北洋水师营务处会办。

第二十七节　1898年8月顺天府尹胡燏芬推荐严复出应经济特科；少詹事王锡藩上《奏保人才折》，向光绪皇帝特别推荐严复

1898年8月17日，顺天府尹胡燏芬推荐严复出应经济特科。

8月20日，汪康年收到严复约在六月下旬写的信。

严复在信中，告知汪康年所要斯宾塞《劝学篇》已经找到另本并已寄去并提及梁启超草拟大学堂章程等事。

严复在信中说："启者，前得惠缄，敬已裁答，想蒙鉴矣。所谓斯宾塞《劝学篇》倾已检得另本，特邮几下。到日祈以数行见示，……俗冗稍暇，尚拟移翻。'五十饼'前言直与足下戏耳；使公竟诺之，则仆食言矣。……梁卓如大学堂章程颇为知言之累，岂有意求容悦于寿州、南皮辈流耶？……"

8月23日，吴汝纶回信给严复，说："惠书并新译斯密氏《计学》四册，一一读悉。……尊著万言书，请车驾西游，最中肯綮，又他人所不敢言……"

8月24日，荣禄又派严复前往验收新购的"海筹"号兵舰。

8月26日，严复又在《国闻报》发表《〈时务报〉各告白书后》一文。

8月29日，少詹事王锡藩上《奏保人才折》特别推荐严复。

奏折称："北洋水师学堂总办候选道严复，本船政驾驶学生，出洋学习，于西国典章名理之学，俱能探本溯源，精心研究，中学亦通贯群籍，著述甚富，水师情形，尤其所熟知专习。久在北洋供差，奉公之外，闭户寡

合，其人品尤为高卓”。

王锡藩认为严复“通达时务”，朝廷应“量才器用”。光绪皇帝因此批准严复来京觐见。被王锡藩同时推荐的还有林旭等人。

同日，光绪皇帝命“北洋差委候补道严复”来京，“预备召见”。

8 月 31 日，严复在直隶总督荣禄通知他，光绪皇帝要他来京，“预备召见”后，特别拜会了荣禄。

在《清代官员履历档案全编》中，保存有一份当时供光绪皇帝参阅的有关严复的履历，简要地介绍了他的经历：

“严复现年四十六岁，系福建侯官县人……光绪三年二月，挑选出洋，在英国格林大书院，学习各国通商交涉、律例公法、理财书、高等格致、算学、守口炮台、海军阵法，肄业三年，考取头等毕业……六年十月调派天津水师学堂洋文总教习，前后课导学生五百余人，派充海军将弁。十四年四月，报捐同知，双月选用，十二月因在水师学堂出力，经海军衙门保奏，请免选本班，以知府不论双单月选用，奉懿旨依议。十五年二月，奉委会办天津水师学堂事宜。十七年九月，因办理海军出力，经前北洋大臣李鸿章保奏，请以道员遇缺前先选用，奉旨允准。十九年十一月，委办天津水师学堂。二十二年七月委办俄文馆事务。二十四年六月，委办洋务总局，并会办水师营务处事宜。七月经少詹事王锡藩保奏，奉旨北洋差委候选道严复，著荣禄饬令来京，预备召见。”

9 月 1 日，严复又在《国闻报》发表《论译才之难》一文。

第二十八节　1898年9月严复到乾清宫觐见光绪皇帝

1898年9月4日，荣禄为严复奉旨进京预备召见，正式下发咨文。

9月5日，《国闻报》还登了一则消息，称严复“奉旨进京，预备召见”，“本日中堂已给咨文，严起程即在不日间”。

9月7日，严复在进京前夕给四弟观澜书写了一封信。

信中讲：“兄近极忙，顷得弟书，因明日即须晋京，预备召见，本属无闲作答，继念事有关系，此时若不直告尽言，日后必为吾弟所怪怨，故不得已而百忙中作此回信，句句是真，惟吾弟亮察而已，书中所言数年家境，兄所早悉，如能相助，兄不念吾弟，亦念先人，断无不代出力之理。但须知兄在此间，所办者系属公事，近又蒙荣中堂忝委海军处　差，再三嘱饬秉公剔弊。前未委此差时，口中言论，常以各管驾任用亲戚为非。岂可一旦操权，躬自为此？如人言何？且潘子静尚在营务处，与兄乃是对头，见兄所为，定必布散谣言，密禀荣相，于兄有大损。（潘家并无吃海饭之人，故船中无甚所荐者。）于弟无所益，智者行事，岂宜如此？且萨鼎兄亦非瞻徇情面之人，兄虽荐，恐未必收也。总之，北洋海军，果其认真重整，则后此管轮诸要差，须经洋总差考验，方得札委。兄在此任事，弟理应回避，无能为力。若欲想法，尚是南洋，如有缺眼，弟欲得者，兄不妨为作一书讨情也。千万不可贸贸来此，诸多不便。后来空出空返，兄有言在先，弟勿怪也。

廉叔初得一差，亦不宜在家延宕，有碍声名。闽人势绌力薄，凡事总在自己小心，方可长保耳。”

9 月 8 日，严复应光绪皇帝特急人才之诏，乘火车到达北京，预备召见。

严复抵北京后，寓居通艺学堂。当晚严复拜访了时任总理衙门章京上行走的郑孝胥，郑孝胥在日记中记有：“归寓，严又陵到馆，林季鸿同来。夜，与又陵谈，观所为《上皇帝书》，文辞深隽，诚雅才也。”

严复在寓居通艺学堂，等待召见期间，通艺学堂学生纷纷拜访，诸生请业者络绎不绝。

9 月 14 日，严复到乾清宫觐见光绪皇帝。

光绪皇帝向严复详细垂询办理海军、开办学堂以及其他方面的事情，奏对约三刻钟之久。

9 月 19 日《国闻报》刊登了这次召见的部分对话：

光绪帝：“本年夏间，有人参汝在天津《国闻报》馆主笔，其中议论可都是汝的笔墨乎？汝近来尚在《国闻报》主笔否？”

严复：“臣非该报主笔，不过时有议论，交于该馆登报耳。”

光绪帝：“汝所上报之文，其中得意文章有几篇？”

严复：“无甚得意者，独本年正月间有《拟上皇帝书》一篇，其文颇长，当时分作六七日登报，不知曾蒙御览否？”

光绪帝：“他们没有呈上来，汝可录一通进来，朕急欲观之。”

严复：“臣当时是望皇上变法自强，故书中多此种语，今皇上圣明，业已见之行事，臣之言论已同赘旒。”

光绪帝：“不妨，汝可缮写上来，但书中大意是要变什么法？”

严复：“大意请皇上于未变法之先，可先到外洋一行，以联各国之欢；并到中国各处纵人民观看，以结百姓之心云云。”

光绪帝（微叹）：“中国就是守旧人多，怎好？”

此外闻垂问事甚多,约奏对三刻钟之久。严观察既退,遂回寓,将春间登报稿本上紧修缮,以备进呈。

但是,还未等严复将《拟上皇帝书》,抄呈光绪皇帝,一个星期后就发生了"戊戌政变",维新变法宣告失败。

第二十九节　1898年9月严复在“戊戌政变”期间

1898年9月15日，光绪皇帝写了一份密诏给康有为等人，谕以政变危机，令筹对策。交由杨锐传出。

9月16日，光绪皇帝召见袁世凯，并下谕嘉奖，命袁世凯开缺以侍郎候补，专办练兵事务。

这一天，郑孝胥到位于象坊桥的通艺学堂，与严复晤谈良久。

郑孝胥在当天日记中记有“至象房(坊)桥通艺学堂访张菊生，不遇。与严又陵谈良久，见其侄君潜。……闻又陵言将开懋勤殿，选才行兼著者十人入殿行走，专预新政”。

9月17日，光绪皇帝又明谕康有为迅速出京，前往上海督办官报局。

但光绪皇帝暗中又由林旭带出另一个给康有为的密诏，令其速往上海，以待他日再用。

9月18日，严复在北京通艺学堂讲学，题目是《西学门径功用》。

是日除本学堂肄业诸生外，京官之好学者，相约听讲，不期而集者数十人。严复登坛说法，口讲指画，数点钟之久，孜孜不倦。

这一天郑孝胥亦到通艺学堂听严复演说，并在日记中记有“诣通艺学堂听严又陵演说《西学门径》，听者约四十人。以诗示又陵”。

这一天，御史杨崇伊密奏慈禧太后，呼垦皇太后即日训政。

这一天，康有为接到密诏，即与林旭、谭嗣同、梁启超、徐致靖等商讨救帝之策,决定由谭嗣同出面说袁勤王,当日,谭嗣同夜访袁世凯,劝袁助行新政,举兵杀荣禄。袁世凯假装应允。

9月19日,严复在通艺学堂会晤刑部主事王式通,为他书写了《界说五例》。

同日,《国闻报》报道了光绪召见严复的消息。

这一天,慈禧太后自颐和园还宫,直抵光绪皇帝寝宫,怒诘光绪皇帝,并尽括章疏携之而去,当日还迁光绪皇帝于瀛台。

9月20日,严复到郑孝胥馆拜访。

正好林旭也来到郑馆,林旭通报说“上势甚危,太后命新章京所签诸件,自今日惠呈太后览之”。郑孝胥在日记中记有“返馆,幼陵,暾谷(林旭)皆来。暾谷言,上势甚危,太后命新章京所签诸件,自今日惠呈太后览之”。

这一天,光绪皇帝接见伊藤博文,慈禧太后亲自在屏后监视。

这一天,袁世凯还面见光绪皇帝,请训后,即返天津,尽泄谭嗣同等密谋于荣禄。

这一天,得到风声的康有为离京,逃往上海。

9月21日,慈禧太后发动政变。

这一天慈禧太后以光绪皇帝的名义下诏训政,并下懿旨拿康有为。历103天的维新变法以失败告终。

这一天上午,梁启超访谭嗣同,正对各事有所计划的时候,忽闻政变和懿旨拿康有为,并抄南海馆(康寓所)的消息。

梁启超在午后二时赶到日本公使馆求救,当晚梁启超躲进日本公使馆,日代理公使将梁化装成猎人,乘火车去天津登上日本军舰,出逃日本。

谭嗣同表示:“昔欲救皇上,既无可救,……吾已无事可办,惟待死期耳。”竟日不出门,以待捕者。有人劝他逃亡日本,他坚决不走,准备赴死,他说:“各国变法,无不从流血而成,今中国未闻有因变法而流血者,此国之所以不昌也,有之,请自嗣同始!”

据说慈禧太后发动政变后“尝手书当时维新党之姓名，张诸座右，以志其恨”，而严复名列其中，经军机大臣王文韶全力挽救，严复免遭迫害。

这一天军机大臣大学士王文韶密示意严复离京。

9 月 22 日，严复离京返津。

9 月 22 日和 23 日，《国闻报》发表严复《八月初三日侯官严先生在通艺堂演说西学门径功用》一文。

9 月 23 日，严复在天津拜会直隶总督荣禄。

这一天，在勤政殿举行训政礼，光绪皇帝被幽禁于南海瀛台。

第三十节　1898年9月严复痛悼“戊戌六君子”

1898年9月25日，慈禧太后授荣禄为大学士，在军机大臣上行走，兼管兵部事务，袁世凯护理直隶总督兼北洋大臣。

这一天，谭嗣同、林旭、刘光第、杨锐、杨深秀、康广仁等六人被捕入狱。

9月27日，严复所主持的《国闻报》以《视死如归》为题对谭嗣同被捕前大义凛然的态度作了报道。

报道说：政变后，有某国驻京公使署中人前往谭嗣同处，以外国使馆可以设法保护之说讽之。谭嗣同曰：“丈夫不作事则已，作事则磊磊落落，一死亦何足惜。且外国变法未有不流血者，中国以变法流血者，请自谭嗣同始”。表达了对谭的敬意，此后《国闻报》还仍然发表指斥朝政的评论。

9月28日，谭嗣同等六人遇难，史称“戊戌六君子”。

谭嗣同慷慨就义时，年仅三十三岁，临终时的绝命语是：“有心杀贼，无力回天。死得其所，快哉快哉！”

“戊戌六君子”遇难后，严复沉浸在巨大悲痛中，作有《戊戌八月感事》诗一首：

求治翻为罪，明时误爱才。

伏尸名士贱，称疾诏书哀。
燕市天如晦，宣南雨又来。
临河呜犊叹，莫遣寸心灰。

严复借用典故，谴责顽固派的罪恶，为六君子惨遭冤杀鸣不平，并表达了不会“寸心灰”的志气。但，在当时形势下，严复未敢公开发表这首诗，仅在亲友间辗转传抄，该诗成为了严复诗钞的代表作。

严复在当年6月28日，林旭创立闽学会时，与其相识。短短的三个月，新朋顿成亡友。林旭，福建闽县人，是严复的同乡，沈葆桢的孙女婿，林旭遇难后，其妻服毒殉情，死前有《浪淘沙》词一首吊丈夫林旭。为此，严复专门作了一首长诗《哭林晚翠》：

“相见及长别，都来几昼昏。池荷清逭暑，丛桂远招魂。（余以戊戌六月晤晚翠而晚翠以八月遇难。）投分欣倾盖，湛冤痛覆盆。不成扶奡弱，直是构恩怨。忆昨皇临极，殷忧国命屯。侧身求辅弼，痛哭为黎元。大业方鸿造，奇才各骏犇。明堂收杞梓，列辟贡玙璠。岂谓资群策，翻成罪莠言！衅诚基近习，祸已及亲尊。倘恍移宫狱，呜呼养士恩。人情方翕訾，天意与偏反。……”

赞美林旭的文学才华和政治风度，哀悼林妻的悲惨遭遇，也表达了对光绪皇帝和维新人士的深切同情和对顽固守旧分子的憎恨。

另外，还有一首《古意》，又名《绿珠词》：

情重身难主，凄惨石季伦。
明珠三百琲，空换坠楼人。

这首诗也主要是伤悼林旭，凭吊林妻为丈夫殉情、林旭为光绪帝牺牲。后来，严复在给熊纯如的信中提及：“绿珠词……乃戊戌年为清德宗发愤而作，不仅指晚翠也。”说此诗也歌颂了光绪皇帝因发愤图强，锐意变法而遭幽禁的牺牲精神。

严复不仅写诗悼念“六君子”，而且还和别人私下哀悼“六君子”，誉称被害四个章京：谭嗣同为谭忠烈、林旭为林忠壮、杨锐为杨忠愍、刘光第为刘忠浩。

10月20日，郑孝胥在日记中记有：“闻前数日或劾严复、王修植、孙宝琦者，军机大臣为力救乃免。又有私谥四章京者，曰谭忠烈、林忠壮、杨忠愍、刘忠浩。日来《国闻报》指斥朝政，略无忌惮，意在挑衅。彼必有以待之者，惟又陵当益危耳。”

第三十一节　1898年10月《国闻报》及严复等又遭奏劾；严复委托叶祖珪到福建招生；《国闻报》转手日本人

1898年10月3日，为了和新上司搞好关系，严复去会见了护理直隶总督北洋大臣袁世凯。

10月7日，严复又去拜见新任直隶总督裕禄。

10月8日，严复至友少詹事王锡蕃、刑部主事张元济被“革职永不叙用”。不久张元济就去了上海。

10月9日，清政府命令查禁天津、上海、汉口报馆，并“严拿主笔”。

10月11日，江南道监察御史徐道焜又奏劾《国闻报》及严复、王修植、孙宝琦等人。后经军机大臣王文韶全力挽救，严复等暂免无事。

10月25日，严复拜见直隶总督裕禄。

10月27日，严复随直隶总督裕禄至大沽口检阅“海容”“海筹”“海琛”三兵船。

在这不久后，这三兵船就由叶祖珪率领驶往福建马尾船厂进行整修，临行前严复托叶祖珪在福建招收30名15岁左右的优秀子弟来天津水师学堂学习。

10月28日，署礼部右侍郎准良上奏，请旨密饬直隶总督，一见《国闻报》即行查办。

11月1日，《国闻报》以《通艺罢学》为题，报道通艺学堂被归并于京师大学堂的消息。

“北京向有通艺学堂，由已革刑部主事张元济创办。此学堂开设两年有余，堂中洋文书籍、图画以及仪器等件，亦均有规模。自张主政罢官以后，此学堂遂无人接办。肄业各学生因八股取士已复旧制，亦各意存观望，纷纷告退。张主政因将学堂中所有书籍，器具及积存余款开列清单，呈请管学大臣孙中堂将通艺学堂归并于大学堂，闻日前已由管学大臣派人接收。”

12月2日，清政府以候补道严复、王修植在报馆秉笔，屡被参劾，命直隶总督裕禄随时察看。

严复自感已到了最危险的境地，《国闻报》被迫停刊，次年转手于日本人。

第三十二节　1898 年 11 月北洋水师学堂第六届驾驶班毕业；12 月侯官嗜奇精舍石印本《赫胥黎天演论》在天津第二次刊行

1898 年 11 月，北洋水师学堂第六届驾驶班毕业。

本届有毕业生 14 名：

林葆纶　罗则均　曾光亨　罗序和　郑贞来　林永漠　江忠清
张嘉栋　吴梦兰　温世珍　余占元　陈钦宾　周禹铭　陈文成

其中：

林葆纶，1898 年天津水师学堂第六届驾驶班毕业后，曾任清海军部军储司司长。

曾光亨，1898 年天津水师学堂第六届驾驶班毕业后，曾任民国海军部军务司科员、科长等职。

温世珍（1877—1951），天津人，字佩珊。1898 年天津水师学堂第六届驾驶班毕业后，留学英国。历任李鸿章译员，海军见习，江苏铁道总管，民国时任金陵关监督、交涉员，参加过巴黎和会。后任直系军阀外事处处长。天津为日寇占领后，任伪市长，1943 年下台，解放后被人民政府以汉奸罪处决。

这是北洋水师学堂驾驶班最后一届毕业班，到 1900 年八国联军毁坏北洋水师学堂，严复共培养了六届共 125 名驾驶班毕业生。

12 月，侯官嗜奇精舍石印本《赫胥黎天演论》在天津第二次刊行。

该书名《赫胥黎天演论》，在这本书中，严复删去了译例言中“新会梁任父”五字。

第三十三节　1899年陕西味经本《天演论》刊行问世，《天演论》轰动全国

1899年，根据《天演论》译稿未定稿刻印的陕西味经本《天演论》刊行问世，但却署“光绪乙未春三月”(1895年)出版。原来，当事者叶尔恺于1897年11月1日接任陕西学政，将随身所带的《天演论》译稿未定稿抄本，私自交给味经售书处刊印，然而，按照定稿刻印的慎始基斋本《天演论》，于1898年夏天正式刊行，这给按照未定稿抄件刻印的陕西味经本《天演论》带来了被动，于是就谎称印于乙未(1895年)。

继1897年底《国闻汇编》发表《〈天演论〉悬疏》，到1898年春严复自己在天津出版嗜奇精舍石印本，到1898年夏天，慎始基斋本正式发行，到1899年陕西味经本的刊行问世，《天演论》在社会上的名声越来越大。

《天演论》出版后，很快轰动全国，使严复一举成名，它的文字精美，内容丰富，思想新颖，深受知识分子的喜爱。不但维新志士赞不绝口，就连青年学生也爱不释手，当时，青年鲁迅1898年到南京求学，购买了一本《天演论》，被其中的新鲜内容所吸引，不顾一位本家老辈的反对，只要“一有闲空，就照例地吃侉饼、花生米、辣椒，看《天演论》”。

鲁迅的好友许寿裳(1883—1948)，他们两人均熟读严复所“做”的《天演论》而会背诵其中重要的篇章。他们两人有一次闲聊中谈起《天演论》，许寿裳说，“鲁迅有好几篇能够背诵，我呢，老实说，也有几篇能背的，于是两人忽然把第一篇‘察变’背诵起来了”。鲁迅还因为很欣赏严

复的“一名之立，旬月踟蹰”的翻译精神，“给他一个轻松的绰号，叫作‘不佞’”。

鲁迅因为长期阅读严复的著作，他在自己的文章中使用了不少严译名词，对他来说，严复与众不同，“是一个 19 世纪末年中国感觉敏锐的人”。

第三十四节　1899年3月严复居所东邻失火,殃及天津大狮子胡同一号的“严公馆”;严复移居海大道德源里

1899年2月28日,夏曾佑写给汪康年的信称,因《国闻报》于戊戌政变后屡遭参劾,处境险恶,此时“国闻报馆已认真卖与日人”。

本月间,严复开始翻译英人约翰·穆勒的《自由论》即《群己权界论》。

3月11日,吴汝纶写信给严复。信中谈及严复“新译《原富》四册”事。

吴汝纶在信中讲:“斯密氏此书,洵能穷极事理,鑱刻物态,得我公雄笔为之,追幽凿险,抉择奥赜,真足达难显之情,今世盖无能与我公上下追逐者也”。

3月18日,严复寄信给吴汝纶。在信中严复论及新旧二学,认为二者“当并存具列,且将假自他之耀,以祛蔽揭翳”。并商讨译书中的一些问题。

3月24日,严复收到张元济一封信。(原函今佚)

3月26日,严复居所东邻失火,殃及天津大狮子胡同一号的“严公馆”,严复移居海大道德源里。

在天津历史上,位于今和平区内有三个德源里,其中一个在今和平区建设路上,现名为源茂里,在唐山道和保定道之间,但它属于旧英租界。还有一个说是在泰安道上,也是属于旧英租界。而严复所移居的海大道

德源里，应属于旧法租界，严复在1900年7月因八国联军攻占天津，而南下上海避难时，曾将该海大道德源里寓所，托请法国领事给予保护。关于这件事，严复在1900年11月13日写给孝明的信中写道："前者六月间，仓猝出津，……濒行，法领事许为保护加封，今乃复过旧居，始知早已为奸民囮诱洋兵，一哄散去，虽领事至无如何也。"说明该寓所"法领事许为保护加封"，"虽领事至无如何也"，是在法租界范围内，应在海大道，今和平区大沽北路营口道至张自忠路之间，今无存。

第三十五节　1899年4月严复回信给张元济，同意由南洋公学译书院刊行所译宓克《支那教案论》

1899年3月，山东义和团朱红灯部起义。

3月29日，张元济写信给严复。在信中张元济告知严复，南洋公学将设立译书局及欲刻印严复于1892年翻译的宓克《支那教案论》，并请教南洋公学译书院在翻译西书中遇到的一些问题。

4月初，严复回信给张元济。在信中严复对戊戌政变后的时局甚感失望，对张元济主持南洋公学译书院感到欣慰，并同意由南洋公学译书院刊行所译宓克《支那教案论》。

严复在给张元济的信中写道："近者叠接十三、十八两日尊缄。……十八书谓：南洋公学将有译书之局，俾公得安研其间，不觉为之狂喜。……承示欲印宓克《教案论》，甚善！甚善！……月之望夜，东邻不戒于火，弟适在局，举家雌弱，几被六丁取去；幸亲友扑救者多，昨于乱书检出，差喜瓦全。不然数载苦心，一炬尽矣！居室半毁，不堪更住，刻已移住海大道德源里新居。点检书丛，遗失损坏者不少。……来教命作序文，以心绪恶劣，不堪著笔，乞少辽缓之。……别纸所询数事，亦容迟十余日奉上。但弟有所密商者，则弟近灰心仕进，颇有南飞之思；欲一志译书，……谓南中倘得知我之人，月以一洋人之薪待我，则此后正可不问他事，专心译书，以饷一世人。弟于此事，实有可以自信之处。且彼中尽有数部要书，非仆为之，可决三十年中无人为此者；纵令勉强而为，亦未必能得其精义也。今南学中既已有意欲开此局，此诚莫大盛举。兄何不为我一探盛廷尉（宣怀）口风？如能月以四百金见饷，则仆可扫弃一切，专以译事为生事矣。……兄试为我谋之……成人之美，非兄而谁？”

严复在信中，告知张元济因大狮子胡同“严公馆”遭火灾，现已搬到海大道德源里。海大道德源里位于法租界，是当时福建会馆所在地。

严复在信中，还托张元济一探盛宣怀口气，欲南下专心译书。（但未见有下文。）

4月3日，吴汝纶写信给严复。

信中讲：“得二月七日惠示，以校读尊著《计学》，往往妄贡疑议，诚知无当万一，乃来书反复齿及……来示谓新旧二学当并存具列，且将假自它之耀，以祛蔽揭翳，最为卓识。……别纸垂询数事，某浅学，不足仰副明问，谨率陈臆说，用备采择。……”

4月5日，严复又写信给张元济，对张提出的在翻译西书中遇到的一

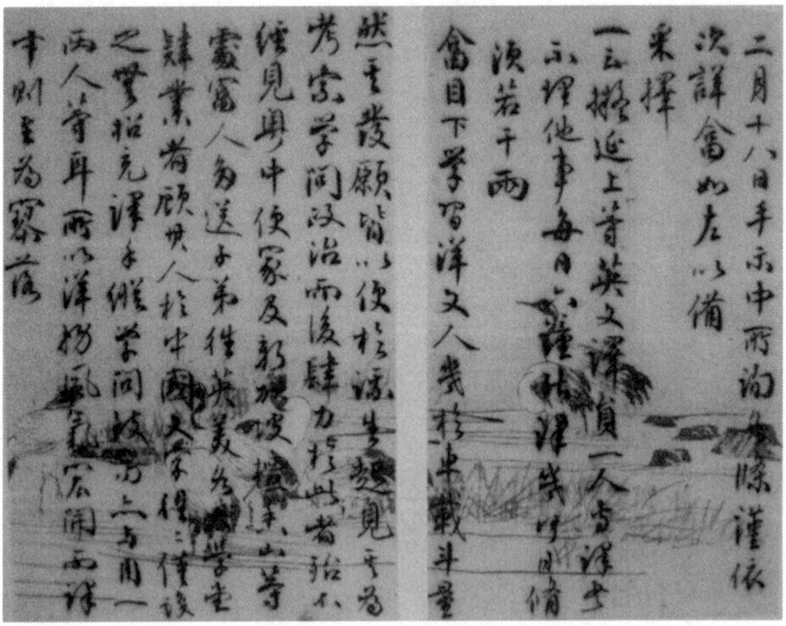

1899年4月5日严复写给张元济的信

些问题,一一作了详细的回复。

严复在信中讲:“二月十八日手示中所询各条,谨依次详答如左,以备采择。

一云:拟延上等英文译员一人,专译书,不理他事,……一问:门类以政治、法律、理财、商务为断,选书最难,有何善策?……一问:拟先译专门字典。……一问:选定书籍,发人包译,以复为总校。……一问:包译如何办法,如何给费?命复举所知译人。……以上就公所垂询者作鬲,恐不能悉当尊旨,然以复所见,实是如此,无如何也。……复前书有与公密商之事,旨即同此;通盘筹划,如是而后有功,非敢贪也。……”

严复在信中强调国内译才“寥落”,“欲得善译,可以岁月课功,断难以时日勒限”。对张元济提出“以复为总校”,严复说:“包译事诚简捷,总校复亦愿当。但译事艰深,至于政法理财,尤为难得好手。”严复在回答“所询各条”后,提出:假使由他来专办此译局,“则作法固将与公不同,大抵仿照晋唐人译佛经办法”。在信末,严复说:“总之,译才难得,公所深知;南洋公学有心为此,如必得佳书,非用复之言,殆不能至。”

第三十六节　1899年春严复对叶祖珪从福建招来的学生进行复试；4月严复到大沽口拜谢叶祖珪

1899年春,“海容”“海筹”“海琛”三舰整修后由马尾返抵天津大沽口。

叶祖珪不负严复重托,在福建时,从众多报考者中,优选30名考生,亲率他们随舰来到天津。严复亲自命题《西学之所以有用论》加以复试,结果全部合格录取。

1898年11月,北洋水师学堂第六届驾驶班毕业,1899年春夏间,第七届驾驶班开学。但北洋水师学堂在1900年被八国联军所毁,第七届驾驶班才开学一年,没能完成学业。

其中有一人名叫林献炘(1883—?),福建福州人。在第二年天津水师学堂被八国联军毁没后,转入广东黄浦水师学堂学习驾驶,1902年毕业,曾留学德国和奥地利,历任海军雷电学校总教官,海军鱼雷总操练官,国民党海军部海军军械司司长等职。

严复四弟严观澜的儿子严家驺(1884—1934),字伯鋆,也在这批录取的考生中,1900年随严复避难上海,后转入天津北洋医学堂学习,1906年在安庆高等学堂任监学兼英文教员,1909年去美国伊利诺大学学习,1913年到哈佛大学,1914年获博士学位。1917年回国先后任唐山工业学校教授、福建盐务总局局长、山西晋北盐务总局局长等职,于1934年病逝山西。

1899年4月,慈禧太后召见叶祖皂和萨镇冰。慈禧太后重新任命叶祖珪为北洋水师统领、萨镇冰为帮统。

水师统领衙门就设在天津紫竹林。叶祖珪和萨镇冰都是严复的同乡,又是福建船政学堂的同学,又一起去英国留学。1894年中日甲午海战时,叶祖珪任"靖远"舰管带。在1894年9月17日黄海大战中,旗艇"靖远"舰桅楼被毁,无从指挥全舰队,叶祖珪果断下令升起司令旗以代替,使北洋水师声势复振。在北洋水师覆灭后,叶祖珪被革职待罪天津。而萨镇冰时任"康济"练船管带,1895年1月30日,日军进攻威海,萨镇冰指挥守兵奋勇抵御,苦战10天,最后在丁汝昌命令下撤回刘公岛,北洋水师覆灭后,萨镇冰被革职回乡。

当严复得悉故友被重新起用要职,极为欣喜,特地前往停泊在大沽口的舰船拜访,严复说他们三人"同为船政官学生也,已而同登练船,遍历南北,联袂于日本,接席于英伦,至卒业而归也"。严复还对叶祖珪在福建用心遴选高质考生,再三道谢。

严复到大沽口拜会故友,这次故友相会,来的人相当多,他们还在舰艇上,拍了一张合影照片。从照片上看,有20多人,他们还都带来了内眷,夫人太太儿女们。前排坐着的是八位妇人,再前面地上坐着两个小孩,在两个小孩中间后面,坐着的穿一身浅色衣服的,是严复的妾江莺娘。第二排五个人,严复居中,站在江莺娘背后。第三排站得较高,在严复后面的是萨镇冰,萨镇冰的右边是叶祖珪,在萨镇冰和叶祖珪的旁边还各站立一个人。最后排站有四个人,站在萨镇冰和叶祖皂后面中间的人看上去年纪比他们小一些,还有二个人还高坐在舰艇的设施上。后面背景是另一艘舰艇。

山东画报出版社出版的《老照片》杂志,在1997年第四辑上刊登一张老照片,该照片就是从上述的合影照片中剪切而成,共四人,前面是严复,后面是叶祖珪和萨镇冰,再后面就是一个年纪比他们小一些的人。并配发了叶芳骐的署名文章,题目是《严复、叶祖珪、萨镇冰三位的交谊》。

1899 年严复(第三排中)和叶祖珪(第四排左三)、萨镇冰(第四排右二)

在大沽口“海圻”或“海天”舰上

叶芳骐是叶祖珪的后人,照片即由其珍藏。照片文字说明为“前坐者为严复,时任天津水师学堂总办;后左为叶祖珪,时任北洋水师统领;后右萨镇冰,时任北洋水师帮统;后中立者不详。1900 年春摄于天津塘沽”。实际上该照片应是摄于 1889 年春停泊在大沽口的舰艇上。不是四个人的单独合照,而是一张 20 多人合照中的四人剪切照片。

为了弄清该照片中的“后中立者”,到底是谁? 2004 年天津《今晚报》记者,专门采访了天津图书馆专司老照片管理工作的人员。他们把“后中立者”与《清末海军史料》书中,所刊登的“中国第一批赴欧洲留学海军学生”的半身像集,进行对照。该照片上共有严复、叶祖珪、萨镇冰等 13 人的半身照,他们确认“后中立者”名叫林颖启,林颖启甲午海战时任北洋舰队“威远舰”管带,后与叶祖珪、萨镇冰等 16 名海军将领被“暂行革职,听候查办”。他们认为严复去军舰拜访叶、萨之时,林颖启正在天津暂居,虽然还未被重新起用,但作为同乡、同学、同事,与严复同赴大沽口叙旧，也是很自然的事。

严复（前中）、叶祖珪（后左）、萨镇冰（后右）李挺之（后中）

福州《海峡都市报》于2006年12月23日，刊载了一篇“船政名人合影首现榕城”的报道，并附印了叶芳骐提供的，如上所述的严复、叶祖珪、萨镇冰等四人合影一帧，还指出四人照片中后排中立者为当时清海军洋督日意格云云。

查日意格是法国人，原船政洋监督，1877年被委为洋监管，带领严复等13名学生赴英留学，其年龄当比严复大许多，但从照片中看到的“后排中立者”：第一，不是西方人。第二，年龄要比严复小许多。第三，该照片，是在1899年所摄，严复时年45岁，日意格应当有五六十岁了，而且日意格早已离开中国。第四，该照片是一张20多人的集体照，如果真是日意格，其位置也绝不会站立在最后一排。所以“后排中立者”绝不会是法国人洋监督日意格。

那么“后排中立者”是谁呢？是林颖启吗？也不是的！因为：第一，林颖启（1852—1914）比严复大2岁，与叶祖珪（1852—1905）同岁，时年应为47岁，显然照片中的“后排中立者”比严复、叶祖珪要年轻许多。第二，如上面所述，因为该照片是从一张20多人的集体照中，剪切拓印出来的，所以，如果真是林颖启的话，他也不应该在集体照中，站在最后排，最少也应当站在第三排，与叶祖珪和萨镇冰同一排上。

那么，“后排中立者”到底是谁呢？

2003年笔者大哥严孝先收到他的同学李永健的一封信并寄来了张照片，该照片与叶芳骐所保存的严复四人照片是同一张照片，并告诉说

“后排中立者为乃祖李挺之”。李挺之,也是福州人,当年在烟台水师学堂任教习,谢葆璋(作家谢冰心之父)是该学堂总办。当时其子李仲杰也在该学堂学习,与严复的族弟严传有(严寿华)是同学,俩人相处甚密。严寿华由于认真勤学,成绩优异,毕业后分发舰艇实习,深得校长谢葆璋的器重,后由他亲自做媒,将其内侄女杨建中嫁给严寿华。而李挺之也将其孙李永健给严寿华做干儿子。李永健一直保存着这张照片,在祖宅福州原鼓西路 361 号被拆迁后,移居南京。李永健和严孝先是福州一中的老同学,又同在福建邮电部门工作,退休后原都在福州居住,知道严孝先是严复的族曾孙,所以特意复制一张,从南京寄到福州。

由此看来,照片上的“后者中立者”,既不是日意格,也不是林颖启,而是烟台水师学堂教习李挺之。

第三十七节　1899年7月北洋水师学堂第六届管轮班毕业

1899年6月初,坚仲路过天津,拜访了严复。

6月16日,张元济在上海,托杨渭春给身在天津的严复送去枇杷四筐。

6月17日,严复拜会了直隶总督裕禄。

严复提请在天津开办译局,裕禄开始“颇以为然”并“赞许所拟章程妥善,选书合宜”。但最后,裕禄认为每月要花费700到800元,经费难筹,没有同意。

6月18日,严复回信给张元济。严复除对赠送枇杷表示谢意并述及寓居失火后的情况,最后又还议论时局。

严复在信中讲:“前月杪坚仲道津见访……九日杨渭春来,带到手教及枇杷四筐,……译事自寓居失火,时时作辍,力微道远,未知何日脱稿也。……昨晤寿帅(裕禄),先陈明大旨;而帅则谓月费七八百金,恐经费之难出,……时局靡靡无足谈者,瓜分之局已成,鱼烂之灾终至,我等俯首听天而已。……枇杷价几何? 度不在十元以下。津门如有所需,望以见告,使得为木桃之报。……”

严复将已译完的《富国真理》寄给了张元济,但不知何故,《富国真理》最终并没有出版。

1899年7月,北洋水师学堂第六届管轮班毕业。

这一届有毕业生12名：

陈士廉　王拱辰　郑滋樨　张英绪　沈　琨　窦鸿钧　邵鸣琴

周有善　邓元辉　董春泽　刘葆初　郑葆丞

这是北洋水师学堂最后一届管轮班毕业生，一至六届管轮班，严复共培养了85名管轮毕业生。

严复从1880年到天津，至1900年离开天津，从天津北洋水师学堂驾驶学堂总（正）教习、会办至天津北洋水师学堂总办，历经二十年，在天津北洋水师学堂共培养了驾驶和管轮人才共210人，这些毕业生大部分成为海军界栋梁，许多人在甲午海战中阵亡，还有一些人，在其他领域也成绩卓著，如前总统黎元洪，前海军次长谢葆璋（谢冰心之父）、刘传绶，前交通总长吴毓麟，著名翻译家伍光健，前北洋大学教务提调王劭廉，前南开大学校长张伯苓等。正如王允指评论严复说："综在闽二年，北洋二十年，成就海军人才众多"。

除所列历届驾驶班和管轮班毕业生210人外，有资料显示，还有一些人，亦系北洋水师学堂毕业生，但有的不知是什么专业？有的不知是哪一届？有的是肄业生。如：

黄祖莲（1863—1895），安徽怀运人。1875年官费入美国海军学校习驾驶，归国后入北洋水师学堂驾驶班（哪一届不详）。先任"威远"舰见习，后任"济远"舰二副。1892年调广东水师广丙舰帮带大副，1894年参加甲午海战，1895年坚守威海遇难。

陈金揆（1864—1894），江苏宝山人，字度臣。官派留学美国，后奉召回国入北洋水师学堂驾驶班（哪一届不详）。毕业后任北洋水师"威远"舰教习、二副，"杨威"舰大副，1887年与邓世昌等人赴英、德购舰，后任《致远》舰帮带兼大副。甲午海战与邓世昌一起殉国遇难。

池兆瑸（1865—1894），福建闽县人，字钰夫。1881年由严复在福州招生来津，为水师学生肄业人。1883年入北洋水师任"镇远"舰三副，中日甲午海战阵亡。

孙仲英(1864—1949),江苏南京人。水师学堂毕业(哪班哪届不详)。曾任天津怡和洋行华账房,华俄道胜银行华账房,与德人合伙军火生意,1925年任上海华洋义赈会两主席之一,对江浙公益事业和天津地方的慈善事业出力很多。

丁士源(1879—?),浙江吴兴县人,字问槎。北洋水师学堂学习(哪届哪班不详)曾留学英国,民国后任段祺瑞副官长,后连任京绥铁路局局长,京汉铁路局局长,航空处长,龙烟铁路公司会办,直皖战争后在天津任《天津日日新闻》主笔,天津中华汇业银行经理。1932年任伪满洲国驻日大使。

温世霖(1870—1935),天津人,字支英。北洋水师学堂肄业,曾充清铁路大臣直隶督置,天津道署幕僚。创办天津普育女子学堂,主持《醒俗报》鼓吹维新。参加辛亥革命,后任众议院议员,国会议员,广东军政府参事。

第三十八节　1899年9月严复与日本著名汉学家的谈话

1899年8月18日,严复写信给张元济。

严复在信中言及:“弟暇时独以译书遣日,斯密《原富》已及半部,然已八九册,殆不下二十万余言也。刻已雇胥缮本,拟脱稿时令人重钞寄几下,但书多非可猝办耳。译局一节,上游尚所肯为,但要论部包译。包译有二弊:一潦草塞责,一名手价高,恐不乐出价。如《原富》一书,拟二千四百金,得无吓倒。故至今尚未成议也。……《国闻报》有死灰复燃之说,必不可信,大家做事尚需格外谨慎回避也。”

9月15日,日本著名汉学家、日本《万朝报》主笔内藤虎次郎访问天津,宴请严复与王修植。

内藤虎次郎在与严复见面之前,所得到的有关严复的信息如下:

“严复字又陵,福建侯官人,现为北洋候补道、水师学堂总办……严复年齿四十七,二十年前曾游日本,十年前赴英国游学三年,通英语,已将赫胥黎之书翻译、印行,名为《天演论》。”

他们两人见面时,采用笔谈的方式,其中论及翻译问题。内藤氏说阅读《天演论》之后,觉得“文字雄伟,不似翻译,真见大手笔”。严复则回答:“因欲使观者易晓,不拘原文句次,然此实非译书之正法眼藏。”又说:“近所译计学一书,则谨守绳墨,他日书成,当有以求教。”

内藤虎次郎回国后,出版了见闻录《燕山楚水》,其中记录了此次与严复的谈话。从严复的谈话中，我们可以了解到，严复翻译《天演论》之所以译得像秦汉散文，是因为“因欲观者欲易晓，故不拘泥于原文句次”。

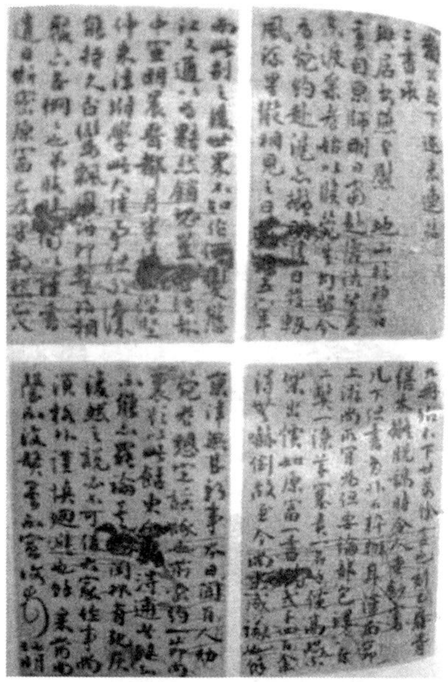

1899年8月18日严复写给张元济信的手迹

在交谈中，严复还回答了内藤虎次郎提出的，关于对国家财政和官员“中饱之弊”的看法。严复认为，国家富强之道是革新除旧，而国家“理财之大弊”，是那些主财政者，没有把有限的资金，用于推动国家改革的进步事业上去，而是用于“无益的军政”。严复认为，要防止出现“中饱之弊”，则首先须增俸养廉。

内藤虎次郎对与严复的这番谈话极为感动，尤其是在戊戌变法失败后，士大夫都钳口结舌，而严复仍坦然陈述己见，议论纵横，毫无顾忌，感到敬佩。

内藤虎次郎认为严复“是当地第一流人物”，“虽然政变以来，人家钳口结舌，莫有敢言者，他却往往谈论纵横，毫无顾忌”。并说已“拜读了大作《天演论》，文字雄伟，好像不是翻译似的，真是大手笔”。

第三十九节 1899年10月张元济向严复提出:拟以二千两银商购所译《原富》译稿

1899年9月24日,严复回信给张元济。

严复在信中说:“启者,前于穗卿处得读尊函,中言敝处译稿事,极感执事用情深挚。当时即托穗卿于覆书中径达鄙怀,刻穗已南下,想晤时当已提及也。愚意译书以上紧成书为第一义。果书已成,或鸠资自刻,或经售译局代印,均属易事。复匏系一官,家无儋石,果费二三年精力,勉成一书之后,能以坐得数千金,于家事岂曰小补?则台端之意,复无不乐从者,固可决也。

目下亚丹斯密《原富》一书,脱稿者固已过半,……弟今翻者,已到第四卷矣。拙稿潦草糊涂,现已倩人缮清。……俟清出几卷后,再商南寄,先行分刻与否可耳。……近复于北洋亦有请开译局之事,经上游属令选书包译。弟为选书十数种,分理财、武备、公法、制造四门,《原富》一书估价三千两,限三年蒇事也。此事裕帅颇以为然,并蒙赞许所拟章程妥善,选书合宜。但不知主议之支应局于此事如何措意置辞耳。总之,复译课总不放松,局成亦译,不成亦译;有钱译,无钱亦译。……

复近来亦有不能郁郁久居此之意,颇拟季秋之京,于当道有所钻仰。……每次见《清议报》,令人意恶。梁卓如于已破之甑,尚复哓哓,真成无益。平心而论,中国时局果使不可挽回,未必非对山等之罪过也。轻举妄动,虑事不周,上负其君,下累其友,康、梁辈虽喙三尺,未由解此十六字考注语；况杂以营私揽权之意，则其罪愈上通于天矣。……"

严复在信中议及《清议报》、康有为、梁启超同时还议及《国闻报》、荣禄等。但在信末严复说，"弟年来绝口不谈国事，至于书扎，尤所谨慎"，并要张元济"望阅毕即以付丙，不必更示他人"。

10月12日和13日，严复连接收到张元济的两封信。张元济在信中提出：拟以二千两银商购所译《原富》译稿。

10月31日，吴汝纶写信给严复。吴汝纶在信中说："盛京卿（盛宣怀）前过此，谈及我公，亦深相敬股。"

11月11日，严复回信给张元济。严复在信中说："启者，九月八、九两日叠接惠缄，备聆壹是。《原富》拙稿，刻接译十数册……承许以两千金购稿，感谢至不可言。……但刻下北洋亦有开设译局之事，制军责令各人包译，此部开列在前，估价乃三千二百两"。"拙稿在制军处翻阅，后来局议如何，制军批定何若，皆须十余日乃可揭晓，故于惠缄一时不能定议作答也……

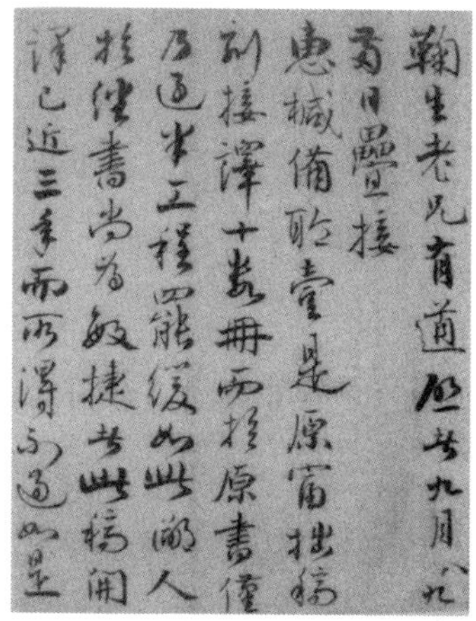

1899年11月11日严复写给张元济的信

穗卿想已返沪。……菀生本日晋都办引。……顷又闻孙慕韩将有高丽之行，……至于鄙事，尚是漠然无向，姑徐徐耳。

来书爱我之深，令人增缟纻之重也。前缄缮毕，久阁案头未寄，致时日不符，非邮者过也。……"

11月15日，郑孝胥给严复回了一封信。

11月16日，法国强迫清政府订立《广州湾租界条约》。对这件事，严复后来在十月二十八日写给张元济的信中，愤怒地指出："广州湾挟二岛偕去，法人如是，恐将有接踵而来者。天下事如下水船，置之无足道也。"

第四十节 1899年11月严复为在总理衙门中谋一职位，赴北京活动，但无果；严复同意由南洋公学译书院刊行《原富》；1899年底《支那教案论》由南洋公学译书院正式出版

1899年11月21日，严复为在总理衙门中谋一职位，赴北京活动。

严复在七天后才返回天津，他自己认为“所图颇有头绪”，但严复缺乏外援内应，又不善于在官场钻营，最后，还是未能如愿，没有结果。不过严复颇有自知之明，并不必得，听之自然，无容患得患失。

11月30日，严复写信给张元济。

严复在信中提到去北京之事：“复于本十九日为见爱者敦促晋都，七日而返，所图颇有头绪。第念生平进取之机，往往将成辄毁；今者此事，外无督抚之一保，内则译署之无人，虽前途力大，许以提挈，然而口惠之与实至，固断断乎不可同也。况声利之场，皆有捷足尖头之辈，复驽钝后时，庸讵必得，则亦听之天命而已，无容患得患失于其间也。”

严复在信中还告知张元济，同意由南洋公学译书院刊行《原富》：“《原富》一书译者太半，北洋译局一事，交主出纳者议，悠缓延宕，殆无成期，故前者曾托仲宣先为函达一切，想已登览。今拟分卷随钞随斠随寄。至于陆续上石刷印，抑俟书成之日全部影点，听凭尊裁。……此书开卷当有序述、缘起、部篇、目录、凡例、本传诸作，复意俟成书时终为之。……”

在信中，严复还提到：“复年杪拟往海上，有续弦之事，封河前南，开河后北，果不中改，则腊鼓声中，当有一番聚晤”。

1899年12月，吕增祥由山东临城到天津，和严复俩人相见极欢，各

问新作，吕增祥说：这一年十一月望，月当头，有诗赋之，颇以为佳，但读哀，不觉泪落惘惘耳。

严复后来在1918年写有一篇笔记，追忆这次相见情况及吕增祥的诗作《月当头》。

严复的笔记全文如下：

“忆庚子之前一岁己亥，亡友吕君秋樵增祥由临城寄见省臬于天津。相见极欢，各问新作。秋樵云，其年十一月望，月当头，有诗赋之，颇以为佳，但读哀，不觉泪落惘惘耳。余急叩其诗，曰：‘眼看一十一回园，霜雪凌竞共斗妍。台阁中间光

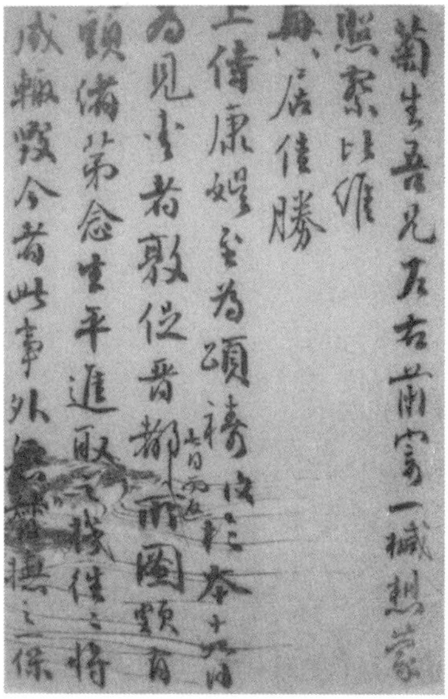

1899年11月30日严复写给张元济的信

严复长女严璸(左)和二女严璆(中)、三儿严琥(右)

欲尽,山河上界影犹全。相惊白发盈头出,为恐清晖后夜偏。甚识上元期不远,繁华可惜是明年。’

细读此诗,直是无一字一句虚设。口中说月,意中却是语语清朝。其云一十一回园者,清自太祖以来至于德宗十一世也,霜雪斗妍指外国也。三句谓人才消乏,四句谓疆域不完。五句谓老大帝国积弊呈现,六句谓内乱外侮将成偏安之局。结谓中国自有盛时,特非清朝而已。却句句是月,句句是月当头。”

1899年底,《支那教案论》由南洋公学译书院正式出版。在《支那教案论》卷首,有严复所作《支那教案论》提要一篇。严复所译《支那教案论》原稿现存西安交通大学档案馆。

1899年,严复译完《群己权界论》。

1899年,严复的长女严璸(1899—1968)在天津出生,字香严,系由江莺娘所出。

第四十一节　1900年1月严复请吴汝纶为《原富》作序;同时表示:“《天演论》索者日多,顾其文字尚须商量也”

1900年1月24日,吴汝纶写信给严复。

在信中吴汝纶告诉严复说,在李鸿章南下接任两广总督时,他曾一再向李鸿章推荐严复,但无结果。

1月26日,经元善联合沪上绅商致电总署,请光绪帝带病临御执政,要求中止废立之议,触怒了慈禧太后。“都下风谣,颇有絷维白驹之说”。

对此,严复后来在二月初二日写给张元济的信中,规劝友人“加意韬晦,上为老母,下为家室友朋,千万千万”。

1月29日,严复回信给吴汝纶。

严复在信中讲:“得廿四日手教,知合肥之南,猥蒙论荐,再番皆不得复,荐士行于不相习者可耳;若合肥之于贱子,相从将及廿年,而当用人之际,尚待旁人之推毂,虽成亦何足道乎!惟先生相为之深,则真可感也。……沪上之行,以孱躯不耐犯寒,秦望权船,上下不易,所以中辍,无他故也。……《原富》拙稿,新者近又成四五册,惟文字则俞益芜蔓,殆有欲罢不能之意……”

严复在信中感谢吴汝纶的推荐,但认为:他与李鸿章“相从将及廿年,而当用人之际,尚待旁人之推毂,虽成亦何足道乎!惟先生相为之深,则真可感也”。

在信中,他还请吴汝纶为《原富》作序:“《原富》未译者尚余五分之一，不以作辍间之，夏间当可蒇事。而成书后，一序又非大笔莫谁属矣。先生其勿辞”。

严复在信中又说：“《天演论》索者日多，顾其文字尚须商量也”。表示对《天演论》的译文，尚需商量修改。但严复在以后的时间里，因忙于翻译出版其他书籍等原因，所以一直没有《天演论》修订本出现。

严复在信中还提到原拟在冬天去上海续弦事：“沪上之行，以孱躯不耐犯寒，秦望权船，上下不易，所以中辍，无他故也。”

1988 年天津曲振明先生在天津古文化街购得一本旧书，这本书是《天演论》的第一个正式版本，为光绪二十四年（1898）卢氏慎始基斋刻印。该书内有大量的绿色字体的修改、增删和眉批，变动较多的有第二页天演论自序，在尾部做了很多增添；在第三页天演论上，导言二上方写有一大段眉批；在第十一页天演论下，论九后面的“复案”上方，又增添了一大段“复又按”等等。收藏者曾请有关专家鉴定，从字体及“复又按”的字句，推断为严复手迹。不知道什么原因该书会流散到民间，也许，严复已经对《天演论》进行了修订，但还没来得及联系出版，1900 年因八国联军攻占天津，严复全家“仓惶离开天津，避地上海，赁庐闸北长康里，群籍俱散失”时，散落到民间。

另外，1983 年曲振明先生在天津沈阳道古物市场，还购得严复书写的一副楹联：“月悬中宵万籁俱寂，雨洒六合一尘不扬”，在一尘不杨的“一”字左旁有严复签名“复”字，并盖有“侯官严氏”等两枚印章，有关专家推断为该副楹联是挂在自家的书房或客厅中，亦疑为 1900 年严复由天津全家避往上海时散落民间，有待进一步论证。

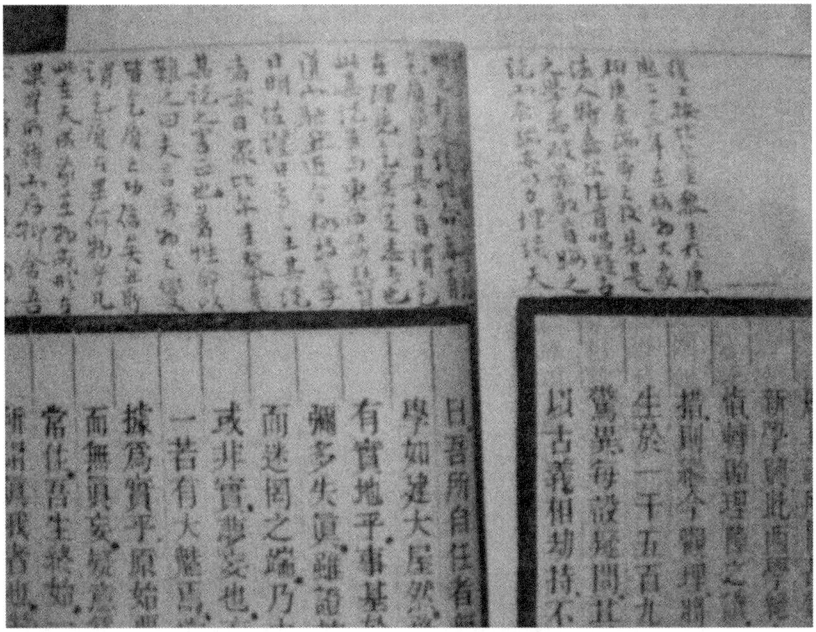

严复在论九后面的“复案”上方，亲笔又增添了一大段“复又按”的眉批

严复楹联“月悬中宵万籁俱寂，雨洒六合一尘不扬”

第四十二节　1900 年 3 月严复向张元济提出:“能否于书价之中坐抽几分,以为著书者永远之利益”

1900 年 2 月 15 日,张元济写信给严复,建议将《原富》译稿中音译之字“作一备检,方便来学”。

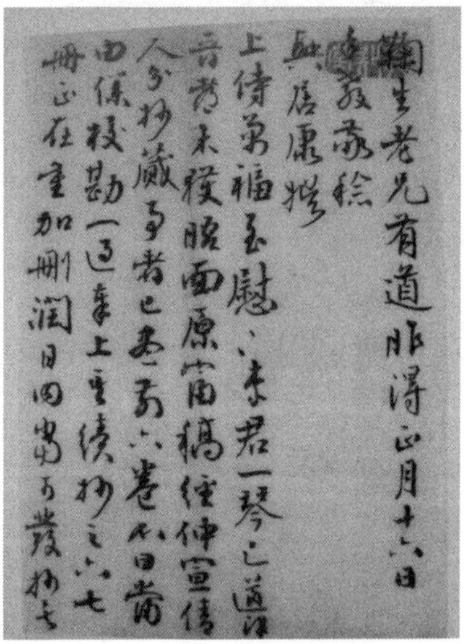

1900 年 3 月 2 日严复写给张元济的信

3 月 2 日,严复回信给张元济。

严复在信中讲:“昨得正月十六日手教,……《原富》稿经仲宣倩人分抄,蒇事者已尽前六卷,不日当由仆校勘一过奉上。……刻已译者已尽甲乙丙丁四部,其从事者乃在部戊《论国用赋税》一书之约,若不以俗冗间之,则四月间当可卒业。但全文尽译之后,尚有序文、目录、例言及作者本传;拟加年表,不知来得及否。又全书翻音不译义之字,须依来教,作一备检,方便来学。又因文字芜秽,每初脱稿时,常寄保阳,乞吴先生挚甫一为扬搉,往往往返需时。如此则译业虽毕,亦须两月许方能斟酌尽善。……已抄之稿,当交李君带南,抑仆于月底赴沪自携呈政,……仆尚有鄙情奉商左右者,则以谓此稿既经公学贰千金购印,则成书后自为公学之产，销售利益应悉公学得之；但念译者颇费苦心，不知他日出售，能否于书价中，坐抽几分，以为著书者永远之利益。……余相见不远，俟晤面罄。”

严复在本封信中谈及《原富》进度，并赞同张元济的建议，将“全书翻音不译义之字，作一备检，方便来学”。

在这封信中，严复还提到该书的版税问题：“此稿既经公学贰千金购印，则成书后自为公学之产，销售利益应悉公学得之；但念译者颇费苦心，不知他日出售，能否于书价之中坐抽几分，以为著书者永远之利益”。后来张元济答应了严复的要求，同意“以售值十成之二见分”，这是我国最早涉及版权问题的一部书。

严复在这封信中，还就当时涉及到菀生的讹传，规劝朋友“加意韬晦，上为老母，下为家室友朋，千万千万”。信中还请张元济，为弄清夏曾佑是否在《清议报》册后，登有夏曾佑吊六君子诸诗，并居然将其大名明白著布，就近一查，并请立即写信给夏曾佑，“属其设法速止；徒祸身家，于时无毫末之益”。

第四十三节　1900 年 3 月底严复由天津赴上海,娶朱明丽为继室

《天演论》正式出版发行后,南京的一位女学生朱明丽,中英文兼通,看了《天演论》后,对严复极为崇拜和好感,并扬言非严复不嫁。

当时江莺娘因得有精神病症遗传,与严复共同生活不及数年,即时发时愈,初始时还不十分严重,后来病情转剧,偶一失常便会纠缠到好几个月,实际上已不能主持家务。当时挚友萨镇冰和堂弟严观澜都不断劝严复再娶继室,严复也认为事出无奈,就决定娶朱明丽为继室。

时黄遵宪在家中,闻严复在上海娶继室朱明丽,曾作诗一首:"一卷生花《天演论》,因缘巧作续弦胶,绛纱坐帐谈名理,以倩麻姑背蛘搔。"给予"奉怀"。

4 月 6 日,英、美、德、法四国公使照会总理衙门,要求清政府两月之内"剿灭"义和团。

4 月 14 日,章炳麟(太炎)写信给夏曾佑。

章炳麟在信中,告诉夏曾佑说:"(严)又陵观察来沪,示步君原韵二章,(即指严复的《和夏穗卿二首》)……又陵适至,乃以拙著二种示之,必当有所纠正,亦庶几稽康之遇孙登也",对严复推崇备至。

4 月 17 日,严复写信给章炳麟。

严复在信中称:"前后承赐读《訄书》及《儒术真论》,尚未卒业。昨复得古诗五章,陈义奥美,以激昂壮烈之韵,掩之使幽,扬之使悠。……"对

严复与朱明丽夫人

章炳麟也极为推崇。

4月18日,郑孝胥的日记中记有:“得柽弟书,言严又陵在沪续弦,娶南京朱氏女。朱通英文,自言必得如严者嫁之。严闻而娶为继室,亦快谈也。”

因戊戌政变而被放逐回乡的黄遵宪,在1899年也听说严复拟在年底南下续弦,在该年作续怀人诗一首《怀严又陵》,以表祝贺。但黄遵宪不知道真否有这回事,在1900年又给严复写了一封信《致严又陵书》云:“闻公在申江,因大著作,而得一好姻缘,辄纱诗奉怀,然未审其事之信否也?”

直到1902年,即将走完人生道路的黄遵宪,才把《怀严又陵》抄寄给严复,向朋友献上一份迟到的礼物:“一卷生花《天演论》,因缘巧作续弦胶,绛纱坐帐谈名理,以倩麻姑背蛘搔。”真可谓《天演论》还成就了一段好姻缘。

第四十四节　1900 年 4 月严复返回天津；6 月八国联军尽毁北洋水师学堂，北洋水师学堂遂告终止；7 月严复全家赴上海避难

1900 年 4 月下旬，严复带继室朱明丽返回天津。

此时义和团已进入北京，天津义和团甚是势盛，大造“灭洋”的舆论，处处设坛。反对帝国主义侵略的义和团运动已在北方大地迅猛发展。

5 月间，严复亲家吕增祥调离南宫到保定领委，“乃以拳匪事起，留省当差”。吕增祥并将家眷迁移至献县。

6 月 10 日，俄、英、美、日、德、法、意、奥等八国，以保护教堂等为名，组成的八国联军，从天津向北京进犯。

6 月 17 日，八国联军攻占大沽炮台。

6 月 21 日，清政府利用义和团运动对外“宣战”。

6 月 26 日，八国联军尽毁天津东局子的天津机器总局及北洋水师学堂，学生星散，北洋水师学堂遂告终止。

7 月 6 日，沙俄调集了十余万大军，大举侵入中国东北。

对此事，严复在《原富》部丁篇七“按语”中，愤怒指出：“甲午东事以还，彼族常以剖分支那为必至之事。……独长城以外，生齿较稀，辽沈之间，土地尤美，动植以近海而滋，矿产以近极而积。则俄罗斯视为禁脔，而在所必争矣。且以远近形势言之，俄于支那，其情亦与各国异也。故中国之大患终在俄。”

7 月 12 日，在天津失陷前夕，严复全家随难民从租界码头搭船仓皇

离开天津,赴上海避难。

严复在租界码头候船时,恰好被水师学堂的英国教习马克里希看见,后来马克里希在回忆文章中写道:“在人群中我看到了严复,他是中国海军人员,一个进步的开明绅士。这一次船运,差不多把所有的南方人都送走了。”

随严复离开天津的还有堂弟严又甫(严复五叔父严厚甫之子)、侄儿严家驺(严复堂弟严观澜之子)、族侄严伯勋(严复族兄严传慎三子,早年参加同盟会,1912 年 1 月,在北京曾参与行刺时为清廷内阁总理大臣袁世凯的行动),族侄严家井、严培南兄弟等人随行,“所有书籍,俱未携带,《群己权界论》译稿,及知交函札……就中以湘阴郭待郎(郭嵩焘)来书为最多……积年以来,不下数百十通,亦均散佚”。

赴沪途中,严复次子严瓛(文殊)不幸染疾,奄奄一息,由随行的人轮流抱着,当时杯水难寻,极度慌困。严复急得六神无主,时而喃喃念佛,时而向菩萨大许其愿,时而又静默祈祷上帝保佑。不久,严瓛夭殇。严瓛是严复儿女中最聪明、也最得严复宠爱的孩子,他的夭折令严复伤心不已。

七年之后,严复在 1907 年写给曹典球的信中,还提到“中年以降,感逝伤亡多矣。独季廉与第二小儿名文殊者,最为悼痛,至今脑影间犹时时发现,自愧不能太上忘情”。

严复从此结束自 1880 年至 1900 年的天津北洋水师学堂的二十年生涯,从筹设到终止,严复可谓与北洋水师学堂相始终矣。

第四十五节　1900年7月严复在上海创建“名学会”;秋天收熊季廉为弟子

1900年7月严复一家由天津抵达上海后,赁居闸北长康里,当时连生活费都没有了,只得向妹夫何心川借了100元。

7月26日,严复参加唐才常在上海召开的“中国国会”,被举为副会长。

7、8月间,严复在上海创建我国第一个“名学会”,并任会长,系统讲演名学(逻辑学)。

8月22日,唐才常在汉口被捕牺牲,参与“中国国会”的首要成员被清政府通缉,严复遂躲进租界避祸。

本年夏天,严复长子严璩从英国留学回国,在上海“日报馆主笔”。妻子吕韫清搬离天津到上海与严璩团聚。

本年秋天,熊季廉(名元锷)到上海,拜严复为师。“先以书自通,继而执贽造吾庐,求得著籍为弟子”。

严复后来在《熊生季廉传》中说:“庚子。尔时中国北方大乱,欧、美、日本之兵聚于京师。皇帝奉太后西居陕,而复亦避地江南。江南与各国为互保约,幸无恙。秋,季廉至上海,先以书自通,继而执贽造吾庐,求得著籍为弟子。”

第四十六节　1900年10月严复随“上海救济善会”赴京津一带救济难民

1900年10月15日，“上海救济善会”赴京津一带救济难民，严复与其一起登“爱仁”轮北上。

严复在上海，心中还惦记着天津德源里寓所的安全，虽然他在离开天津时，法国领事允诺给予保护，但还是放心不下。遂在今天随“上海救济善会”主办陆树德等一起登“爱仁”轮北上。同行者，尚有德医官贝尔榜，德人喜士及陈秀同等。

10月23日，严复与德国医官贝尔榜从塘沽乘火车进入紫竹林。

随后，严复同陆树德、陈敬如等人与都统衙门秘书长丁嘉立、税务司德璀琳商讨在天津城平粜粮食、掩埋尸骨等救济事宜。

在天津严复亲眼看到了外国侵略军的罪行、看到了被哄抢一空的寓所，满腔悲愤，未等救济事毕，因事提前先回了上海。

第四十七节　1900 年 11 月 13 日严复回到上海，写信痛斥八国联军外国侵略者疯狂掳掠的行动，天津德源里寓所被哄抢一空

1900 年 11 月 13 日，严复回到上海后，给友人孝明写了一封信，言及这次在天津他亲眼所见外国侵略者疯狂掳掠的行径。

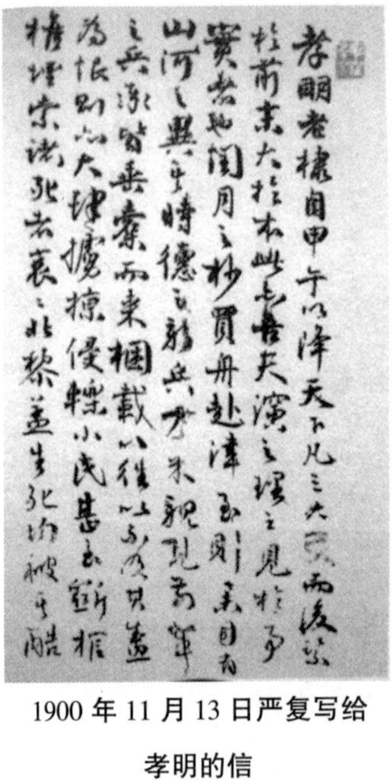
孝明老棣：自甲午以降，天下凡三大變，而後繁於前、末大於本，此亦吾天演之理之見於事實者也。閏月之杪，買舟赴津，至則舉目有山河之異，其時德之新兵方來，親見前軍之兵，率皆垂橐而來，捆載以往，以不及其盡為恨，則大肆擄掠，侵轢小民，甚至斫棺椎埋，索諸死者，哀哀北黎，蓋生死均被其酷

1900 年 11 月 13 日严复写给孝明的信

严复在信中说："自甲午以降，天下凡三大变，而后繁于前、末大于本，此亦吾天演之理之见于事实者也。闰月之杪，买舟赴津，至则举目有山河之异，其时德之新兵方来，亲见前军之兵，率皆垂橐而来，捆载以往，以不及其尽为恨，则大肆掳掠，侵轹小民，甚至斫棺椎埋，索诸死者，哀哀北黎，盖生死均被其酷也。"外国侵略者除抢掠之外，杀人亦是无数，严复在信中还愤怒地写道："陈尸遍野，救济至垒埋，所封不知凡几。"不仅津沽大地到处都是已埋和待埋之人，京师也未例外，信中说："颇闻京门士大夫，遭虐尤甚。……虽巨富之家，寡有全者，刻密云一带，龙种所聚，大都面有饥色，身无完肤。"

在这场浩劫中，严复也未能幸免，他在法租界海大道德源里的寓所，也被洋兵哄抢一空。他在信中提到："兄此行，原为私图，前者六月间，仓

猝出津，衣裳书籍，至一切生事所需，不过十一挟者，濒行，法领事许为保护加封。今乃复过旧居，始知早已为奸民囮诱洋兵，一哄散去，虽领事至无如何也。生平颇有述作、稿本不知何所。心为所存，尤足痛惜！即衣皿群碎，亦皆廿年积累，今乃一无所有。北风为厉，不知与家人妇子，何以相将卒岁"，严复在信中还颇失望地叹息道："方今世风劣薄，将伯遒废，雪中赠炭，殆无其人。闽某观察与仆素稔，始谓仆'誓将同其甘苦'，后与其商，则掷下百元，掉头不顾，窘急待命之顷，安用此口惠而实不至者耶？"

看来，严复是本想乘北上救济难民之机会，回天津看看德源里寓所的情况，如果一切正常，似乎还是想把全家搬回天津，但寓所被哄抢一空，要搬回天津居住，一切都要重新置办，要用不少钱，开始还誓与严复"同其甘苦"的老熟人、又是同乡的某观察大人，到严复真的找他商量的时候，仅"掷下百元，掉头不顾"，严复处于孤苦无援之状，严复极其悲痛地感叹道："窘急待命之倾，安用此口惠而实不至者耶？"

第四十八节　1900年底严复在上海，生活没有来源，只好卖文为生

严复在上海，生活没有来源，只好卖文为生。金粟斋译书局蒯光典向严复提出请译《穆勒名学》，严复即向蒯光典提出借款3000元，然后由蒯光典创办的金粟斋收买出版他即将翻译的《穆勒名学》一书，作为译费抵债。

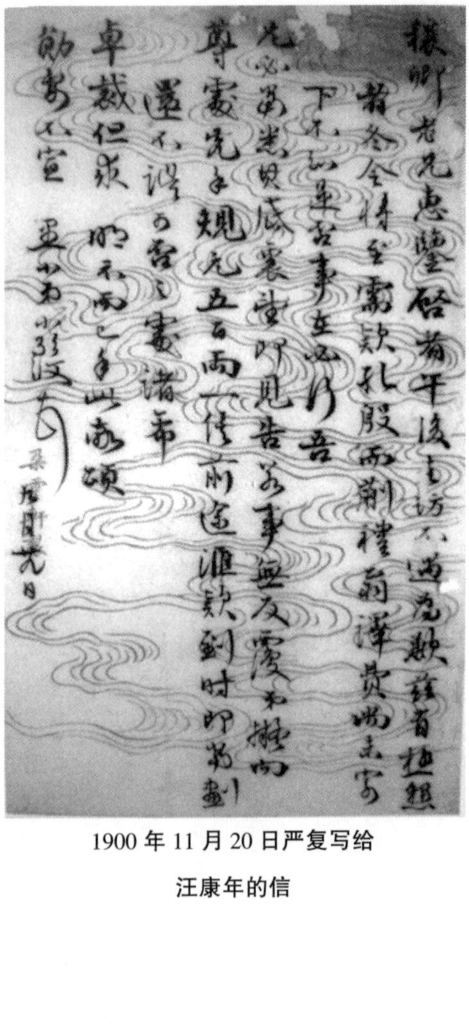

1900年11月20日严复写给汪康年的信

但冬令将至，严复一家急需用钱，而蒯光典许诺的译费尚未寄到，严复拿不定此事是否可靠。遂在1900年11月20日，严复致函汪康年，向他商借500两以解燃眉之急。

严复在给汪康年的信中讲："启者，午后走访不遇，为歉。兹有极恳者：冬令将至，需款孔殷，而蒯礼翁译费尚未寄下，不知是

否事在必行。吾兄必当悉其底里，望即见告。若事无反复，弟拟向尊处先手规元五百两；一俟前途汇款到时，即当划还不误。……”

在八国联军侵华的这场浩劫中，严复长期执教的北洋水师学堂遭到彻底破坏，严复失去了全家赖以生存的工作，最钟爱的二儿子在逃难中夭折，天津寓所被哄抢一空，财产付诸东流，在上海只得靠翻译，来维持全家生活，甚至还得借债度日，真是国仇家恨集于一身。

第四十九节 1901年初春严复对《天演论》进行了校改

1901年初春，严复对《天演论》进行了校改。

严复在本年初春期间，连续给熊季廉写了四封信，具体写信日期未予注明，都是有关《天演论》校改、出版事宜的。

头一封，在给熊季廉的信中说："《天演论》已校改数番，鲁鱼且少。谨以奉呈几次。但此书发影系何章程，暇时乞示。鄙人囊少一钱，恐不能先垫此款以俟售书时收回。如大家醵资作此，似宜另加一跋，识其缘起。此事即求彦复如何？"另外在信中还提到"大著标本两论，忠爱溢于言表。……"

第二封信，提到："拙稿收到，别纸示悉。容即复校，迟日奉呈。惟其款系几人鸠集，须求并示为祷。兹有琐屑奉浼者：平生用长沙笔匠花文奎所制大小楷羊笔，甚为应手。今自天津南来，乏笔可用。欲得花文奎制小楷羊毫三十支，中书羊毫十支，屏笔、对笔各二支。不知于湘友中能为致之否？该价若干，示悉即奉。"

第三封信，说："顷《天演论》点句既毕，谨以奉呈。前恳代买长沙花文奎羊毫，不识何时可到，甚盼，甚盼。因案头中书君个个发秃也。"

第四封信，则提出："《天演论》取影上石后，其钞本倘犹无恙，望以见还。"

后来，根据严复这次所校改的《天演论》，刊印有两种版本。

其一,在1901年出版的二册小线装本,署由吴保初、熊师复覆校,但未署出版年月和出版处。

其二,1903年正月刊印出版的小线装本一册,它也未署出版处所,但注明由“后学庐江吴保初、门人南昌熊师复(名元锷)覆校”。

第五十节　1901年4月严复为金粟斋译书处出版日本伊藤博文所著《日本宪法义解》写序

1901年1、2月间，严复所译《原富》全部脱稿。

3月前，严复为上海学生会作有《学生会条规》序。

4月20日，严复写信给时在金粟斋译书处的阆生、(方)守六、(汪)允中。

严复在信中讲：将为日本伊藤博文所著《日本宪法义解》写的序寄上，并请“诸兄为我商之，如不可用，则宁乞他手更作，勿使一国大典有佛头著粪之讥也”。

严复的《日本宪法义解·序》署“辛丑三月侯官严复序”，当是即日所作。刊载在本年金粟斋译书处出版的铅印本卷首。

严复在序中写道：“……日本之立宪也，伊藤氏之曹，实杂采欧洲诸国所已行者就之，间亦度其国势民情所能行者以为损益。……”

这件事，为严复和伊藤博文不是同学，提供了很有力的佐证。如果他俩是同学的话，那么严复肯定会在序言中有所表露。

第五十一节　1901年4月吴汝纶为侄婿廉惠卿，聘请严复到北京《京师时报》馆当主笔，未果

1901年4月20日，吴汝纶在得知严复在上海时，给严复写了一封信。

吴汝纶在信中讲："乱后不得我公消息，后晤吕君止，略悉动定。昨阅《中外日报》，知先生近开名学会，想见达人自我兼怀济物之盛，心跂佩无量。前由盛宗承电属杨濂甫观察，索取卢木斋所存计学稿本五册，适木斋在都下，当经走使赴开平取书，还都交濂甫转呈，计已达到。此数册汝纶未及读，亦一憾事，但望速印公同好，下走得卒业，幸甚，幸甚！近舍侄婿廉郎中惠卿，倡办东文学社，……惠卿又拟开《京师时报》馆，欲屈我公主笔。闻南中有以三千金聘请译书者，惠卿谓，傥蒙惠顾，请月以三百金为寿，而南中所译书，亦可在北属稿，两利而俱存之，鄙意和局定后，此事似可俯诺。辇毂之下必应有通才硕学默为主持，未宜以私利厚薄去就也。……日本小村俊太郎近游沪，将历览东南形胜，访求贤士大夫，闻与公旧识。此君汉文甚高，在沪当小留，望拨冗相与过从，有所访，希相告也。不具。汝纶叩头。三月二日。"

吴汝纶在信中告以已收到计学稿本五册，但还没来得及读。同时为侄婿廉惠卿，聘请严复到北京《京师时报》馆当主笔，但未果。

第五十二节　1901 年 4 月严复到上海名学会讲演名学；仲春南京富文书局本《赫胥黎天演论》石印发行

1901 年 4 月 29 日晚，严复到上海名学会，讲演名学。“坐者三十余人”。

去年，严复在金粟斋译书处的请求和支持下，创建了我国第一个“名学会”，自任会长，一边翻译《穆勒名学》，一边宣讲名学（逻辑学）。

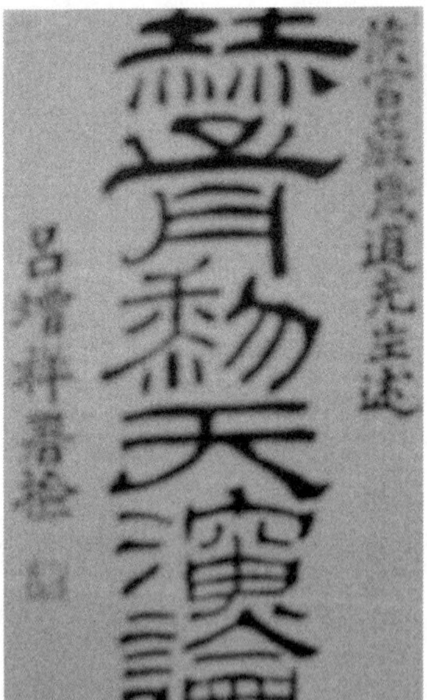

由吕增祥署检，南京富文书局出版的《赫胥黎天演论》

1901 年 4、5 月间，严复作有《送沈涛园备兵淮扬》四首。

沈涛园为沈葆祯之子，其中一首述及严复报考福建船政学堂时情形：“尚忆垂髫十五时，一篇大孝论能奇。同治丙寅，侯官文肃公（沈葆祯）开船厂，招子弟肄业，试题《大孝终身慕父母》，不肖适丁外艰，成论数百言以进，公见之，置冠其曹。谁言后死无穷感，渐负先生远到期。得志当为天下雨，流年已似手中蓍。春申浦口春无际，独对繁花有所思。”

1901 年仲春，由亲家并挚友吕秋樵署检的南京富文书局本《赫胥黎天演论》石印发行。该书封面题为：侯官严几道先生述《赫胥黎天演论》，吕增祥署检。

该版本系一种大字版本，便于阅读。书中自序在前，吴序在后，《译例言》末段全部删除。

署检就是校对，这再清楚不过地表明了吕增祥与《赫胥黎天演论》译本的关系，以及吕增祥对《赫胥黎天演论》的翻译所做出的贡献。

1901 年 5 月 2 日晚，严复到上海名学会，继续讲演名学。

第五十三节 1901年5月上海名学会公饯严复北上;《原富》由上海南洋公学译书院出版

1901年5月3日,严复应开平矿务局督办张翼(字燕谋)之邀,将北上。这天下午,严复与上海名学会成员合影留念。

孙宝喧在他的《忘山庐日记》中记有"严公首座,余或坐或立,计三十余人"。当晚名学会公饯严复。

孙宝喧在他的《忘山庐日记》中还记有"晚,名学会公饯严先生于一品香。严先生将北行,诸人别延伍君昭扆(伍光建)权摄会长,每遇礼拜一、四演说。是夕,伍君亦到,在座者二十六人"。

5月上旬,严复所译《原富》部甲一册,部乙、部丙一册,先后由上海南洋公学译书院出版。

1901年上海南洋公学译书院出版的《斯密亚丹原富》

第五章

严复在 1901 年任开平矿务局华部总办

第一节　1901年5月中旬严复由上海抵达天津，张翼聘严复任开平矿务局华部总办

1901年5月中旬，严复及家眷一行，由上海抵达天津。

时八国联军尚未撤军，严复举目四望，满市夷骑，心中愁闷不安，看到北洋水师学堂被外国侵略军尽毁，自己的德源里寓所，被洋兵哄抢一空，心情更是格外沉重，自己的家，已不能居住，只好住在英租界海大道开平矿务局内，现址为天津和平区大沽路和泰安道交口处。

当时，开平煤矿产权，已于1900年夏八国联军侵占天津时，被张翼偷卖给英国，名义上是"加入各国商股"改为"中外合办"，实际上是完全为英帝国主义者所控制。

张翼邀请严复来天津，是想利用严复精通英语、擅长与外国人打交道的特长，以500元月薪，请严复出任开平矿务局华部总办。八国联军侵占天津，严复一家损失惨重，初抵上海时被迫举债度日，没有了工作，每月没有了薪俸收入，经济压力很大。当时，张翼并没有将开平矿务局重组的实情告诉严复。所以，严复虽然内心并不喜欢这个差使，但为了全家人的生活，还是答应了张翼的邀请。严复遂正式就任开平矿务局华部总办。

6月4日，严复和梁诚（梁镇东）以华部总办名义，与伦敦总办吴德斯等签署了《开平矿务有限公司试办章程》。

在新公司试办的实际运作过程中，严复发现，英方代表通知中国董事部的只是一些严复等人知道也无妨的小事，许多大事当他们觉得有必要

时，就决然进行，毫不理会严复等人的意见。为确保对开平矿务有限公司的控制权，伦敦董事部专门用电报通知银行，只有英人总办的签字才有效。

《开平矿务有限公司试办章程》中明文规定："华总办兼总文案，综理一切华文函禀，及公司契券，刊布翻译诸事"。显然，严复作为华部总办之一，其职责主要是办理文案，刊布翻译诸事，并没有什么实权。

当时，京津一带拟办报馆译局者甚多，皆请严复"为之提倡"。但严复考虑到事善始善终共事，没有把握，认为只好过一段时间再说。严复认为在开平任职，并非乐事。

6 月 11 日，严复在给张元济的信中，提到："此时外间欲办报馆译局者甚多，而皆嬲复为之提倡，……但复既就开平之席，诚恐难以分身。……开平一局，与华洋同事能否终处，尚须数时乃决，此来徒为五百番(银元)月入耳，其事非所乐也。"

6 月 17 日至 21 日，严复到唐山，视察唐山矿区，发现虽然英方控制了公司的大局，但中方权力也没有完全丧失，他担忧如果英方借口精简管理机构，那中方将利权失尽，而难以对付。但在中国国家主权受到严重损害的大背景下，严复也没有其他应对良策。

第二节　1901年6月严复书外甥女何纫兰，并写明“作于天津海大道矿务局”

1901年6月20日，今天是端午节。严复在节前曾写了一封信给时在福州的外甥女何纫兰。

严复在信中讲：“前得大媳家书，知汝遭小产，不知近来体气已否复原，舅心深为悬挂。婿在家所作何事？吾甥一门，自翁姑以降，皆守旧之人，自以为诗礼簪缨之门，法宜如此。拘牵文义，未行起尘。凡此，皆不待甥言，而舅所深悉者；每念汝母，不觉泪垂。然须知人生世间，任所遭何如，皆有所苦，泰然处之可耳。肝气之病近稍差否？要治，总须上等西医，听中医之言，什有九误，切记切记！舅体气尚健，惟京、津皆有公事，须两头奔波，稍以为苦。家中人大致平顺。表嫂葬亲尚未北来，云俟端阳前后方克成行。姨母近多见否？渠近日体气如何？至以为念。”严复在信上并写明“作于天津海大道矿务局”。

严复信中所提“表嫂葬亲尚未北来”，是指严复在得知吕增祥不幸被刺身亡后，遣大儿媳吕静宜（韫清）赴开州葬亲，尚未回津。时吕增祥除大女儿已嫁伍光健；二女儿吕静宜在1891年嫁给严璩，但膝下无有生育。吕增祥继室尚育有一女四子，二子吕彦直时年才8岁。后来在严复的安排下，吕彦直就到严复家中，与严璩和二姐静宜共同生活。长子吕彦深（伯远）时年11岁，不久吕彦深等一家人随母亲和大姑妈（严复称其为吕大姑太），迁回南方，后来吕彦深到南京汇文书院读书，汇文书院后改名南京金陵大学,但尚未毕业,1913 年就来到北京,进入外交部工作。时严复的外甥女婿叶可梁在外交部任职。

严复外甥女何纫兰,在叶祖珪和严复的撮合下,于 1900 年和叶祖珪的侄儿叶可梁结婚。姨母是指严复的二妹,时在福州。

第三节 1901年6月严复由唐山返津后，给张元济写了一封信，言明没有接受去北京办报原因

1901年6月21日，严复由唐山返津。

6月22日或23日，严复由唐山返津后，给张元济写了一封信。

严复在信中讲："月之二日往唐矿查事后，于初六旋津，则《原富》原稿五册由吴挚甫处已寄到。其稿所以迟迟者，……今保险寄去，兄知此意，书到勿忘早覆也。

醇邸定五月二十七日出京，六月初五搭德公司邮船赴欧，小儿今日尚未抵津，……挚甫书又极为廉惠卿报馆说合，又托秋樵劝驾，知两贤皆复至交。意在必欲得当。……廉意欲复于主笔之外，更为要删英美宝书译之，……

得挚缄后，胸中至为踟蹰。……开平有五百饼之月束，又有房屋住家，虽较三百金诚所优厚，独事权尽失，恐难有为，……然有难者，开平之就在先，而京报之招在后……京席主笔之外，且有译书，顾一心不能同时而异用，两手不能右圆而左方：复已许金粟斋译《名学》矣，然诺必不可侵，礼卿之谊必不可负，终当先了此书，而后乃可他及，三也。况又有宓克诸公相托之事，即有余晷，岂遑旁骛，四也。是以左右寻思，幸其馆尚未开，只宜许以他日开时，日寄一篇论说；至于编辑译印等事，另委能者。商之足下，以为何如？……望后尚想回沪一行，果尔，面罄当有期也。"

严复在信中提到吴汝纶来书，极力为侄婿廉惠卿在北京办报馆事说

合,同时又托严复的亲家吕增祥来劝驾。严复虽然倾向于到北京译书办报,但考虑到“开平之就在先,而京师之招在后”等等原因,没有同意去北京办报。

第四节　1901年6月严复书曹典球、汪康年；去上海视察开平矿务局码头

1901年6月23日，严复在收到曹典球的来书后，回信给曹典球，叙述了自己“事学三十年”感受及目前近况等。

严复在信中讲：“承寄书，情肫而语挚。走事学三十年，尝精心于天人相推之际。凡今日之世局，皆畴曩所动魄惊心，叫号狂呼以为不渝之验，不可逭之灾者也。……此所以往者有《国闻》之作，《天演》之谈，……此仆戊戌以还，所以常嘿嘿廉贞，舍闭户译书而外，不敢有妄发者，坐此故也。”

严复在信中还讲：“庚子之役，身困租界之中者匝月，颠沛南下，栖栖沪滨，而金粟斋译局诸贤谓当有以激发。一时学者以名学为格致管钥，而仆又适业是书，则取之以开讲社。二、三月间，仆又以事北去，……仆倾在天津为友人所嬲，强以矿政。脱有惠音，寄开平总局可矣。”

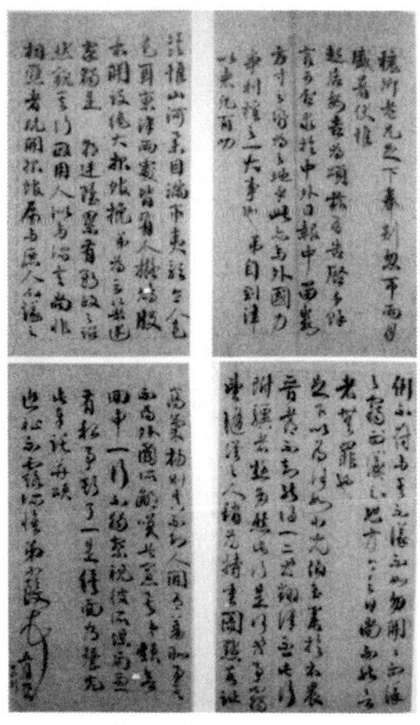

1901年6月24日严复写给汪康年的信

6月24日，严复长子严璩“于本晨晋都”报到，准备随载沣出行。当日，严复还写信给汪康年。严复在信中讲：“奉别忽匝两月……兹有告启千余言，可否求于《中外

日报》中留数方寸之纸为之地乎？此亦与外国力争利权之一大事也”。

严复在给汪康年的信中还说：“小儿伯玉业于本晨晋都，不知能得一二等翻译否？……弟颇欲回申一行，不独察视彼所煤局，兼有私事期了，一是俟面乃罄，先此奉托。”信中所提“告启”，即严复所书《奉告开平矿务有限公司中国诸股东启》。

6 月 30 日，严复由天津赴上海。严复这次赴上海是要视察开平矿务局在上海的码头，并兼有私事期了。

第五节　1901年7月《中外日报》刊登了严复的《奉告开平矿务有限公司中国诸股东启》；8月严复由沪返津

1901年7月1日，《中外日报》以署名“唐山人”来稿，刊登了严复的《奉告开平矿务有限公司中国诸股东启》。

7月16日，严复与张翼、梁诚联名发表《开平矿务有限公司广告》。

严复在上述两篇文章中奉劝中国股东不要抛售股票，以防止英商借机收购，独霸煤矿。

7月20日，严璩随载沣搭德公司邮船离沪赴欧。

8月下旬，严复自沪返津。

严复返津后，每日“日间到局办事，晚归，灯下惟以移译自娱，日尽大板洋书两开”。

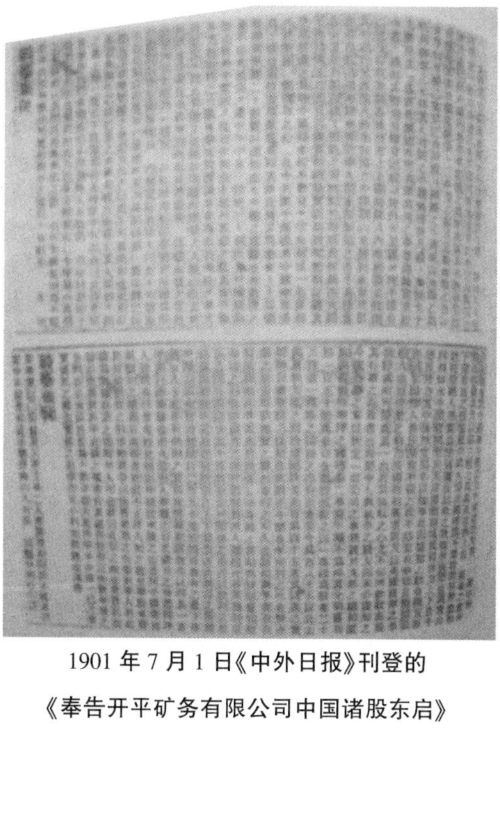

1901年7月1日《中外日报》刊登的《奉告开平矿务有限公司中国诸股东启》

第六节　1901 年 9 月严复致书张元济，要求出版《原富》作定值百抽几，给予凭据；10 月应约为商务印书馆撰成《华英音韵字典集成》序

1901 年 9 月 18 日，严复致书张元济。

严复在信中讲："所言嗣后售卖《原富》一书，作定值百抽几，给予凭据，以为译人永远利益一节，未得还云，不知能否办到，殊深悬系。……于现刷二千部，业蒙台端雅意，以售值十成之二见分，是其事固已可行；而仆所请者，不过有一字据，以免以后人事变迁时多出一番唇舌。……以上种切，统祈卓夺。……即使事属难行，亦祈明示。

自沪上揖别以来，到津者又匝旬月；日间到局办事，晚归，灯下惟以移译自娱，日尽大板洋书两开。刻《名学》部甲已讫。若循此以往，明年此时，其书当了。……"

1901 年 9 月间，张元济和郑孝柽为《原富》一书，编写了"中西编年，及地名、人名、物义诸表"。严复完成《〈原富〉译事例言》，随后，严复将《〈原富〉译事例言》和他为《原富》一书所撰写的《斯密亚丹传》均寄交吴汝纶斟酌。同时，严复又给吴汝纶写了一封信。

严复在信中提到："数日前曾邮一书，并拙作《斯密亚丹学案》，想经霁照。昨有友赴保，托其带呈甲部两册，兹复呈上译例言十五条，敬求削政。此二件并序，皆南洋译局所待汇刻成书者，即望加墨赐寄，勿贵促逼也。此序非先生莫能为者。惑者以拙著而有所触发，得蒙速藻，则尤幸矣！

开平矿务,自夏间合办议定,其中用人理财一切皆在西人掌握,鄙人名为总办,实无所办。即至簿书期会,亦是寥寥,故得暇晷以从译事。《名学》卷帙稍此《原富》为多,然亦了其四分之一矣。”

10 月 13 日,严复应约为商务印书馆撰成《华英音韵字典集成》序。

严复将该序寄呈张元济,并写信给张元济。

严复在信中讲:“得八月四日函,未即还答,多罪多罪! 商务《英华字典序》,近已草成,……兹呈乞斧政寄与。”严复在信中还提到《原富》请吴汝纶写序一事:“《原富》之本传、译例、均已脱稿,寄往保定多日,交挚甫斟酌,并乞其一序,至今未得回音,正在悬盼,倾拟信催,俟寄来即当奉上。渠前书颇言,欲见全书,始肯下笔;如五部均已刷印,即寄一二分见赐,以便转寄与此老,何如?”在信中严复还说明了《原富》分利之事,要求签书面合同的原因:“《原富》分利一节,有见在彼,固当照分,所以欲得一据者,觊永远之利耳。”严复还向张元济介绍了他在开平矿务局的情形:“复在此间,名为总办,其实一无所办,一切理财用人之权都在洋人手里。且有合同所明约者,押墨未干,而所为尽反。”最后,严复告诉张元济《名学》的翻译情况:“《名学》年内可尽其半,中间道理真如牛毛茧丝。此书一出,其力能使中国旧理什九尽废,而人心得所用力之端;故虽劳苦,而愈译愈形得意。得蒙天助,明岁了此大业,真快事也。”

第七节　1901 年 11 月李鸿章逝世，严复作挽句；本年严复开始续译《群学肄言》；《侯官严氏从刻》出版

1901 年 11 月 7 日，李鸿章逝世。

严复作有挽句："使生平尽用其谋，其成功或不止此。设晚节无以自见，则士论又当何如。"

1901 年秋冬期间，严复曾三次去北京。

严复在给张元济的信中提道："每次皆作十余日勾留；回思戊戌之事，真同隔世。人来访我，言次必索《原富》。"

本年，严复开始续译《群学肄言》。

严复在《〈群学肄言〉译余赘语》中写道："此译于戊戌（按：实为丁酉）之岁，为《国闻报》社成其前二篇，事会错迕，遂以中辍"。至是，"赓续前译"。

本年，南昌读有用之斋刊刻的，由熊元锷等编的《侯官严氏从刻》出版。

在该书中严复将《拟上皇帝书》更名为《上今上皇帝万言书》予以刊印。

严复在 1896 年将修改后的《原强》，寄给梁启超，但《时务报》始终没有转载。经历了五年的时间之后，熊元锷将修改后的《原强》，以《原强修订稿》收录入《侯官严氏丛刻》中，出版发行。

本年，次女璆出生，为朱明丽夫人所出，字华严。

第八节　1902年1月张百熙被派为管学大臣，要复振京师大学堂，请严复去北京，为其复振京师大学堂献策；2月张百熙聘严复为译局总办，但严复不肯就职

1902年1月10日，张百熙（字冶秋）被派为管学大臣，经理大学堂一切事宜，要复振京师大学堂。

当月，张百熙邀请严复去北京，为其复振京师大学堂献策。

在筹办过程中，有不少人向张百熙建议聘请严复任京师大学堂副总教习或洋文总教习，但背后有不少人反对，张百熙并没有当面对严复提及此事。严复得知后并无什么遗憾，他认为聘不聘他任洋文总教习"其不幸自在大学，于复无所失也，不独无所失，且甚得也"。

1902年1月间，北京首创五城学堂。

该学堂以林纾为汉文总教习，王劭廉为西文总教习，严君潜（严培南）为分教习。严复认为"此学堂可谓得人，独惜主者满汉十御史，益以顺天京尹，共十一人，皆蠢蠢如鹿豕。"

在这期间，林纾与严培南、严璩合作翻译了《伊索寓言》。

2月5日，严复在给张元济的信中讲："……自复振大学命下，冶秋（张百熙）尚书之意，甚欲得吴挚甫，而以复铺之。顾挚甫乡思甚浓，固辞不就，尚书至踵门长跽以请，吴不为动也。……"

严复在信中，还向张元济介绍了他在年初应张百熙之请，去北京之行情况："复抵京之次日，即往谒张，首以必夫丁韪良为献，张有难色。继问办法，则请设四斋：……"

2 月 13 日,管学大臣张百熙奏准以吴汝纶为京师大学堂总教习,但吴汝纶固辞不就。

同时,京师大学堂附设有编译书局,张百熙亦聘严复为译局总办,但严复亦不肯就职。

第九节　1902 年 1 月严复为《沈谣庆奏稿》作批语

1902 年 1 月中下旬，或 2 月上旬，沈瑶庆草拟了一篇奏稿（即今所见《沈瑶庆奏稿》），请严复提修改意见。严复在奏稿上共写了三十四段批语。

在这段时间中，严复会晤了曾重伯，名广钧。他作有《重电理》一书，欲请严复给以评点。严复认为该书“类谭复生之《仁学》，四五读不得头脑”。遂“据实批驳，不留余地”。后来，严复在给张元济的信中，曾提到此事，认为：“中国学者，于科学绝未问津，而开口辄曰吾旧有之，一味傅会；此为一时风气，然其语近诬，诬则讨厌，我曹当引以为戒也。”

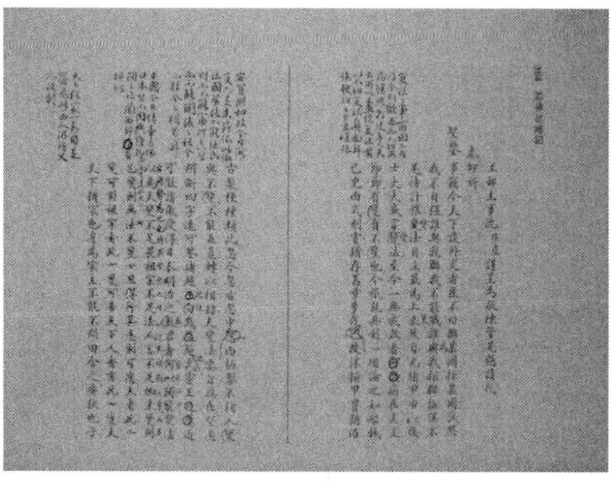

严复在《沈瑶庆奏稿》上的批语

第十节　1902 年 2 月梁启超在日本《新民丛报》推荐严复所译

《原富》首二册；在《饮冰室诗话》中赞颂严复为“哲学初祖”。

1902 年 2 月 8 日，梁启超在日本《新民丛报》创刊号撰文，推荐严复所译《原富》首二册。

梁启超称赞“严氏于中学西学皆为我国第一流人物，此书复经数年之心力，屡易其稿，然后出世，其精善更何待言”。同时也提出：“其文笔太务渊雅，刻意摹仿先秦文体，非多读古书之人，一翻殆难索解。……”

1902 年 2 月，梁启超在日本《新民丛报》上开辟《饮冰室诗话》。

在《饮冰室诗话》里，梁启超怀着无比崇敬钦佩之心，全文录下了严复作于 1901 年的一首七言长诗《和熊季廉》，并于诗前写了一则热情洋溢的简颂小记：“侯官严先生之科学，学界稍有识者，皆知推重；而其文学则为哲理所掩，知者盖寡，余前作《广诗中八贤歌》内一解云：‘哲学初祖天演严，远贩欧铅搀亚椠，合与莎米为鲽鹣，夺我曹席太不廉。’”益深佩之也。

严复的这首长诗，是 1901 年 3 月北行时赠别熊季廉唱和之作，由熊季廉寄给梁启超存录的，是严复的诗歌代表之作。梁启超赞赏其作，专意录存于“诗话”中，“芳馨悱恻，辄讽诵之”。在严复和梁启超的交往中留下一段可赞美的人间佳话。

严复和梁启超二人是在维新运动的大潮中互相鼓励，图强共进，促成的战斗友谊，后来，梁启超还在《寿严几道先生》的生日祝寿诗里，由衷地赞佩说："楞伽悟澈皆心印，震旦流传此导师"。梁启超评价《天演论》说："西洋留学生与本国思想界发生影响者，复其首也。"所以梁在"八贤歌"的开首即称"哲学初祖天演严"。他还把严复与英国文艺复兴时期的戏剧家、诗人莎士比亚及欧洲近世大诗人米尔顿相提并论。并戏言严复的译著、诗作影响之大、思想之新、文笔之美，简直要夺占我辈文坛席地了！

如前所述，当严译《原富》头两篇在上海出版后，梁启超立即著文在《新民丛报》第二期发表推荐，并致信严复，建议译文要通俗以便阅读和扩大其影响，后来严复写了一篇文章，对梁启超批评《原富》译文"太务渊雅"给以回复，严复认为，不宜以俗文翻译西方经典著作，两人各抒己见，意见虽不相同，但却更加深了他们之间的友谊。

第十一节　1902年3月严复同意应聘京师大学堂译书局总办；由于身兼两职，严复只好来回奔波京津两地

1902年3月4日，严复同意应聘京师大学堂译书局总办。

严复之所以转变态度，主要考虑到张百熙态度诚恳，同时梁启超在《新民丛报》第8号上，发表评论，也深望吴、严两君“稍自贬仰，翩然出山，以副多士之望也”。另外，严复当时在开平矿务局比较清闲，京津两地兼顾，也能多挣一份薪水。不久，严复就离开天津到北京，由于身兼开平矿务有限公司华部总办和京师大学堂译书局总办，只好来回奔波京津两地。

1902年严复任职京师大学堂译书局总办时期照片

3月9日，严复写信给张元济，谈京师大学堂译局事等。

严复在信中讲：“廿五日筱沂、仲宣联袂贲舍，面述长沙(指张百熙)之意，欲以复主持译局，意在先行编辑普通读本，以备颁行海内小学堂。……”

严复在写这封信时，已经拜读了梁启超在《新民丛报》第一期上撰写的文章，在该信中，严复又写

道:“近见卓如《新民丛报》第一期,甚有意思,其论史学尤为石破天惊之作,为近世治此学者所不可不知。……《丛报》于拙作《原富》”颇有微词,……其谓仆于文字刻意求古,亦未尽当;文无难易,惟其是,此语所当共知也。”

1902年3月间,严复译成《穆勒名学》前半部。

第十二节　1902年4月底、5月初严复就京城道途治事致书张百熙，并提出具体“措办大端，另列别幅呈鉴”；5月严复直接给肃亲王呈《上肃亲王言道路书》

1902年4月底、5月初，严复有《上张百熙书》，就京城道途治事致书张百熙，并提出具体“措办大端，另列别幅呈鉴”。

时张百熙和张翼奉旨查勘议修京城沟渠。严复在给张百熙信中讲：“……京师沟渠，若道路不修，无可缮葺，强而为之，徒滋烦费，于实事大局，无毫末利益也。……窃谓京师道路之宜修久矣，其窗眏不平，实人人之所共苦，外人观笑，流谤五洲。然其所以至今未图者，亦自有故……所以京师修路，终成道谋。……独至于今，……失今不图，将中国第一败象，不识祛于何日。此复所以忘其微贱，取为执事一借前箸以筹之也。”

严复认为：“今夫吾国言变法更始者，年有余矣。顾外人睹听朝廷所为，除一二事外，如前者禁裹足及许满汉通婚之令。皆不悦服者。彼以谓京师道涂，劣败如此，图之其功甚易，成则其利甚薄。且事在迹象之间，为耳目之所日接，乃尚因循，不克振作如此，而其远且大者，庸可冀乎？故朝廷与当轴诸老，欲于此际，树之风声，则庶政诚无有大且急于修道者。况使修之，治之，而于国家有邱山之费，犹可诿之于度支之艰难，虽勿修勿治可也。乃今之术，可使农部水衡不出角尖之费。其所仰于民者，又万万无谤讟之兴。且事成之后，商旅棣通，货币云集，关征旧设者，将有无穷之增。此其事诚有百利而无一害，则又何疑何惮而不为乎？”

严复又向张百熙进言：“今者，朝廷既以此访之执事与侍郎，则亦不为无意于道里之平治，迎其机而善导之，此百世之盛业也，惟两公勉之而已！”

最后，严复在信中又提到：“复承两公恩遇之厚，见久大之业，于此时实有可承之机，不忍默默，谨列措办大端，另列别幅呈鉴。至其细目，则成议之时，受其事者，自能详悉。”

5月19日，严复又直接给肃亲王呈上《上肃亲王言道路书》。

严复为京城道途修治事，上书张百熙后，因未见下文，就给有督修街道工程事务之命的肃亲王直接上书。

严复在该书中，对京城修沟渠事，再次提出自己的看法，严复讲：“三月下浣，冶秋尚书与燕谋待郎有奉旨查勘议修京城沟渠之事。复愚以为不治道涂，则沟渠为无可修；就令可修，亦徒劳费而无益于事实。不自知其谬妄，乃上书二公，言京师道路若略仿关税办法，畀以忠实可靠久食华禄之西人，令集公司筹款，而我与之订合同，立年限，给予水火捐税之权，则国家度支可无出角尖之费，而岁月之后，京城道里不期自治，此最为简当办法也。书上之后，未知二公意见如何。

兹晨敬读邸钞，知王爷有督修街道工程管理巡捕事务之命，且上知事权之不可以不一也，则先有步军统领之补授。逖听风声，不觉以手加额。窃伏惟京师道路宜修久矣。……失今不图，将吾国第一败象，不识袪于何日？此复所以忘其微贱，而深望此业得王爷而有成也。”

到了第二年，1903年2月23日，张百熙始回信给严复。

张百熙对此前严复给他的信回函说：“奉示谨悉，容与寿州及荣事农商办，浑涵其翁，如来示所云云，当无不可也。工程师事务望主持速了为是。”采纳了严复的建议并要严复与英工程师事务所，尽速签订施工合同。

据《荣庆日记》记载，当天严复正率英工程师到京师大学堂，签施工合同。

第十三节 1902年5月和6月,严复陆续发表《与〈外交报〉主人论教育书》《与〈新民丛报〉论所译原富书》及《路矿议》

1902年5月2日和13日,严复的《与〈外交报〉主人论教育书》发表于《外交报》第九、十期。

在该文章中,严复不赞成《外交报》的"文明排外"之说,并驳斥洋务派"中学为体,西学为用"等论调。

5月8日,严复的《与〈新民丛报〉论所译原富书》,在《新民丛报》第七期刊载。

1901年当严译《原富》头两篇在上海出版后,梁启超立即著文在《新民丛报》第二期发表推荐,并致信严复,建议译文要通俗以便阅读和扩大其影响,该篇文章,就是严复对梁启秋批评《原富》译文"太务渊雅"的答辩,严复认为,不宜以俗文翻译西方经典著作,两人各抒己见,意见虽不相同,但却更加深了他们之间的友谊。

严复在这篇答辩书上讲:"承赠寄所刊《丛报》三期,首尾循诵,风生潮长,为亚洲二十世纪文明运会之先声。……窃以谓文辞者,载理想之羽翼,而以达精感之音声也。是故理之精者不能载以粗犷之词,而情之正者不可达以鄙倍之气。……"

5月间,严复为论译名事,写信给梁启超。

严复在信中讲:"大抵取译西学名义,最患其理想本为中国所无,或有之而为译者所未经见。若取已得之,则自有法想。在己能达,在人能喻,足矣,不能避不通之讥也。”

6月1日和10日,严复的《路矿议》一文刊登于《外交报》第十二期和十三期上。

在该篇文章中,严复强调:“国无铁路,则通商惠工为空谈。而诸工业之中,其为所抑遏不兴者,于铁冶为尤甚。”文末还附有严复所拟《路矿总局应设官属》及《路矿总局办理庶务章程》。

第十四节　1902 年 6 月京师大学堂译书局开局，严复就任总办；严复入股《大公报》，发表《主客评议》

1902 年 6 月 6 日，京师大学堂译书局开局，严复就任总办。

曾宗巩（1892 年北洋水师学堂驾驶班第四届毕业生）、魏易、常彦为分译，其时，林纾、严璩亦在译书局供职。

之后，《京师大学堂谨拟译书局章程》发表。该章程分“设员”“局

天津《大公报》馆

章”“薪俸”三项,“薪俸”项规定:“总译一员,月薪京平足银三百两,以下员薪均尚未确定”。

6月7日,严复在《大公报》刊行前十天,致函英敛之,表示“愿入股”《大公报》。

6月17日,英敛之在天津创刊《大公报》。据说“‘大公报’三字扁扁的隶书,是严复的手笔”。(徐铸成:《报海旧闻》)后来,严复在《大公报》“加入一千元的股”。

6月24日,英敛之收到严复所撰《主客评议》一文,“洋洋数千言”。同时,严复还给英敛之写了一封信。

在信中,严复讲:“《大公报》馆开,谨草《主客评议》四千余言,于此冀以通新旧两家之邮,亦以改旧日之党祸。此固日下最切之问题也”。

6月26日至28日,严复的《主客评议》一连三天,连载于《大公报》。

严复在《主客评议》一文中,鼓吹“新旧二党”并存。

9月9日,严复写信给熊季廉。

在信中,严复称:“复迩者身兼三差,然于公事无丝毫裨益。鸡肋之恋,正在月薪。此可为见爱者道,难与不我知者言也。”并告知“顾译书一业则顷刻不懈,近又了得《群学肄言》一书,乃斯宾塞原著,而于近世新旧党人为对症之药。此书正在誊抄,八、九月间当由菊生刷印行世,当以一部奉呈左右,不可不潜也”。

吕彦直

严复在信中称“复迩者身兼三差”。但除开平矿务局和京师大学堂译书局两职外,还有一差使是什么?或许严复就是指译书一事。

9 月 23 日，严复又给熊季廉写信。

严复在信中言："复入都就译局之聘者六阅月矣。见见闻闻使人意恶。京师大学堂其初颇欲大举，筑室道谋，卒无成算。乃今出其一厢情愿之章程，使天下奉为矩矱。至一切新学，则不求诸西而求于东。"

9 月 30 日，严复长子严璩随驻法公使孙宝琦离京去巴黎，就任驻法参赞。

依照严复的安排，吕增祥二子吕彦直，时年 9 岁，随二姐吕静宜和姐夫严璩到法国上学。

第十五节　1902年10月严复以开平矿务局总办名义，与督办张翼联名发表通告，召开股东会议；11月《原富》全书出版齐全

1902年10月21日，严复以开平矿务局总办名义，与督办张翼联名发表通告。

通告称："本公司准于十月二十九日午前九点钟在天津海大道议事房会议，务望有股诸公或派代表人如期集会。"并宣布"会议宗旨如下："一、稽察本公司庚子、辛丑、壬寅所有合股办理实在情形，并账目、工程诸要事；二、详议嗣后公司章程办法。"

11月27日，英敛之在日记中记有："晚柬严又陵，询明日开平事，来函云甚愿往听。"

11月28日，严复在天津出席开平矿务局股东会议。

股东会议在上午"十点钟开议，十一点十分时散会"。到会的中国"官商十余人，西国官商七十余人。当经议定，中英两国各举董事，会同评议善后之法。开议时，先由津局总办严又陵观察代督办大臣张燕谋（张翼）侍郎演说，系以英语宣讲"。

与会的英敛之在日记中也记有："九点钟同守六至矿务局，十点一刻由严先用英文代张督办演说，华人到者十余，西人七十余，此事（指'会同评议善后办法'）尚不能定，须与上海开会再定。"

11月，《原富》全书（共五篇）由上海南洋公学译书院出版齐全。

第十六节　1902年12月京师大学堂开学，严复译完《群学肄言》

1902年12月17日，京师大学堂开学。

当日“自管学大臣以及总办、教习、学生、各执事人员咸集。薄午，鸣钟排刊班次，约二百余人，齐行三跽九顿首礼于至圣先师前。礼毕，学生退至讲堂前，与总教、助教及编译各执事人员行相见礼。日中，各散”。

12月27日，严复写信给夏曾佑。

严复在信中提到：“《群学》将次校完。前与菊生定约，言代刻分利……又代刻售卖后，如何分利，如何保护版权，均须菊生明以示我……姑以此刻为试探而已。”

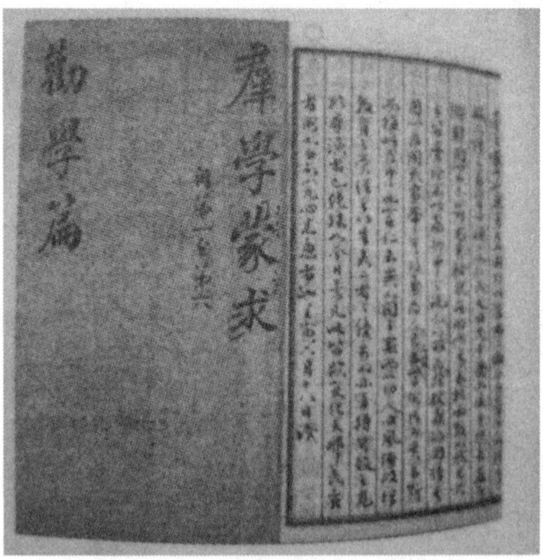

严复《群学肄言》手稿

1902年岁暮，严复《群学肄言》译完。

《群学肄言》初名《群学蒙求》，《群学肄言》的前两篇曾以《劝学篇》之名，发表于《国闻汇编》。

严复翻译此书，意在纠正前译《天演论》立论过猛。他在给熊纯如的信中，曾提到："时局至此，当日维新之徒，大抵无所逃责。仆心知其危，故《天演论》既出之后，即以《群学肄言》继之，意欲蜂起者稍为持重，不幸风会已成。"

第十七节　1903年1月严复所译《穆勒名学》部甲由南京金粟斋木刻出版；2月吴汝纶病逝，严复送挽联

1903年1月7日，夏曾佑写信给严复。

夏曾佑在信中讲："得去年十二月一书，今年正月二书，……昭扆想已至津……译稿事闻菊生已有书达左右，不复赘述。《原富》前月全书出版，昨已卖罄，然解者绝少，不过案头置一编以立懂于新学场也。"

1月31日，严复给熊季廉回信。

严复在信中提道："得所惠腊月五日书，开读喜笑。……拙译《群学肄言》尚在商量，约计首夏当可问世。其《原富》全书闻已于岁杪发售千余部，入市辄罄。购者未必能读其书，然必置案头，聊以立懂而已。……"

1903年1月，严复所译《穆勒名学》部甲由南京金粟斋木刻出版。

严复译《穆勒名学》手稿

2月9日，吴汝纶在桐城家中病逝。

对吴汝纶的逝世，严复感伤不已，作挽联："平生风义兼师友，天下英雄唯使君。"并作《挽吴挚父京卿》挽诗："仙舟几日去东瀛，梁木归来忽就倾。难遣此哀惟后死，忍将不哲累先生。人间鸡壅方为帝，海内雄文孰继声？地下倘逢曾太傅，定知老泪各纵横。"

对吴汝纶的逝世，严复还在《群学肄言》译余赘语中写道："不佞往者乞加弁言，则闻于正月十二日，弃浊世归道山矣。呜呼！惠施去而庄周亡质，伯牙死而钟期绝弦，自今以往，世复有能序吾书者乎！"

第十八节　1903 年 2 月严复开始从英译本转译《论法的精神》，并“更名为《法意》”；3 月严复替张翼代拟奏折；作《译〈群学肄言〉有感》笔记

1903 年 2 月 16 日，荣庆到京师大学堂视察。

严复赠送《原富》给荣庆。荣庆在日记中记有“严幼陵到，送《原富》译本，语多可采”。

2 月或稍后，严复鉴于张相文所译《万法精理》“无条不误”，就开始从英译本转译《论法的精神》，并“更名为《法意》”。

3 月 21 日至 24 日，《中外日报》连续刊登了严复替张翼代拟的一个奏折，即《遵旨回奏开平矿务情形折》。与此同时，严复还为开平矿务局起草了一个《塘沽草约稿》。

3 月 25 日，严复在北京作有《译〈群学肄言〉有感》笔记一篇。

严复在笔记中记道：“吾译此书真前无古人，后绝来哲，不以译故损价值也，惜乎中国无一赏音。杨子云：‘期知者于千载’，吾则望百年后之严幼陵耳！”

第十九节　1903年5月严复上书管学大臣张百熙,论版权问题;《群学肄言》由上海文明译书局出版;6月《吴汝纶节本天演论》由上海文明译书局出版

1903年5月19日,严复上书管学大臣张百熙,论版权问题。

1902年颁行的《京师大学堂编书处章程》第十七款称:“原奏编书事宜,与两江,湖广会同办理。现在拟以上所列何门归外省分任,应请管学大臣酌示。”严复就此上书管学大臣张百熙。

严复在信中讲:“窃闻大学堂前有饬令各省官书局自行刷印教科书目之事,语经误会,以为饬令翻印教科各书,而南洋上海各商埠书坊,遂指此为撤毁版权之据。议将私家译著各书,互相翻印出售,此事于中国学界,所关非尠。因仰托帡幪,奋虑偪亿,窃于版权一事,为执事披沥陈之。”

严复认为:“今夫学界之有版权,而东西各国,莫不重其法者,宁无故乎,亦至不得已耳。非不知一书之出,人人得以刻售,于普及之教育为有益而势甚便也。顾著述译纂之业最难,敝精劳神矣,而又非学足以窥其奥者不办。乃至名大家为书,大抵废黜人事,竭二三十年之思索探讨,而后成之。……藉非区区版权为之摩砺,尚庶几杯铅握椠,争自濯磨,风气得趋以日上。乃夺其版权,徒为书贾之利,则辛苦之事,谁复为之?……”

最后,严复在信中要求张百熙“救正之也”,严复在信末写道:“是用怀不能已,为略陈私害如此,不胜大愿,愿执事有以转移救正之也。”

5月,严复的《群学肄言》四册由上海文明译书局出版。

《吴汝纶(京卿)节本天演论》

为了保护自己的利益,严复至迟从出版《群学肄言》开始,在译著上粘贴自制的版权印花。

6月,《吴汝纶节本天演论》由上海文明译书局出版。

《吴京卿节本天演论》实际上是录自吴汝纶的日记,也就是1897年春天,吴汝纶在为严复修改手稿本《赫胥黎治功天演论》时"手录副本"者。吴汝纶在与严复书中说:"老懒不复甄录文字,独此书则亲书细字,录副袭藏,足以知鄙人之于此文,倾倒至矣。"他在写给吕增祥的信中也说:"幼陵观察所译《天演论》,果为奇书,赫胥黎故善谈名理,幼公文笔纵横,尤足推倒一时豪杰。爱不忍释,因亲录副本,藏为鸿宝。"吴闿生指出:"比编较之原本,删节过半,亦颇有更定,非仅录副也。"

节本如对照严译原文,可知:(1)节录的字数只有原文的1/3左右;(2)吴汝纶删除了枝蔓之后,使文字变得简洁、紧凑,成为典雅、纯正的中文,完全没有翻译的痕迹;(3)文中以"物竞""天择"之原则来观察世变之主旨,显得非常突出;(4)吴汝纶增加了说明段落主旨之小标题,置于节录文字之后。

此节本在出版后颇受欢迎,当时有些学校即采用该书为国文教科书。

第二十节　1903年7月严复应熊季廉请求，开始编写英文文法书《英文汉诂》；8月发表所订的《京师大学堂译书局章程》

1903年7月10日，严复写信给熊季廉。

本月间熊季廉来京参加经济特科保荐人员考试。

这一天，严复致书熊季廉。

严复在信中讲："王慈劭本日入京，寓译书局。急告吾弟知之。今夕能来一谈乎？明夕当入城，恐不得候也。"

本月间，严复应熊季廉请求，开始编写英文文法书《英文汉诂》。

7月15日，《中外日报》发表评论文章《中国唯一之大著作出》。

该评论文章，评论严复所译《群学肄言》说："严先生为我国现世唯一之大著作家，译《群学肄言》乃又严先生之第一大著作也。先生前译，如《天演论》《原富》《名学》，久已风行海内。今《群学》之成，先生自谓方之前三书，后来居上矣。"

7月25日，廉泉在北京写信给严复。

廉泉在信中讲："泉昨自保定还京，沪《群学》已陆续到京，已分寄保定。书又到，一二日内又当运保。俞仲还来函言吾局试验写真版已成。欲得先生尊影，敬谨铸板从慰海内学者。……"

7月31日，严复撰《译〈群己权界论〉自序》。

8月11日，严复写信给熊季廉。

严复询问时在北京参加经济特科保荐人员考试的熊季廉："廷后事

如何,得无惫乎”,并说:“兄日内将回津,颇愿相见一谈也。能来乎,拟复往乎,希告。”

当天,熊季廉来访严复,严复外出未遇。

当天傍晚严复又书熊季廉:“闻足音至,甚慰钦迟。昨今失迎,至以为恨。,今夕如不能来,务望于明日四五句钟贲寓,勿再相失也。”

8 月 20 日,由熊季廉所编的《国闻报汇编》上下二卷,由西江欧化社出版,江西广智书庄发行。

熊季廉在该汇编卷首序言中说:“《国闻(报)》者,侯官严几道先生复纠合海内闳达建设于天津者也。当戊戌年间,西人评骘中国报界,以之为第一,而《时务报》不与焉,亦可以见其价值矣。”

8 月 22 日,北京《经济丛编》第 31 册刊登了严复所订的《京师大学堂译书局章程》。

该章程分“设贤”“局章”“薪俸”“领译合约”“章程条说”等项。在“局章”中规定主要翻译全国中小学急需的教材,包括自然科学、社会科学等 38 个门类;规定专译西文,以与专译日文的上海译书局相区别,避免重复。实际上是对当时中国学界大量翻译日文书籍的鄙视。

8 月,由严复大儿子严璩、侄儿严君潜以及林纾翻译的《伊索寓言》由商务印书馆出版。

译学馆

第二十一节　1903年9月浙江发生盗印《群学肄言》《原富》《天演论》事件；10月严复为王修植遗孀生活困难事，写信给时主持南洋公学的张美翊；《群己权界论》由上海商务印书馆出版

1903年9月2日，廉泉在保定写信给严复。

廉泉在信中谈到，查究浙江史学斋翻印《群学肄言》以及《原富》之事："泉来保定，本拟将局务付托得人即行赴浙，查究史学斋翻印《群学》之事。乃来此……，时疾大作，……浙行不果，迟则恐误事。闻《原富》亦被史学斋同时翻版，盛公已咨请浙抚提办。……先生此书为吾国空前绝后之作，不得不出全力与争也。……"

9月，浙江又发生杭州武林印刷所盗印《天演论》事件。

10月26日，严复为《原富》夏季分利事和王修植遗孀生活困难事，写信给时主持南洋公学的张美翊（让三）。

严复在信中讲："一昨得菊生（张元济）缄知《原富》夏季分利，业蒙于节前□□开平沪局北寄，……

再者，定海菀嫂（王修植遗孀）海侄常有信来，但道度日不易。……弟念菀老平生交游至众，彦升孤嗣葛帔练裙，令人叹交道之薄。窃念定海家计，月得二十番便可供饘粥。此事独任固难，若众擎之，未必不举。海上定海同乡多公，能为之一呼否？……"

10月，严复的《群己权界论》由上海商务印书馆出版。

第二十二节　1903 年 11 月为《原富》分利事，严复二次致函张美翊；又写信告知熊季廉已决定要辞退大学堂、开平二差；译完《社会通诠》

1903 年 11 月 7 日，严复就《原富》分利一节，如何确定刊行数量，再次致函张美翊（让三）。

严复在信中讲："本月初间曾上一椾，想经伟览。至今未奉还云，殊深盼切。其夏季译利虽闻寄津，亦未接到，想不至浮湛也。

兹有所深恳于左右者，《原富》分利一节，发端于何楳翁，踵成于张菊老，荷蒙执事推爱，定为每部半元之额。此弟所铭感勿谖者也。伏念此事虽有成言，然使主者以多报少，以万部为千部，弟逢逢在北，又复何从而知。曩承一言所以深信不疑者，恃执事在彼而已。来君叔天下信士，岂此区区至于欺我。虽然人生踪迹正未可知，而居今之世为尤甚。假使执事高迁不复莅此公学，则鄙人正不知何以善其后也。所以乘□贤犹主其事之时，欲求尽情为我筹一善法，最好许复随时可以查账，万一身不能至，可以派人代查，如此后日□无流弊，而公学译局既分译利，亦可自明以昭核实，不知执事许之否也？千万见复为恳。……弟大学堂、开平二差均已自行辞退，今尚羁留于此者，□经手有未完事件耳。"

11 月 23 日，严复收到让三在七月廿六日的来信，并予以回信。

严复在信中讲："十月初五始得台端七月廿六日赐书，并夏季《原富》译利四百五十三元二角五分，至感，至感！每部分半元之约，来教谓七月份起算（当时蒙允五月起算），亦即遵□，但前缄奉询三事，□□□，今年二月朔后，此书印过几次？每次几部？已售出者几部？现存者尚有几部？瑶答实深悬悬。

再者，此书分利之事，虽蒙加派至于半元，而杭人翻刻一事，台端所以保护版权尤力，俱深佩纫，……

倾者，敝徒伍君昭扆南归，经托商之左右，并于便中白之毗陵宫保，念必有以相报。……日月跳丸，即今已交冬令，□月秋季，译利应恳饬算，交由敝友张菊生比部代收，以免邮寄浮沉，历三月始到。"

严复写好信，一直没有邮寄，直到十月下旬，又在信尾补写了一段："别纸言欲为复代印他书，甚荷雅意。复处藏稿尚多，而为友人作，经删润者亦两三种，但难得诚信不欺者托版权耳！既蒙不弃，容徐议之。又及。"

11 月 29 日，严复又写信给熊季廉。

在信中严复说："昨者忽动归思，一再向长沙管学辞译局席。必不肯放。不得已乃苟安至明年冰泮。吾其南矣，间以移译自娱。近所从事者名《社会通诠》，约六月可脱稿。脱稿乃践《英文汉诂》之约。"

严复还告诉熊季廉："复开平一席，亦已兴辞。虽未为主者所诺，然去志已定，绝非外物所能留也。"

1903 年 11 月，严复译完《社会通诠》。

《社会通诠》原名 *A History of Politics*，英国甄克思（E. Jenks）著，出版于 1900 年。全书四章，一开宗，二蛮夷社会，三宗法社会，四国家社会。严复为该书加译者按语 16 则，夹注 102 条。

12 月严复还应约为商务印书馆即将出版的《袖珍英华字典》作序

1903 年，由徐锡麟编辑的《严侯官文集》，在浙江绍兴特别书局出版发行。

第二十三节　1904 年 1、2 月间严复写信给熊季廉、曹典球；2 月间《社会通诠》由上海商务印书馆出版

1904 年 1 月 11 日，严复写信给熊季廉。

严复在信中说："复近于开平、译局两席，皆已兴辞。译局，长沙云，尽年底再说。而开平，则近者项城以必倾通州为的。即能收回，亦归北洋官办。复以心灰意懒之夫，诚不欲返伯鸾之灶也。明年冰泮，决计挈眷回南，闭门读书、授徒，似所得尚可自活：若更有盈余，则拟往外洋游历，大略告假做闲人而已，不复受人羁束矣。"

2 月 4 日，严复由天津回到北京。

当天，严复接到曹典球十一月二十二日来信，遂回信给曹典球。严复在信中讲"倾读十一月廿二日赐书，……拙译诸书，幸蒙阅览。近者又有《社会通诠》一书，经商务印书馆版行，足下取而读之，则吾国所以不进，如视诸掌矣。"严复又言："复浪迹京华，行将三载，益觉中国上流社会一无可为，行且拂衣而去。行止若能自主，明年二、三月，定在江、湖、吴、楚间也。"

严复在 1903 年 11 月，已向张百熙提出辞去译书局总办之职，又向张翼辞去开平矿务有限公司华部总办之职，虽然都未得到同意，但严复主意已定，想在过了春节二、三月冰泮挈眷回南，地点不是回福建故乡，而是江、湖、吴、楚间，闭门读书、授徒。

1904 年 2 月 7 日，严复回信给熊季廉。

严复在信中讲:“前诺《英文汉解》一书,刻已成帙,工程已过半矣。知念奉布。窃意此书出后,不独学英文者门径厘然,……兄明春决拟南下,然颇虑届时又有纠缠之事,使不得径行其意。人生入世后,行止不由自主,往往如是,奈何!奈何!虽然,即少留终当去也。江湖之乐不远矣。”

2月8日,严复又给熊季廉写信。

严复在信中讲:“复之本计,冰泮南旋省墓后,拟家于沪。顾一身行止,每苦为事势所牵,颇难断决。……《权界论》长序一篇,文体散漫;又以身居京师,不欲过触时讳,故特删却。吾弟必欲得之,当检寄也。”

2月18日,严复写信给熊季廉。

严复在信中讲:“复本拟开河买舟南下。顷者海氛甚恶,不欲以稚羽尝之,当少观望,亦未可知。总之,可以去者,无不去耳。京津都平静。……吾在此无事,亦唯以译事自娱。”

2月26日,严复写信给熊季廉。

严复在信中讲:“鄙人久客思归,本计北河解冻,即行买舟南去,独恨为人事牵率,恐将不得径行其意。虽然,二月不行则三月,三月不行则四月必行。稍可自脱,决不顾恋栈豆。逝将去汝,不问有田无田也。”

严复又讲:“近译《英文汉解》,工程固已过半,然非更得两三月之暇,恐不易出书。此书出后,继此学英文人,第令通晓中国文理者,即可触类旁通,不致为俗师所苦矣。”

2月间,《社会通诠》由上海商务印书馆出版。

严复为避免纠纷,以“译书人严几道为一方,印书人商务印书馆为一方”,签定了版税合同一份,该版税合同是我国最早的版税合同。

第二十四节　1904 年 4 月严复辞京津两职，离开天津去上海

1904 年 3 月，严复在京、津二席的辞职全都办妥，遂委托张元济代觅上海住所。

4 月 3 日，严复回信给熊季廉。

严复在信中讲："复于月杪，便拟乞假南归，贱眷则寓上海图南里。足下有赐缄，但交商务印书馆，当可到也。"

严复又讲："《社会通诠》惜校勘未精，讹字颇夥。《英文汉解》近已脱稿。然其书非自至沪上监印，无能任其役者。"

4 月 16 日，在京闽籍乡人在陶然亭为严复沪上之行饯别。

严复作有《甲辰三月将出都即席呈同里诸君子》一首，在诗中严复苦闷彷徨，归隐江南的心情表露无遗。

4 月 18 日，严复离开北京回到天津开平矿务局之家中。

当时江姨太、朱明丽夫人及三儿、长女、次女都住在天津矿务局内，四儿严璿在这一年出生，为朱明丽夫人所出，乳名约翰，字季将。

4 月 21 日，在天津，英敛之同少秋步至矿务局，"晤严又陵，话两钟之久，归"。

4 月 22 日，严修在张伯苓陪同下，"访严几道先生，谈约一小时，赠所译《社会通诠》，并示所译《英文汉译(诂)》稿本"。

严修回家后随即阅读所得《社会通诠》，次日便致信严复，称赞《社会

通诠》。信中说:“昨承惠函,并赐新译,宠幸不可以举似……今此两书益深博矣,自憾于诸种科学未尝问津,即吾国文之故训,亦未能一一究其深,骤读公书、躐等已甚。然偶遇其中微言妙理,亦往往有所会心。更当潜心,以副盛意。”并期盼日后能求得严复的墨宝。

4月23日,严复回信给熊季廉。

严复在信中讲:“本日在津寓接读二月廿八日在汴赐书,极以为慰。复定十三、四座安东与眷赴沪。译局、煤矿席虽均已辟却,然恐端节前后,尚须牵率北来。……复沪寓经菊生代觅,乃在北河南路图南里,或居沈家湾青苍京兆旧宅。为尊处有赐缄,即交张菊生转致,新垃圾桥北长康里194号,当不沉浮也。”

当日,英敛之等三人还到严复住处看家具,并向严复求书。在英敛之日记中记有:“五点,胡事夫来,偕少秋同胡赴严又陵处,看家具讫,胡先去,与严话极久,留对联、扇等求书。”

4月24日,英敛之又造访严复在津寓所,拿到严复为他所书的扇子。

4月25日,在天津的严修(范孙)在德义楼为严复饯行,英敛之作陪。

4月26日,英敛之为严复饯行,严范孙等人作陪。

4月28日,严复又到英敛之处辞行。英敛之在日记中记有“严又陵先生来谈,有时去”。

当日,严复与家眷在天津乘坐安东号轮船离津赴沪。

第二十五节　1904年5月严复及家眷抵沪;6、7月间《英文汉诂》由商务印书馆出版;8月严复欲于东南择地,自立私学,但未果;10月评《道德经》和翻译《法意》

1904年5月2日,严复及家眷抵沪,寓北河南路图南里551号。

严复回到上海,并没有回闽省墓,就忙于《英文汉诂》一书的排印校对工作。

5月26日,严复写信给熊季廉。

严复在信中讲:"复于上巳日出都,十三日离津,十七日抵申,南来者盖将一月矣。刻寓北河南路图南里之五百五十一号。灶硙甫安,恐又须北行,因京中译局尚有未完事件,须交代也。俟七八月更南,于都门乃为大去耳。抵申以还,无甚人事。《英文汉诂》业已排印,自读样张,校勘工程颇缓,须一月余乃克蒇事。此书出后,凡读英文二三年,于国文有根底者,当可无师自通,自谓于学界不无功德,而为老棣(弟)昆季助成学业,则尤所耿耿者也。复在北,岁入殆近万金。一旦不居舍去,今所以自活与所以俯畜者,方仗毛锥。觊幸戋戋之译利,固自菲矣。乃遇公德劣窳之民,不识板〔版〕权为何物事。每一书出,翻印者猬聚蜂起必使无所得利而后已。何命之衰耶!则无怪仆之举动为黠者所窃笑而以为颠也。其《原富》《群学》两书,湘、粤、沪、浙之间,翻板〔版〕石木几七、八副,固无论矣;乃《权界》《社会通诠》两书,问世不逾数月,颇闻贵省有人,欲萃群为翻印二书。不知老棣有见闻否?如有之,不识能为我略施运动,力沮其成否?此其为赐乃不浅也。"

严复在信中表示今后可以靠版税来维持他一家人的生活。然而,严复遇到了非常棘手的盗版问题。

6、7月间,《英文汉诂》由商务印书馆出版。

7月8日,刘春霖等30人被赐甲辰恩科进士。照例"新进士皆令入京师大学堂进士馆肄业"。

8月3日,严复给熊季廉写信。

严复在信中告以:"昨京中来信,有云新进士拟合词公禀学部,以复为该馆总教习。然京中忌复者最多,恐其事未必遂济。复之私心,则欲于东南择地,自立私学,与百十同志为入穴得子之计。昨者,菊生、德卿、香海诸公,皆极欲赞成此事也。此事欲成,须先立团体,次议办法。办法既定,然后分头募化,择地起堂。头绪极繁,未识果有成否?"

严复的这一设想,后来未付诸实施。

10月25日,严复写信给熊季廉。

严复在信中告以:"前者在都,蒙以《道德经》示读,客中披览,辄妄加眉评。我辈结习,初何足道。乃执事持示义宁,以为得未曾有,遂复邮寄,属便卒业。春夏之交,南奔猝猝,无须臾之闲。近者乃践此诺。碌碌无异人者。然以公等嗜痂,兹持寄赵。义宁如有所教,乞告我也。《英文汉诂》专为老棣而作,不知有以相益高明否?是亦不宜默默也。"

严复在信中又讲:"走北游已作罢论。巢痕新扫,无因至前。然使体力稍健,颇思载游白下,一访伯严。(否则冬腊一归故乡省墓,并访伯潜阁部。闲云野鹤,来去尽可自由,亦不必指为定议耳。)此今日元龟山,不可不晤也。鄙处近译即是《万法精理》,其书致佳,惜原译无条不误。今特更译,定名《法意》,他日书出,当奉呈耳。"

在这一段时间里,严复在上海家中,评点老子的《道德经》和翻译孟德斯鸠的《法意》,还拟体力稍健后到南京一游,并拜访他一向饮仰的陈三立,或者在冬腊时节回故乡扫墓并拜访当时在乡的陈宝琛。此时的严复有点心灰意懒,只想做来去完全自由的闲云野鹤。严复虽然有上述想法,但后来都没有实现。

第二十六节　1904年12月严复应张翼之请赴伦敦交涉矿权;《法意》前三册由商务印书馆出版

1904年11月9日,清廷赏已革侍郎张翼三品顶戴,并派赴英国对质开平矿局讼事。

张翼以千元优厚月薪,聘请严复帮助他到伦敦诉讼,并以为国家争利权的大义相逼。在北京及天津的经历,已使严复对国内感到厌倦,他本有再度出洋游历的念头,月薪又优厚,于是严复接受了张翼的邀请。

11月20日,英敛之在上海,来访严复。英敛之在日记中记有"车至严又陵处,据谈,二十七日即偕张翼赴伦敦"。

12月3日,严复随张翼离沪赴伦敦。

严复在行前,写信给林纾,告以:将随张翼赴英质讼事。林纾回信给严复说:"得书悲愤已极。此事自不能尽咎西人,中人利己之心无一不然,而西人一出国门便可恣其所欲,而于支那尤穷蛮极野。中人言语文字都不与通,外务部又均盲人主之,彼何施不可,故西人之局骗,实支那开户延纳,彼断无眼见大胔而不染指者。彼所云文明信义均对其同种言之,于我尽不必需此也。逼足下赴伦敦与之对簿,此其国体所关,执宪者或不敢抵谰,彼人之理处即系属先生之一言,不尔万无馁慑之理矣。"又说:"得书后即以先生书意遍诒学生,励其立志向学,以挣吾国。唯此刻方在纷呶,主权专属张侍郎,侍郎定力一挫,先生纵有仪秦之辩,亦不济事,尚幸先生之言能见证也。"

1904年，严复所译《法意》前三册由商务印书馆出版。

1904年以后，沙礼卑所著《有机天演》出版，严复后来也曾尝试翻译《有机天演》，但半途中辍，残稿现存中国历史博物馆。

第二十七节　1905年1月严复到达伦敦，开始忙于为张翼准备供词并翻译公文；1月下旬严复借口精力不济，就离开了张翼

1905年1月6日，严复到达伦敦。

一到伦敦严复就开始忙于为张翼准备供词并翻译公文。但讼案尚未开庭，张翼就窘状毕露，竟不能支付许诺给严复等一行人的薪水，严复非常诧异，后经向别人打听，才知道张翼被革职以来已是负债累累，想在这次诉讼案中，将此案翻转过来。

1月14日，严复写信给张元济。

严复在信中说："自腊月初一到英后，皆为清河写备供词，并翻译公文，忙逼已极。此案今定西正月十七堂讯，正不知红白如何；再者，此番前来，一切行费皆德璀琳筹垫，清河面许月束千元，前者问其支发，竟不能付，甚为诧异，后询旁人，乃知渠自落职以来，千疮百孔，负债极重；所冀此案翻转，方有生机，不然，不堪设想。弟甚悔此行之冒昧也。虽然，中国名矿经办事者之糊涂、洋人之局骗，良亦可愤；若得略助反正，虽辛苦复何言耶？但所居皆欧土名都，在在需费；假使不名一钱，亦足辱国。"

由于张翼既然不能支付薪水，就意味着严复要自行承担所有差旅费。因为在伦敦花销较大，严复只好请老朋友张元济尽快从上海麦加利银行汇款到伦敦。严复此时非常后悔冒昧随张翼来伦敦，站在维护国家利权的立场上，严复对张翼的"糊涂"及洋人的"骗局"都非常愤怒，但若能"略助反正"，挽回一些利权，严复感到自己虽然辛苦一点，又算什么？"虽辛

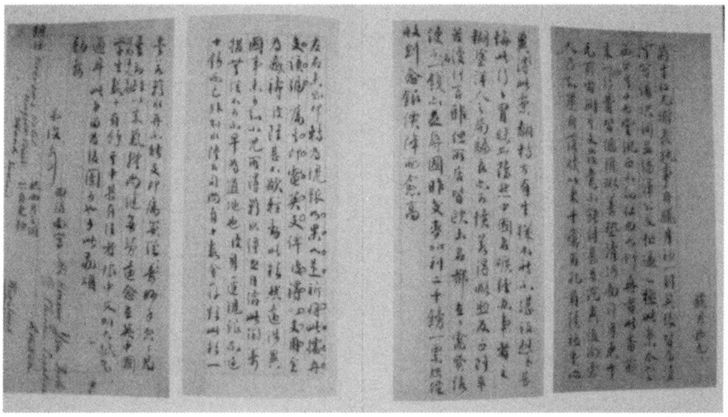

1905年1月14日严复写给张元济的信

苦复何言耶？”

当时，中国在英国的留学生有数十人，有南洋（公学）人在内。严复在这封信中还讲道“其中甚有佳者”。并认为“东来学子日多，拨十得五，不乏有志之士，游欧所以胜于游日也，学子皆知学问无穷，尚肯沈潜致力，无东洋留学生叫嚣躁进之风耳”。

1月17日，伦敦高等法院正式开庭审理开平一案。

张翼唯恐自己的劣迹暴露，不惜掩耳盗铃，他上法庭质证时，禁止严复等三位随行人员参加旁听。

张翼在出卖开平煤矿过程中所得赃款，早已因行贿挥霍而尽，此次来伦敦，他自己没带一文钱，全由德璀琳垫付。他许诺的薪水，不能支付，只是东挪西借略有表示，有似骗局，严复等几位随员很不满意。张翼在出卖开平煤矿过程中，大肆中饱私囊，又愚蠢地禁止随行人员旁听庭审，这种欲盖弥彰的行径，令严复十分反感。严复顿时感到自己受了张翼的蒙骗，觉得张翼不仅品格低下，而且“可怜可鄙”。

1月24日，严复在伦敦写信给张元济。

严复在信中谈开平矿务局诉讼事说：“到英邮上一械，想已伟览。所托将镑票再交麦加利，嘱其电英，俾弟得以前往支用，不识已未办到，至为惦系。……弟此行惟重游英、法两都，得见儿、媳，差为可乐；至于馆事，颇

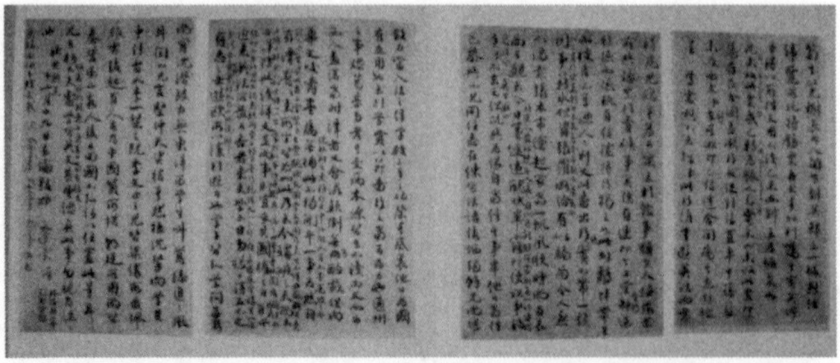

1905 年 1 月 24 日严复写给张元济的信

令人悔张某(张翼)前与德某(德璀琳)于卖矿事实系有连,即今上堂全行卸过于德,而德执有信据,将行揭之;如此则鹬蚌衅生,而被告必享渔人之利。又此番出行,张实不带一钱,一切皆资于德,盖亏空至数十万金,无款可筹故也,同事薪水但资张罗略给,有似骗局,令人愈不满意。张本市侩起家,当一帆风顺时,尚有表面可观,至今日暮途远,丑状毕露。北京人最好饶舌,又处处自以为能,顾所言则无一非唾余废话,令人真生厌也。即使讼事得手,弟亦去之。但既与为缘,自当俟其事毕。他日当往巴黎,与小儿同住,志在练习法语;假炳烛余光,尚堪致力,当入法之律学,破三年之功,罄其底里,他日为国有足用也。至于学费以节啬行之,当可为力。”“通州之事,胶葛甚多,考其受病本源,皆在不识西文而与西人画诺;当时译者又含混颠倒,无可酌裁,但向华文咬嚼,尽属无补。况私利之意杂行其中。外间人言不尽冤诬之也。最可笑者,渠此番上堂,禁弟在旁观听,故开堂三日,同行三人,皆不得观;此其意可怜可鄙,然不知其语一一皆当刊列,布诸通衢耳。总之,此案墨林固属骗诈,而张则不无利心,如九龙马头所卖十余万尽行干没,又以公司之财盖造屋宇、购买地皮,至于出卖,其款尽行入己,又何说耶？此不独开平一事为然,自有译署以来,所坐皆为如此。乃至今妒嫉之夫尚云办洋务与识洋文是两事,则宜乎其国权之日削也。”

严复在信中告诉张元济说,等官司结束后他就离开张翼,即使张翼将开平一案翻过来。但几天后,严复很快便改变了主意,决定马上离开张翼。

同时严复同时还给夏曾佑写了一封信。

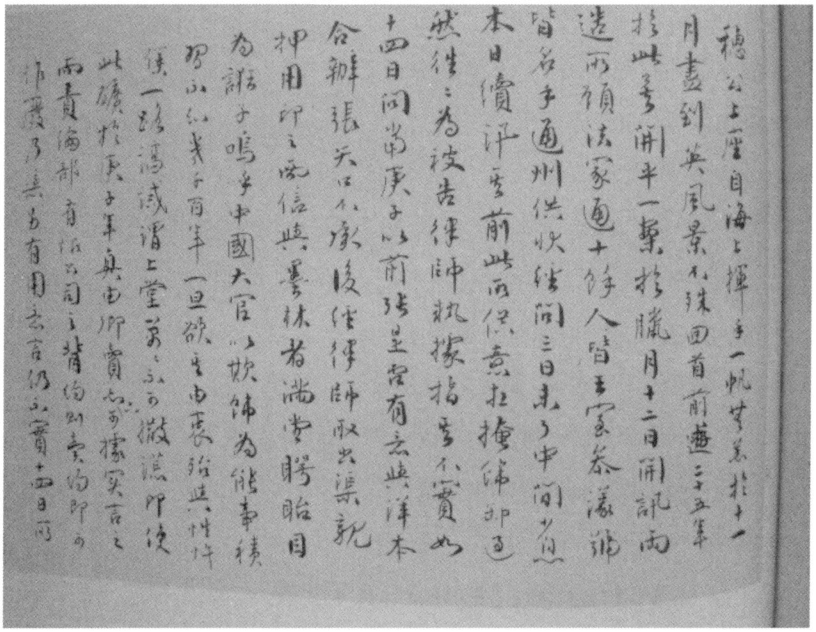

1905年1月24日严复写给夏曾佑的信

严复在信中说：

“穗公上座：

自海上挥手，一帆无恙。于十一月尽到英，风景不殊。回首前游二十五年，于此矣！

开平一案，于腊月十二日开讯，两造（指控辩双方）所顾法家通十余人，皆王室参议，号皆名手。通州供状经问三日未了，中间少息，本日续讯。其前此所供，意在掩饰卸过，然往往为被告律师执据，指其不实。如十四日问，当庚子以前张是否有意与洋本合办，张矢口不承，后经律师取出渠亲押用印之两信与墨林（指英商墨林公司）者，满堂睲眙，目为诳子。呜乎！中国大官以欺饰为能事，积习不知几千百年,一旦欲其由衷,殆与性忤。仆一路滈诫谓,上堂万万不可撒谎,即使此矿于庚子年,真由卿卖出,只可据实言之,而责伦部有限公司之背约,则卖约即可作废。乃渠另有用意,言仍不实,十四日所被人揭破者,尚是题前文字。本日所讯乃入正文,若再犯欺诳,被其指出,直可束装归耳。此子固市侩,在在以欺为术,遭逢因缘,遂得富贵。乃今以中国大员负西人所最不当者,与之同行亦至辱也。

自本十六日起,俄国革命风潮大起,伦敦时报言之尤详,始于罢工,国民携挈妇稚,言欲亲见皇帝陈说疾苦,并谓如不出见,但用谕旨敷衍,如前所为,即成君臣义绝,乃十七日聚万五千人。如于欲往冬宫,而途间马步森列,轰死前后几数千人,皆不执一兵之老弱妇孺,流血满街,于是国民愈愤,而皇帝则避往南俄。夫法之路易十六,当巴士狱牢破之次日,尚能亲至巴黎慰安其众。而尼古拉第二乃恇弱如此,各国报纸詈为杀民魁首。驻奥法使言自东方开战以来,日本未尝得有如此胜仗,真笃论也。总之,俄专用虎狼兵力弹压无罪冤愤之民,此时沦否殆未可言,而专制之朝,从此必坠则断然可知者耳。俄毙之余,德国恐将继之,而支那四百兆将于何日得拨云雾而见青天?思之令人欲死。

仆此书所言二事,虽大小迥殊,而前者将以言不信败,后者将以行不果后。而中国成训尚谓言不必信,行不以必果,而以守此者为硁硁(指狭小鄙贱)小人,谁为此言真万世毒增斯民之魁首也。

日报于前事亦可不论,但于通州一节尚望为我摧查秘之,即杀一敌夫而国事亦无补耳。仆本可上堂听讯,而通州不欲有我在前,足其用意,殆可想见。一终日为翻译供状外,闷坐一室,虽来名都实无所睹,刻已属菊生电期期来,吾将去之,安能郁郁久居此耶。

肃此敬问起居,不尽!

严复顿

嘉平十九”

1905年1月下旬,严复借口精力不济,就离开了张翼。

严复自称本为贫困所累,才同意随张翼赴伦敦,却不幸为张翼所骗。在上海和伦敦之间往返一趟,白白浪费3000多元。严复虽然离开了张翼,但却颇有离开过晚的遗憾和懊恼。

第二十八节　1905 年 1 月 30 日在即将离开伦敦时，严复写信给张元济，表示将在巴黎学习法语和钻研法国法律；会晤时在伦敦的孙中山

1905 年 1 月 30 日，在即将离开伦敦时，严复写信给张元济。

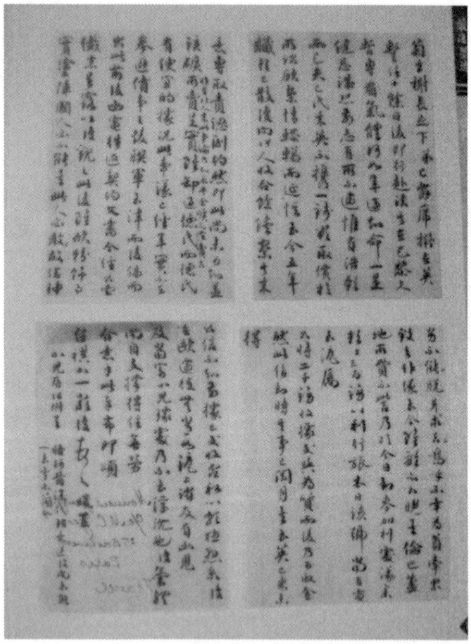

1905 年 1 月 30 日严复写给张元济的信

严复在信中告诉张元济："弟已辞席，拟在英暂住十余日后即行赴法，其在巴黎久暂，专看气体何如；年过知命，一是健忘，诚恐前志有所不逮，惟有浩叹而已。夫己氏来英，不携一钱，欲取偿于所讼，顾案情胶葛，而延误至今五年，赃款已散，复向何人收合余烬？察其来意，专取责认副约，然即此尚未可知，盖该矿所卖是实，昨有比人来此争论，乃知永平金矿亦经卖出。虽卸过德氏，而德氏有便宜的据；况此事议已经年，实不在拳匪偾事以后，联军至津而后逼而出此。前后函电、往返契约文书，今经公堂纤悉呈露。以复观之，此后虽欲粉饰事实、涂障国人，必不能矣。此人必败，故借神劣不能脱身求去，呜呼！不幸为贫牵累，致与作缘，至今虽离，亦去晚矣。"

在信中严复认为张翼的诉讼请求主要是责认“副约”而不是收回开平，犹是这个要求也不一定能胜诉，张翼回到国内后，必定身败名裂。

唯一使严复感到欣慰的是，这次到伦敦，他将在巴黎见到时任中国驻法使馆参赞的长子严璩和儿媳。时吕增祥的二儿子吕彦直，在吕增祥于1901年病逝后，就到二姐吕韫清家生活，在严复的安排下，严璩将吕彦直也一齐带到法国来上学。严复准备在巴黎与严璩同住一段时间，学习法语和钻研法国法律，“破三年之功，罄其底里，他日为国有足用也”。

当时，孙中山由纽约到伦敦，听说严复也到伦敦，特地相访。严复认为中国的根本问题在于教育，革命并非当务之急。他对孙中山说：“中国民品之劣，民智之卑，即有改革，害之除于甲者将见于乙，泯于丙者将发之于丁。为今之计，唯急从教育上着手，庶几逐渐更新乎！”孙中山反驳说：“俟河之清，人寿几何？君为思想家，鄙人乃实行家也。”

严复在离开伦敦前，特意到相馆照了二张相片，一穿西服，一穿中服。

第二十九节　1905年2月严复自伦敦抵巴黎；4月初登德国邮船东归

1905年2月，严复自伦敦抵巴黎。

严复到巴黎后，住在长子严璩处，但不久，严璩就被奉派去越南检查商务及人头税等事务。

严复想在巴黎住一段时间学习法语的计划落空，只好在巴黎候船东归。

3月1日，严复在巴黎写信给张元济。

严复在信中讲："此行毫无所得，惟浪费三千余金而已。自与通州分手以后，乃决知此身乃天生贫骨，万分不能事人。世界物竞炽然，不独不能有益同种，甚且不克自了生事。一家十余口，寄食他乡，儿女五六，一一皆须教养，此皆非巨款不办，真不知如何挪展耳。若自为所能为作想，只有开报、译书、学堂三事尚可奋其弩末，此事俟抵家时须与榭长从长计议也。"

此时此地，严复感叹国家大事不可为，不断增大的家庭经济压力也难以承担。自己只有开报、译书、学堂三事尚可奋其弩末。

在信中严复还告知："三月之初，当与小儿及慕韩（孙宝琦）家眷东渡，但小儿乃奉差越南，查检商务及人头税等事。"

1905年4月初，严复与严璩一道由巴黎起程，顺途游瑞士、罗马各地，"折至意大利之稽诺亚，登德国邮船东归"，于5月返抵上海。

第六章

最后一次到天津充当新政顾问官

第一节　1908 年 8 月严复由上海到天津，杨士骧任命严复为“新政顾问官”

1908 年 3 月 25 日，直隶总督兼北洋大臣杨士骧函请严复担任北洋新政顾问官，许以月薪 300 元，又车马费 200 元，待遇颇丰。严复致函两江总督端方，请他派员来接理复旦，决意北上天津。

8 月 26 日，严复由上海到天津。

严复住在长发栈。当天傍晚严复去拜会英敛之，晤谈极久才离开。这次严复来天津还带有江莺娘、祥祥等人以照料其日常生活。

在旅途中，严复还批阅《王荆公诗集》。《王荆公诗集》严复先后加批注 200 余条，有和《即事二首》、和《拟寒山拾得二十首》、和《适意》、和《愍儒坑》等。

8 月 27 日，严复搬到河北学务公所，与提学司卢木斋同住一处。

8 月 28 日，严复给在上海朱明丽夫人写信。

严复在信中说：“临行水烟筒、勾脚、眼镜均忘带，路上只得向账房借用，到津花四块钱又买一把。本午吃饭问祥祥，连一瓶酱油无有，高家所送亦未带来。令人懊恼。卅晚到津，住长发栈，初一搬入河北学务公所，与提学司卢木斋同住一处。屋宇极宽大，夜间亦凉爽，外有花木，但蚊蝇极多，颇以为苦。依人作客，种种不自由，然只得忍耐下去，杨莲甫意思甚好，但吾系卅年老天津，今日见一班人如蔡述堂、周长龄等市井小儿，皆是方面监司，作大老官面目向人，未免令人感慨耳。现在诸事尚未揭晓，唯在此静候,俟有事再说。”

当晚英敛之在法国饭店宴请严复,饭后谈极久。

8 月 29 日,杨士骧(字莲甫)任命严复为“新政顾问官,月薪三百,夫马(费)二百”。

当日,有吴梦雏(吴燕来,桐城人)、刘传绶(福建闽侯人,北洋水师学堂第三届驾驶班毕业,时在天津,后曾任北洋政府海军次长)、曾叔吾来拜见严复。

8 月 30 日,严复出席直隶提学使卢木斋之欢迎宴会。

当地社会名流英敛之(大公报馆馆长)、吴辟疆(吴汝纶之子,时在直隶总督杨士骧幕中任职)、王少泉(名邵廉,北洋水师学堂第一届驾驶班毕业,时任北洋大学教务提调,还兼任天津县议事会副议长等职)、孙师郑并曾某等人应邀作陪,席中严复和英敛之大发宏论。

当日,有王少泉(劭廉)、蔡志庚(名儒楷,时任直隶提学使)、孙仲英(北洋水师学堂毕业,曾任天津怡和洋行华账房)、窦骏生、刘秉镛(北洋水师学堂第三届驾驶班毕业,曾任天津海何工程局提调)、陈作舟(北洋水师学堂第三届驾驶班毕业)、王振纲(字荷舫,王劭廉侄儿,时在天津“官立中学堂,又称铃铛阁中学任教”)、林郁斋、李成梅(名鼎新,福建闽侯人,曾任“定远”兵船管带、天津海防营务总办)等人来拜见严复。

稍后,严复为王荷舫书写了行书八言对联一副及行书条幅一副相赠。

8 月 31 日,孟双宝、小金子、三福来见严复。再,翠升、得福来见严复,又郭海容、周星北、陈协中来见严复。林文彬请严复吃饭。

8 月,严复为吴燕来(字梦雏)所译《蒙养镜》一书作序。

此书是一本论儿童教育的著作,为德国教育家撒耳士曼所著,日本大村仁太郎译为日文,吴燕来据日文再译为中文。

9 月 1 日,严复到英敛之处。

9 月 2 日,严复写信给朱明丽夫人。

严复在信中说:“前寄一缄,想已收到。初三日杨莲甫下一札,叫我做新政顾问官。月薪三百,夫马二百,此地费亦极大,马车半日二元,酒钱八角,夜间亦然。但无甚事应酬,初到自然极烦。现住河北学务处内,甚孤寂。孙仲英来说,他有两处房子凭我柬一所住,一是大王庙旧宅,现空着;一是新起河北孙家花园内洋房。现在此地与前大不相同,马路洋房,新者极多,北洋经费甚充裕也。但我怕担人情,尚未移动也。药膏一日尚是三遍,夜间多筋跳,睡不觉。昨晚直到三点尚不能睡,吃药丸吃睡药却无用。兹寄上支条一百员,即将马车费并(身)云小榭、赵斐云两处局钱开发,若有零星账目,即为清还,开一账与我看可也。门户须守紧,勿常外出,照管儿女。伯玉夫妇闻明日出京,渠于八月廿边即须到广东也。"

9月3日,严复给上海寄挂号信二封。

第二节　1908年9月严复代杨士骧草拟《筹办海军奏稿》；到北洋女子公学，为吕碧城讲授《名学浅说》

9月4日，吴辟疆到严复处索要严复代杨士骧草拟的《筹办海军奏稿》。

当天严复一直写到下午二点，仅成大半篇。吕碧城来访严复，晤谈间严复认为她所说的多为自辩之语。

9月5日，严复完成了代杨士骧草拟的《筹办海军奏稿》。在奏稿中，严复写道："向使高瞻远瞩，早建海权，国振远驭之良策，民收航海之利资，交通既恢，智力自长，则东北讫于百龄海角暨斐猎宾（菲律宾）、婆罗洲、苏门答腊、新加坡、西南之远印度、马来亚，诸岛棋布星罗，百岛千屿，有不尽为中国之外藩，属神州之拱卫。"提出了"必有海权，乃安国势"的观点。

当天下午，严复到女子公学与吕碧城再次晤谈。严复在日记中另记有"晴而甚热，夜多蚊，甚苦之"。

吕碧城是严复女弟子，1906年吕碧城经英敛之介绍，得以结识严复，吕碧城对严复仰慕已久，严复也赏识吕碧城的才华，遂收为女弟子。此后，严复又将吕碧城介绍给甥女何纫兰，1907年夏，严复曾代何纫兰复吕碧城一函，讨论兴办女学事宜，还为吕碧城所拟《女子教学会章程》撰序。这次严复来津，吕碧城请求严复为她讲授《名学浅说》。

9月6日晚，大儿子严璩（伯玉）夫妇及其两姑娘由北京到天津，住长发栈。

两姑娘是指严璩的两个妾。

9月7日，大儿子严璩（伯玉）夫妇来探访严复。严复给甥女何纫兰写信。

严复在信中说："到津后，除见客外，日惟看书闷坐。昨为杨帅做得一篇奏请兴办海军折稿六七千言，大家佩服无地。我现在真如小叫天，随便乱嚷数声，人都喝彩，真好笑也。杨帅待我，礼貌自不必言，但因此于求我说人情者亦以日多，又极讨厌。伯玉夫归等已于昨晚到津，亦住长发栈。伯玉因吕姑太事，夫妻似有反唇。伯玉持论于女界极严，尚是旧派，大骂近时妇女过于出众。我亦不便与之驳口，但云：只因旧时社会拘束女子太过野蛮，所以今日决裂往往太过；且风俗之变共有几年，自然不能恰好，然此却是改良进步之机，苟不如此，将永世如旧等语，渠意似尚未以为然也。我因悟：人要晓得旧日礼俗不文明，必其人己身经过不幸之事、受其磨折者，方能知之；若不经此，必以旧法为到极好地位，无可更变。伯玉只因已为好爸好奶所生，其配偶又颇高尚，故于他人苦处全然不知如此。其论吕姑太事，全是责备吕汶，并不责备海讽。且云：女子嫁一丈夫，任是如何，总须安分敷衍，所谓'嫁狗随狗，嫁鸡随鸡'严气正性，言之侃侃，此少年真丝毫不识他人痒痛者也。吕汶前已在坊里告李真以革党迫婚，坊官未办此事，只因李在军官学堂，碍着陆军部尚书铁良面上。后来不知此事将如何作了。""又吾来津半月，与碧城见过五六面，谈论多次，见得此女实是高雅率真，明达可爱，外间谣诼，皆因此子过于孤高，不放一人在于眼里之故。英敛之、傅问沅所以毁谤之者，亦是因渠不甚佩服此二人也。据我看来，甚是柔婉服善，说话间，除自己剖析之外，亦不肯言人短处。吾一日与论自由结婚之事，渠云：据他看去，今日此种社会尚是由父母主婚为佳，何以言之？父母主婚虽有错时，然而毕竟尚少；即使错配女子，到此尚有一命可以推委。至今日自由结婚之人，往往皆少年无学问、无知识之男女。当其相亲相爱，切定婚嫁之时，虽旁人冷眼明明见其不对，然如此之事何人敢相参预,于是苟合,谓之自由结婚。转眼不出三年,情境毕见,此时无可委过,连命字亦不许言。至于此时,其悔恨烦恼,比之父兄主婚者尤深,并且无人为之怜悯,此时除自杀之外,几无路走。渠虽长得不过二十五岁,所见多矣。中国男子不识义字者比比皆是,其于父母所定尚不看重,何况自己所挑?且当挑时,不过彼此皆为色字,过时生厌,自尔不终;若是苟且而成,更是看瞧不起,而自家之害人罪过,又不论也。其言如此。我闻其言,不意此女透彻至此。渠看书甚多,然极不佩服孔子,坦然言之;想他当日出而演说之时,总有一二回说到高兴处,遂为守旧人所深嫉也。可怜可怜。碧城与我谈者甚多,大抵皆阅历见地,吾今亦不暇细说也。汝总无信与我,亦不知近者病体如何。吾今年十、十一月间总想南旋。"

当天严复发快信两封。

9月8日,天气忽凉,曾叔吾请严复吃饭。

当天下午严复到长发栈与叔宜晤谈甚久。当日来拜会严复的有蔡廷干(曾留学美国、任海军部军制司长)、哈卜门(德国人,供职北洋水师)、林叔泽。这天严复还给朱明丽夫人写了一封信。

严复在给朱明丽夫人的信中讲:"伯玉夫妇与其两姑娘皆于十一晚来津,住长发栈。少奶容颜甚为憔悴,据言系因阿莲得病着急及料理行李忙碌之故,其实个中恐怕尚有隐情也。吾到津以来,别的没有什么,只是晚间多睡不着,早起筋跳,昨夜十二点上床,今早五点半即起来也。丁泰本是粗材,眼光比前更坏,伺候不甚得力,一只眼近在陆子言家,我昨日还看见也。药膏吃已过半,事多一日三瓢,不能减少。药单不知往那里去,又没带有烟灰,市上买灰恐靠不住,今特作快信到家,叫你再熬四剂,一钱灰者。分作两罐,熬好交新铭关买办。即他船亦可。带津交河北学务处严收,切切。"

9月9日,严复到长发栈为儿子严璩夫妇话别,并到裕中饭店吃饭。在裕中饭店,严复还见到吕复(字健秋,曾留学日本并曾任顺直省议会议员）。严璩夫妇当日乘船去上海。

9月11日，曾筠圃（留学英国，曾任外务部主事、考察宪政大臣随员）、严荣官（严复族侄）分别来拜会严复。

同日，严复去谒见杨士骧，向他数说严家女儿桂宝事，蒙允代为保护。严复又到法租界三马路余庆里李润田（留学美国，曾任唐山路矿学堂教员）家。严复应吕碧城要求，开始翻译《名学启蒙》一书（后改名为《名学浅说》）。严家女儿桂宝，指的是吕碧城的舅父严海帆和舅母吕二姑（吕君止二妹）的女儿严桂宝。

9月12日，严复见到了季北。

9月13日，严复到北洋女子公学，为吕碧城讲授《名学浅说》。

严复边译边讲，历时两个月成书，1909年由商务印书馆出版。

这天晚上，严复给朱明丽夫人写信。

严复在信中说："初七、八间曾寄信一封，并银号支条壹百元，不知曾否收到？未得汝回缄，颇为悬挂。至我处近状，计本日大奶奶与大爷等已到沪，一切情形问之便知，无庸复述。至渠等去后之事，则是吕二姑太家事。吾于十六日见着杨莲甫，已将种种情节及李真荒唐处说与之知，一求其实力保护桂宝，二求其见朗轩见弟时，属其不必苦追桂宝回家。又严海帆夫妻既以反目如此，渠一母一女，无钱将何过日？应令朗轩月出三十银交渠过活等语。莲甫却慨然答应：一，代吩咐保定学堂总办约束李真，不准在津胡为，二，代谕劝朗轩月出三十两养膳，如有不遵，即饬支应局于领费时扣下转付，此可谓无微不至者矣。我到此间代人说过两三次人情，渠都是满口应允，但大老官事多，每口惠而实不至，必到实行方可算数也。""汝此信看毕可交大奶奶、大小姐诸人同阅，大家亦增阅历也。但不必与大爷看。至九月份月钱，须俟汝前缄回信到后方寄，因此支票无论何人偷去皆可支也。""秋来诸儿女何如？华严瘰疬更起否？颇念之也。"

9月14日，天气闷损。当天，叶丹园和严荣官一块来见严复。毛翚托严复将横批给英敛之。严复当日翻译《名学》至十九节。

9月15日，林松卿、林质斋来拜会严复。

9月16日，严复收到桂宝的感谢信，并给予回信。

当天，严复派人去领薪水。林质斋请严复到鸿宾楼吃羊肉馆。严复还遇见了方仪廷，并到“天仙”观剧。

9月17日，严复会见了堃堃、陈毓渟（字听涛，毕业于天津海军学堂）、刘心徂。并收到了陆纯甫的信。

9月18日，严复在日记中记有“寄信问珠”。

当天，严复写信给朱明丽夫人。

严复在信中说：“到此后仅接家人两信：一是三哥的，一是汝的，所以颇极悬挂。这番带出行李，颇为不备不全，只因听底下人收拾之故，令人生恼。本日雨后甚凉，乃要帽子戴，见一纱一夹，皆无珠子，心中甚慌，不知是汝拆收起来与否？或是或非，即作一快信与我。药膏本日已尽，而新熬者尚未寄来，不知须受苦几日，只怕新的寄来，我已戒尽，不须再吃，未可知也。但在此日日有事，恐精神不彀支撑耳。”“大小姐近来病势如何？伯玉当早赴粤，叔宜新居住在那里？为语。朗轩已答应莲帅月出三十员津贴其姑母女矣。”

9月20日，严复到李公祠，出席在天津的原北洋水师学堂学生的欢迎会。

当天，族侄嘉井、培南兄弟来见严复。吕碧城来见严复。

9月21日，严复写信给朱明丽夫人。

严复在信中说：“前寄二缄，想皆收到。惟未得汝信，实深挂怀。兹托麦加利送到洋四百元，系汝家用、房租、巡损、车费。外交贰拾伍元与吴厝，以为普贤，香严点心并添补等费。现在我不在家，用度自可省些，宜属两孩与大家一处吃饭，不必另起伙食，以节糜费。又姨太言，吴嬷及粗做工钱每月八元，汝处仅给年余，以后皆系由江姨自给。此节我亦不知。今后每月八元，仍望照旧章给发。我非与汝计较，实因两头家眷皆居于百物腾贵之地。实当不起。京中新宅初定，每月动用尚难支准。但迁居以来，房租、月五十两。小租、五十两。添设家具，四百余元。修裱房屋，整理马车并购马诸费已用千金左右，尚非十分舒服。又学部系是苦部，薪水恐难从丰，所以与汝商量省费之法，务须体会此意。今寄整数四百，撙节动用，如实在短少，不妨来信言之，吾亦不肯使汝为难也。适才姨太要求我月寄五十充交吴嬷动用，吾亦未许之也。至吾体力，入京后尚可支撑，家中人毋庸悬挂。"

当天，严复还给柯大夫写了一封挂号信，又给甥女何纫兰写了一封挂号信。并交曾道生五百两。

9 月 22 日，严复到吕碧城处讲授《名学浅说》。

第三节　1908年9月严复去北京,参加第三届游学毕业生考试工作;学部尚书荣庆聘严复为审定名辞馆总纂

1908年9月23日,严复四点钟到北京,当即入学部。购贺莲青羊毛四十三两。

这是严复第三次应学部之召为同考官,参加第三届游学毕业生考试工作。同时,学部尚书荣庆聘严复为审定名辞馆总纂。

9月24日,在学部新建公署举行游学毕业生第一场考试。

当天,严复会见了张翼,在晤谈中张翼意欲叫严复动笔写开平矿务局有关事宜。

9月25日,严复在学部批阅试卷(教育卷)两本,“平平耳。一,七十分;二,八十五分”。

9月26日,游学毕业生第二场考试完毕。

当日,严复寄家信一封。

9月27日,严复到西郊万牲园,出席在北京的原北洋水师学堂学生欢迎会。

当日,还给甥女何纫兰寄信一封。今佚。

9月28日,严复去五城学堂。

9月29日,严复仍在五城学堂。后回学部看学凭。在日记中还记有“榕荫堂吟集”。

9月30日,学部右丞孟绶臣(字庆荣)请严复吃饭。

第四节　1908年10月严复离北京返天津，由学务公所搬到河北孙家花园居住；11月严复离开天津回到上海

1908年10月1日，严复原拟在今天离京回天津，但没有走了，因为当时有许多人来向严复求书。

10月3日，严复离北京返天津。十二点回到河北学务公所。

当晚严复去看视英敛之，晤谈很少时间就告别。当天严复还写信给朱明丽夫人。

严复在信中说："吾于廿八晋京，初九日回津，本晚接到汝初四日快信一封，知前后所寄银信皆已接到无失，甚慰悬挂。药膏两瓶，现已吃完一瓶矣。吾身体如故，惟晚间十二点睡，至多至六点便须起来，其时天或未亮，甚以为苦。一半由肺气不舒，晨间喉中作响如前，须吐痰食药膏后始差，虽有丁泰捶腿，究属无益。其余饮食动作如常，外面人总说我好看也。""吕姑太母子之事，昨得朗轩一信，言我藉势欺他。又云须海帆养赡，与渠无涉，不肯出此三十块钱一月，但此款系由伊当面答应莲帅的，我明日见着只说渠口惠而实不至而已，若必不肯出，亦无法也。此节宜告大奶奶知之。桂宝现安静，在师范学堂读书，甚好。吕姑太不知尚在李小鬼家否？吾本日又作一信回答朗轩，嗣后亦不再通信矣。""华严瘰疬固须早治，然亦不必急急乱投医，大抵女孩有病至十三四时身体或许改换，未可知也。三哥信已收到，渠奶所要大痰盆已买得在此，俟便寄带。大小姐信说要来津就医，路上颇为担心。又井上固是妇科专门，且医过数人好，

但不知与渠对证否？须俟诊看方可作准世，据言妇人子宫得症，大半由小产而来，小产不慎，多成此症。李成梅夫人之证，即由小产，刻已治好矣。阖家在念。此间十月已寒，大毛及御寒衫袜毡被，有便须送来，省得再花钱也。”“告大奶奶：伯玉到粤后，尚无来信，颇极悬系。大家说伊在彼大有交涉使指望也。在京见过张燕谋，须发都白，目亦一边不明，人甚羸瘦，开平事尚未定局。”

10月4日，上午严吕氏（吕二姑太）、女儿严桂宝并两个同学来向严复面谢。下午严复又到吕碧城处讲授《名学浅说》。

吕二姑太名吕汶字鲁东，其兄吕增祥（秋樵），知书达理的吕汶是他的重要助手。吕汶三十岁才嫁与吕碧城的舅父严海帆，生有女儿严桂宝。吕汶曾著有诗一卷。

10月6日，严复还去拜谒了杨莲甫。《名学浅说》翻译到六十七节。

10月7日，廉叔和毛翚来见严复，说闽学会拟在九月十七日要为严复开欢迎会，严复答应出席。《名学浅说》翻译到七十九节。

10月10日，该日严复见到吕碧城。到“丹桂”听戏。

10月11日，严复到德源里出席天津闽学会欢迎会。

该日下午严复由学务公所搬到河北孙家花园居住，并写信给朱明丽夫人。

严复在信中说：“本日接到重阳后所发快信一封，读悉一切。下午才由学务公所搬到河北孙家花园，想在津尚需一月之久，至早须到十月初十后方能与杨制台说回南的话。”“大小姐入西门医院，距今已十日，想如何治法，医生当有定见。吾在此极为担心，所以甚欲得信也。吾在此颇安好，但少睡耳。香严、华严病体疗治愈否？甚惦记之。此后信面写河北孙家花园严收，当不误也。归寓已迟，匆匆不复多谈。”“药膏再熬两剂来，当勾用到回时矣。”

10月13日，下午，吕碧城、吴辟疆、林少衡来会见严复。

10月15日，严复去拜见杨莲甫，但没有遇见。

河北孙家花园遗址，今河北区曹家花园

10月16日，书写《秋花次吕女士韵》一词，赠送给吕碧城。去拜谒楊莲甫并见到了夏地山（名偕复，历任日本留学生总监督、纽约领事、天津造币总厂总办），又去晤见了吴彦复（名葆初，提督吴长庆之子）。给朱明丽夫人寄快信，叫她寄药膏来。

10月17日，严复到天津客籍学堂发表演说。卢木斋及志庚在座。接到何纫兰九月十六日的快信。并给何纫兰写“盈”字信。《名学》翻译至130节。

严复在给何纫兰的信中说：“碧城心高心傲，举所见男女，无一当其意者。极喜学问，尤爱笔墨，若以现时所就而论，自是难得。但以素乏师承、年纪尚少（二十五岁）。故所学皆未成熟。然以比平常士夫，虽四五十亦多不及之者。身体亦弱，不任用功。吾常劝其不必用功，早觅佳对，渠意深不为然，大有立志不嫁以终其身之意，其可叹也。此人年纪虽少，见解却高，一切尘〔陈〕腐之论不啻唾之，又多裂纲毁常之说，因而受谤不少。初出山,阅历甚浅,时露头角,以此为时论所推,然礼法之士疾之如仇。自秋瑾被害〔笔者注:秋瑾于 1907 年 7 月 13 日在绍兴大通学堂准备响应徐锡麟起义,事泄被捕,15 日壮烈牺牲。〕之后,亦为惊弓之鸟矣。现在极有怀谗畏讥之心,而英敛之又往往加以评骘,此其交之所以不终也。即于女界,每初为好友,后为仇敌,此缘其名大盛,占人面子之故。往往起先议论,听者大以为然,后来反目,则云碧城常作如此不经议论,以诟病之。其处世之苦如此。”“天津今年天气颇暖,汝勿挂心,自家身体要紧,静卧勿着急。舍言不尽。”

当日,严复还给朱明丽夫人写信。

严复在信中说:“十八日所寄快信,想必收到。此处所剩药膏,不过数日便完,望再熬两剂,装罐寄来,愈早愈妙。吾刻拟十月半前南下,相见不远,不复多叙。但纫兰大小姐自入西门医院后治疗如何,到底有无用过闷药开刮?甚为悬念,信来望详告之。若经用闷药开刮,事后人当得住否?据医生言有无妨碍?皆欲闻之。香严、华严病体已见差否?”“吾现住孙家花国,主人甚周到。天津天气尚未见寒,想去封河当尚远耳。阖家在念。”

10 月 18 日,严复到女子公学给吕碧城讲授《名学浅说》。

10 月 19 日,吴彦复(葆初)、杨皙子(名度,时为四品京堂候补、在宪政编查馆行走)、王鲁潘(名鸿年,留学日本,曾任外务部主事)、陈公穆(名庆龢,清著名学者陈兰甫之孙,曾任天津大学堂会办、客籍学堂监督、直隶督署新政文案)、王叔鲁(名克敏,王子展之子,曾任留日学生监督、驻日使馆参赞)他们几个人来和严复谈了半天。

10 月 23 日,严复接吕碧城信说要来取《名学浅说》。

下午严复到德源里,送给吕姑太一百元。

10 月 27 日,今天下午严复向杨士骧请假回沪,并呈送给杨士骧《次韵和泗州制府》诗二首。

当日,严复还将天津《泰晤士报》(英文版)所登载的,由美国教会麦美德女士所写的《书吴芝英事略》一文，翻译成中文。

吴芝英系吴汝纶之女，秋瑾被害后，吴芝英求得其尸，在杭州购地西湖畔将她葬之。而后，时有平秋瑾墓，严办吴芝英之奏。此文是麦美德女士专为营救吴芝英而作。严复看到《泰晤士报》所登载的英文版后，当即将其翻译为中文，并投寄天津《大公报》。

10 月 29 日，赴女子公学给吕碧城讲授《名学浅说》。

10 月间，严复的《订正群学肄言》由上海商务印书馆出版。

11 月上旬，严复和江莺娘离开天津回了上海。

本年 8 月严复应直隶总督杨士骧之聘，到天津任新政顾问官。这是严复第四次，也是最后一次来天津任职。

严复这次在天津居住的时间很短，前后只有两个多月的时间，除了为杨士骧代拟了一篇《筹办海军奏折》以及参加许多社交应酬活动外，还到北京参加了第三届游学毕业生考试工作，并被聘为审定名辞馆总纂。

严复在 1909 年 9 月正式到北京，被派在学部“丞参上行走”，开始负责筹备审定名辞馆事务。

严复从 1876 年 8 月第一次到天津供职，到 1908 年 11 月最后离开天津工作，历时 32 个年头！

编后语

天津是中国历史文化名城,是开近代文明风气之先声的城市,在中国近代文明,走在全国首倡变革的前列。

让我们回顾一下,在改革开放以来,我们天津在纪念严复,研究严复爱国主义思想工作都做了什么事。

1998 年在天津第一次召开了“纪念严复翻译《天演论》100 周年学术研讨会”,由天津社会科学院举办。天津市河东区政协和中国人民解放军军事交通学院,在 2001 年联合召开了“纪念严复逝世 80 周年学术研讨会”并在 2002 年出版了《纪念严复逝世 80 周年——严复学术研讨会文集》。

2004 年是天津建城 600 周年,也是严复诞辰 150 周年,为了庆祝天津建城 600 周年,天津古文化街全面进行了修复重建。古文化街的大狮子胡同一号,是严复的故居“严公馆”旧址所在地,19 世纪 90 年代,严复就住在这里,于 1898 年翻译出版了《天演论》,在古文化街重建工程中,天津市有关部门和南开区政协的支持下,采纳了笔者的提案,在古文化街和大狮子胡同交口处,建立了“天演广场”,并塑立有严复铜像。

为了纪念严复诞辰 150 周年,2004 年天津市委统战部和《今晚报》社,联合举办了“严复与天津”征文,2005 年天津市委统战部、天津政协文史委、南开大学和《今晚报》社联合举办了“纪念《天演论》翻译 110 周年——严复与天津”国际学术研讨会。2008年《今晚报》社还专门出版了《严复与天津》征文集。

为了纪念严复诞辰150周年，中国人民解放军军事交通学院和天津市河东区政府联合在中国人民解放军军事交通学院院内，原北洋水师学堂旧址，塑立了严复胸像，在2005年1月建成。

2005年天津博物馆新馆建成开放，在“百年中国看天津”专题展厅中，严复、梁启超和李叔同作为天津三大历史名人的大型塑像，竖立在展厅中。严复不愧是天津的第一历史名人。当然，严复不仅是天津的，也不仅是福建的，而是全国的，甚至是世界的。

2010年中国人民解放军军事交通学院，又在校园内，天津北洋水师学堂旧址建设了一个占地约一万平方米的“严复园”， 造了十二面铜浮雕，概括了严复的一生。

2011年中国人民解放军军事交通学院，在校园内又建立了“严复与北洋水师学堂纪念馆”，严复孙女、台湾海基会董事长辜振甫的遗孀、原台湾中华妇联总会主任委员严倬云女士，为其题写了馆名。该纪念馆被军事交通学院和南开大学、天津大学辟为爱国主义教育阵地。同时成立了严复与北洋水师学堂研究中心。2012年举办了“严复与北洋水师学堂”专题学术研讨会。

2014年为纪念严复诞辰160周年，中国文史出版社出版了由笔者编著的《严复的一生》。军事交通学院召开了“严复与强军梦”学术研讨会，并由解放军出版社出版了《“严复与强军梦”学术研讨会论文集》。

2014年为纪念严复诞辰160周年，天津市政协文史资料委员会联合天津市委统战部、南开大学历史学院、今晚报社召开纪念座谈会，并由南开大学历史学院、南开大学天津文化研究中心、天津政协文史资料委员会联合组织编委会，编辑《严复与近代中国社会文化》一书，所收入论文，以2005年“纪念《天演论》翻译110周年——严复与天津”国际学术研讨会提交的论文为基础。在2015年由天津人民出版社出版。

2018年，为纪念严复翻译出版《天演论》120周年，天津藏书家曾庆丰老先生在编辑《名人后代说名人》丛书中，约我撰写了《我的叔曾祖父严复》一书，由罗澍伟资深研究员撰写了序言，在2018年6月出版。

2019年1月8日，是严复诞辰165周年的日子，由《今晚报》社主办，天津红夕阳合一堂协办的“纪念严复诞辰165周年暨严复与西学研讨会”及“严复与西学”征文活动，在今晚传媒大厦举行。作为启蒙思想家的严复，与天津有着不解之缘，他的崇高名望和声誉，基本上都是在天津奠定的。

同时，天津人民广播电台滨海台为纪念严复诞辰165周年，在“城市记忆故事”节目中，连载广播了《时代的巨擘——严复》一书，而这位“卅年老天津”之所以成为时代的巨擘，和近代史上这座特殊的城市天津，有着密不可分的关系。让我们记住并追忆他与天津的故事。

2021年是严复逝世100周年，2021年10月，天津京津冀南社文化研究会到陆军军事交通学院内，严复与北洋水师学堂纪念馆及严复园拜祭严复先贤，以纪念严复先生逝世100周年，在致辞中讲，我们缅怀先哲的历史功绩，要发扬爱国主义精神，实现中华民族的伟大复兴，每个中国人都应该记住严复。记住天津引领中国近代文明，走在全国首倡变革的前列。

以上从1998年到2021年二十三年间，天津也一直不忘记纪念和研究严复思想的各种活动。我在2014年完成《严复的一生》一书出版工作后，为了进一步着重研发严复在天津的三十多年工作和生活经历，2017年在天津问津书院王振良先生的帮助和支持下，完成《严复在天津》一书的初稿，感谢天津市档案馆(天津市地方志编修委员会办公室)，将本书选入“天津地方史研究丛书”资助出版。感谢出版社编辑们的耐心指导。希望本书能够为读者提供关于严复先生全面而深入的了解，传承他的精神遗产。

让我们记住严复！记住走在全国首倡变革前阵的天津！

主要参考文献

1. 王栻主编:《严复集》,北京,中华书局 1986 年版。

2. 孙应祥、皮后锋编《〈严复集〉补编》,福州,福建人民出版社 2004 年版。

3. 孙应祥著:《严复年谱》,福州,福建人民出版社 2003 年版。

4. 皮后锋著:《严复大传》,福州,福建人民出版社 2003 年版。

5. 罗耀九主编:《严复年谱新编》,厦门,鹭江出版社 2004 年版。

6. 福建省严复研究会编:《93 年严复国际学术研讨会论文集》,福州,海峡文艺出版社 1995 年版。

7. 福建省严复学术研究会、福州市严复研究会编:《严复与中国近代化学术研讨会论文集》,福州,海峡文艺出版社 1998 年版。

8. 习近平主编,清华大学、福建省严复学术研究会合编:《科学与爱国——严复思想新探》(纪念严复逝世八十周年学术研讨会论文集),北京,清华大学出版社 2001 年版。

9. 黄端霖主编,福建省严复学术研究会、北京大学福建校友会编:《严复诞辰 150 周年纪念论文集——中国近代启蒙思想家》,北京,方志出版社 2003 年版。

10. 政协天津市河东区委员会文史资料委员会编:《洋务运动在河东》(河东政协文史资料第七辑),1994 年版。

11. 政协天津市河东区委员会文史资料委员会编:《纪念严复逝世 80 周年——严复学术研讨会文集》(天津市河东区文史资料第十四辑)。2002 年版。

12. 陈栢龄、陆国明主编:《南开春秋》,天津市南开区政协文史文化委员会 2004 年出版。

13. 天津市委统战部、今晚报社联合举办:《严复与天津》征文,刊登于 2004 年 6 月至 2005 年 10 月《今晚报》副刊。

14. 中国人民政治协商会议福建省福州市郊区委员会文史资料工作委员会编:《严复与家乡》,1989 年版。

15. 福州市纪念严复诞辰 140 周年活动筹备组编:《严复诞辰一百四十周年纪念活动专辑》,1994 年版。

16. 严叔夏纪念册编委会编:《严叔夏纪念册》,福州,福建教育出版社,1995 年版。

17. 严家理:《严几道先生的家庭》(严复先生资料辑),1964 年稿。

18. 严培庸编著:《严复与阳岐》,2006 年版。

19. 皮后峰著:《严复评传》,2006 年南京大学出版社。

20. 黄瑞霖主编:《严复思想与中国现代化》,2008 年海峡文艺出版社。

21. 郭卫东、牛大勇主编:《中西融通:严复论集》,2009 年宗教文化出版社。

22.《北洋纪事》第十本:《水师学堂》。

23. 严孝潜著:《严复的一生》,2014 年中国文史出版社。